Christina Reichenbach

**Bewegungsdiagnostik
in Theorie und Praxis**

Christina Reichenbach

Bewegungsdiagnostik in Theorie und Praxis

Bewegungsdiagnostische Verfahren und Modelle
Bedeutung für Praxis und Qualifizierung

BORGMANN

MEDIA

© 2006 by SolArgent Media AG, Basel

Veröffentlicht in der Edition:
BORGMANN MEDIA • Hohe Straße 39 • D-44139 Dortmund

Gesamtherstellung: Löer Druck GmbH, Dortmund
Titelillustrationen: Daniela Krause, Fröndenberg

Bestell-Nr. 9378

ISBN 3-938187-30-1
(ISBN 978-3-938187-30-2)

Urheberrecht beachten!
Alle Rechte der Wiedergabe dieses Fachbuches zur beruflichen Weiterbildung, auch auszugsweise und in jeder Form, liegen beim Verlag. Mit der Zahlung des Kaufpreises verpflichtet sich der Eigentümer des Werkes, unter Ausschluss der § 52a und § 53 UrhG., keine Vervielfältigungen, Fotokopien, Übersetzungen, Mikroverfilmungen und keine elektronische, optische Speicherung und Verarbeitung (z.B. Intranet), auch für den privaten Gebrauch oder Zwecke der Unterrichtsgestaltung, ohne schriftliche Genehmigung durch den Verlag anzufertigen. Er hat auch dafür Sorge zu tragen, dass dies nicht durch Dritte geschieht. Der gewerbliche Handel mit gebrauchten Büchern ist verboten.

Zuwiderhandlungen werden strafrechtlich verfolgt und berechtigen den Verlag zu Schadenersatzforderungen.

Inhalt

Vorwort		9
1.	**Einleitung**	11
2.	**Paradigmenwandel und Menschenbilder – Betrachtung unter allgemeinem, sonderpädagogischem, diagnostischem und psychomotorischem Blickwinkel**	13
2.1	Allgemeines zum Wandel bzw. Wechsel von Paradigmen	13
2.2	Paradigmen in der Sonderpädagogik	15
2.3	Paradigmen in der Diagnostik	17
2.4	Paradigmen in der Psychomotorik	19
2.4.1	Funktional ausgerichtete Modelle/Sichtweisen	21
2.4.2	Sinnverstehend ausgerichtete Modelle/Sichtweisen	24
2.4.3	Handlungsorientiert ausgerichtete Modelle/Sichtweisen	26
2.4.4	Systemisch ausgerichtete Modelle/Sichtweisen	29
3.	**Bewegungsdiagnostische Verfahren im Wandel der Zeit**	37
3.1	Oseretzky (1923, 1925): Metrische Stufenleiter zur Untersuchung der motorischen Begabung	39
3.2	Eggert (1971): Lincoln-Oseretzky-Motor-Development-Scale Kurzform (LOS-KF 18)	48
3.3	Schilling/Kiphard (1974): Körperkoordinationstest für Kinder (KTK)	49
3.4	Bruininks (1978): Bruininks-Oseretzky-Test (B-O-Test)	52
3.5	Kurth (1976, 1985): Motometrische Rostock-Oseretzky-Skala (ROS)	55
3.6	Zimmer/Volkamer (1984): Motoriktest für 4-6 Jährige (MOT 4-6)	56
3.7	Adam/Klissouras/Ravazzolo/Renson/Tuxworth (1988): Eurofit	60
3.8	Eggert/Ratschinski (1993): Diagnostisches Inventar motorischer Basiskompetenzen (DMB)	62
3.9	Henderson/Sugden (1992): Movement Assesment Battery for Children (Movement ABC)	69
3.10	Cárdenas (1992): Diagnostik mit Pfiffigunde	73

3.11	Schönrade/Pütz (2000): Die Abenteuer der kleinen Hexe	80
3.12	Kritische Zusammenfassung	85

4. Bewegungsmodelle   **95**

4.1	Entwicklungstheoretische Überlegungen	95
4.2	Bewegungsmodelle zur Beobachtung und Beschreibung in der Diagnostik	102
4.2.1	Oseretzky (1931): „Komponenten des motorischen Entwicklungsstandes"	103
4.2.2	Picq/Vayer (1965): „Motorische Funktionen"	104
4.2.3	Frostig (1972): „Bewegungsmerkmale"	105
4.2.4	Fetz (1972): „Motorische Eigenschaften"	105
4.2.5	Eggert (1972, 1980): „Sechsfaktorielle Modell der Motorik"	105
4.2.6	Meinel/Schnabel (1976): „Koordinative Fähigkeiten"	107
4.2.7	Kiphard (1977): „Koordinative Grundqualitäten"	108
4.2.8	Blume (1978): „Koordinative Fähigkeiten"	108
4.2.9	Bruininks (1978): „Motorische Fertigkeiten"	109
4.2.10	Eggert/Ratschinski (1984, 1993): „Motorische Basiskompetenzen"	109
4.2.11	Bös (1987): „Motorische Fähigkeiten"	111
4.2.12	Zimmer/Volkamer (1987): „Motorische Dimensionen"	113
4.2.13	Adam/Klissouras/Ravazzolo/Renson/Tuxworth (1988): „Motorische Dimensionen"	113
4.2.14	Henderson/Sugden (1992): „Motorische Bereiche"	114
4.2.15	Cárdenas (1992, 2000): „Beobachtungsmerkmale"	114
4.2.16	Pütz/Schönrade (1998): „Motorische Dimensionen"	115
4.3	Zusammenfassung: Bewegungsdimensionen, Bewegungsdefinitionen und Bewegungsmodelle	115

5. Bedeutsamkeit von Bewegungsdimensionen, Bewegungsdefinitionen und Bewegungsmodellen für Experten in der Bewegungsbeobachtung   **133**

5.1	Nennung von Bewegungsdimensionen	133
5.2	Definition von Bewegungsdimensionen	137

5.3	Erstellung von Modellen zur Bewegung	141
5.4	Aspekte einer optimalen Beobachtungssituation	164

6. Darstellung eines allgemeinen Konzeptes zur Ausbildung im Bereich Bewegungsdiagnostik — **171**

6.1	Allgemeine Ziele und Elemente eines Ausbildungskonzeptes	172
6.2	Inhalte eines Ausbildungsschwerpunktes Bewegungsdiagnostik	174
	6.2.1 Begriffsverständnis Diagnostik	175
	6.2.2 Methodenvermittlung in Theorie	175
	6.2.3 Bewegungsbeobachtung als spezielle Methode der Beobachtung	175
	6.2.4 Vermittlung spezieller bewegungsdiagnostischer Verfahren	176
	6.2.5 Erprobung bewegungsdiagnostischer Verfahren	177
	6.2.6 Eigenentwicklung bewegungsdiagnostischer Sequenzen	177
	6.2.7 Entwicklung von Bewegungsmodellen	177
	6.2.8 Aneignung von Beobachtungskompetenz	178
	6.2.9 Aneignung von Beschreibungskompetenz	179
	6.2.10 Aneignung von Hypothesenbildung	179
	6.2.11 Interpretation von Bewegungsverhalten	180
	6.2.12 Überlegungen zu einer Förderplanerstellung	180
	6.2.13 Dokumentation von Förderprozessen	180
	6.2.14 Entwurf eines individuellen Handlungs-Konzeptes zur Bewegungsdiagnostik	181
6.3	Spezielle beispielhafte methodische Überlegungen zur Umsetzung von Inhalten eines Ausbildungsschwerpunktes Bewegungsdiagnostik	181
	6.3.1 Begriffsverständnis Diagnostik	182
	6.3.2 Methodenvermittlung in Theorie	182
	6.3.3 Bewegungsbeobachtung als spezielle Methode der Beobachtung	184
	6.3.4 Kenntnis und Erprobung spezieller bewegungsdiagnostischer Verfahren	185

	6.3.5	Eigenentwicklung bewegungsdiagnostischer Sequenzen	186
	6.3.6	Entwicklung von Bewegungsmodellen	187
	6.3.7	Beobachtungskompetenz	190
	6.3.8	Beschreibungskompetenz	192
	6.3.9	Hypothesenbildung	193
	6.3.10	Interpretation von Bewegungsverhalten	194
	6.3.11	Überlegungen zu einer Förderplanerstellung	194
	6.3.12	Dokumentation von Förderprozessen	195
	6.3.13	Entwurf eines individuellen Handlungs-Konzeptes zur Bewegungsdiagnostik	199
6.4		Curriculare Überlegungen eines allgemeinen Ausbildungskonzeptes zur Bewegungsdiagnostik	201
	6.4.1	Intention und Ziele der Zusatzqualifikation	201
	6.4.2	Organisation der Zusatzqualifikation	202
	6.4.3	Stundenverteilung	202
	6.4.4	Methodisch-didaktische Überlegungen	203
	6.4.5	Abschluss	204
6.5		Möglichkeiten und Grenzen eines allgemeinen Ausbildungskonzeptes zur Bewegungsdiagnostik	205
7.	**Schlussbetrachtung**		**209**
8.	**Verzeichnis der Abbildungen**		**213**
9.	**Literaturverzeichnis**		**217**

Vorwort

Das vorliegende Buch beschreibt die Auseinandersetzung mit dem sehr komplexen Thema „Bewegungsdiagnostik" sowie dessen Vermittlung in der Ausbildung.

Während der Beschäftigung mit diesem Thema haben mich viele Menschen bestärkt und mir zur Seite gestanden. Insbesondere möchte ich an dieser Stelle meinem Doktorvater Herrn Professor Dr. Dietrich Eggert danken. Er hat mich während der gesamten Zeit in der Planung und Durchführung meines Dissertationsprojektes aktiv begleitet und sehr gut unterstützt. Zu jeder Zeit war er für mich ansprechbar und für Gedankenaustausche offen.

Darüber hinaus möchte ich all denen herzlich danken, die mir zugehört, mit mir diskutiert und Korrektur gelesen haben. Weiterer Dank gilt den „Fotomodellen" aus der berufsbegleitenden Motopädie-Ausbildung in Dortmund sowie der Westfälischen Rundschau und der Firo-Agentur für die Weiterverwertung eines Fotos.

Ein spezieller Dank gilt dem Verlag BORGMANN, insbesondere Frau Brigitte Balke-Schmidt, die eine Veröffentlichung meiner Dissertation für theorie- und praxisinteressierte Leser möglich gemacht haben.

Dortmund im Februar 2006   Christina Reichenbach

1. Einleitung

Bewegungsbeobachtung stellt in medizinischen, pädagogischen und/oder therapeutischen Arbeitsfeldern eine grundlegende Anforderung und gleichzeitige Kompetenz dar. Berufsgruppen, die sich mehr oder weniger mit der menschlichen Bewegung auseinandersetzen (müssen), sind zum einen Kinderärzte[1], Erzieher und Lehrer und zum anderen Fachkräfte aus Medizin, Psychologie und Pädagogik wie beispielsweise Physiotherapeuten, Ergotherapeuten, Motopäden, Motologen, Bewegungspsychotherapeuten und Diplom-Pädagogen. Alle haben einen anderen fachlichen und theoretischen Hintergrund und demzufolge auch verschiedene Ansätze. Diese Sichtweisen reichen von einer strikt funktionalen, über eine handlungsorientierte bis hin zu einer tiefenpsychologischen Betrachtungsweise von Bewegung und Bewegungsverhalten. Es ist davon auszugehen, dass jedem bewegungsorientierten Handlungskonzept ein unterschiedliches Modell von Bewegung und Entwicklung innewohnt, und dass entsprechend dieser Vorstellungen und Modelle auch jedem Förder- bzw. Handlungskonzept unterschiedliche diagnostische Vorstellungen zugrunde liegen. Die Vielfalt ist sehr groß und die möglichen Betrachtungsweisen reichhaltig. Dies hat zur Folge, dass im Bereich der Bewegungsbeobachtung auch eine Vielzahl von Möglichkeiten sowohl der quantitativen als auch der qualitativen Bewegungsbeobachtung existieren.

In wie fern einzelne bewegungsdiagnostische Konzepte sowohl Möglichkeiten als auch Grenzen von Bewegungsbeobachtung beinhalten, stehen im Mittelpunkt dieses Buches.

Andererseits stellt sich die Frage, welche Möglichkeiten es gibt, Bewegungsbeobachtung zu vermitteln und dementsprechend praxisnah und eigenaktiv zu lernen.

Um sich dem Thema zu nähern werden neben einem Überblick hinsichtlich bewegungsdiagnostischer Verfahren Ergebnisse einer Expertenuntersuchung einbezogen und kurz dargestellt.

Speziell wird in diesem Buch der Handlungsrahmen „Psychomotorik als Maßnahme einer Entwicklungsförderung" gewählt. Damit das Arbeits- bzw. Handlungsfeld Psychomotorik sowie deren Komplexität und Vielfältigkeit deutlich wird, werden verschiedene Sichtweisen und damit verbundene Paradigmen dargelegt (Kap. 2). Für dieses Buch ist dies erforderlich, da die im weiteren Verlauf betrachteten bewegungsdiagnostischen Verfahren primär in diesem Tätigkeitsfeld angesiedelt sind. In diesem Zusammenhang wird deutlich, dass sich das Vorliegen verschiedener Paradigmen

---

[1] Aus Gründen der Lesbarkeit wird im weiteren Verlauf der Arbeit stets die männliche Schreibweise gewählt. Selbstverständlich sind in gleicher Weise männliche und weibliche Personen gemeint.

auch in der Nutzung und Anwendung diagnostischer Verfahren niederschlägt.

Eine konkrete Auseinandersetzung mit bewegungsdiagnostischen Verfahren findet sich dementsprechend in Kapitel 3. Hier werden einzelne Verfahren unter anderem im Hinblick auf ihre Ziele, ihre Modelle und ihr Menschenbild vorgestellt und kritisch betrachtet. Mit der Darlegung und Erläuterung dieser bewegungsdiagnostischen Verfahren kann eine mögliche Handlungspraxis aufgezeigt sowie die diesen Verfahren innewohnenden Bewegungsmodelle (Kap. 4) beleuchtet werden. Die ausgewählten Modelle werden hinsichtlich ihrer vorhandenen Bewegungsdimensionen, deren Definitionen sowie modellhaften theoriegeleiteten Zusammenstellungen analysiert und kritisch betrachtet.

Welche Bedeutung die Auseinandersetzung mit Bewegungsmodellen in der Praxis einnimmt wird im Kapitel 5 aufgezeigt. Hierbei geht es vor allem um die Erfassung von Bewegungsmodellen und Definitionen einzelner Bewegungsdimensionen, welche den praktizierenden Experten zugrunde liegen.

Die ermittelten Untersuchungsergebnisse sowie die Literaturrecherchen haben dazu beigetragen, einen Vorschlag für ein Ausbildungskonzept zur Bewegungsdiagnostik zu entwerfen (Kap. 6). Dieses soll diejenigen Komponenten enthalten, die für eine Bewegungsdiagnostik als notwendig angesehen werden. Das Ausbildungskonzept schafft anlehnend an bereits bestehende curriculare Vorgaben eine Möglichkeit, Studierende optimal auszubilden und ein Handwerkszeug hinsichtlich Bewegungsdiagnostik zu vermitteln.

2. Paradigmenwandel und Menschenbilder – Betrachtung unter allgemeinem, sonderpädagogischem, diagnostischem und psychomotorischem Blickwinkel

Die Darstellung geschichtlicher Aspekte ermöglicht es, einen Überblick über zeitliche Strömungen hinsichtlich der Bewegungsdiagnostik und den daraus resultierenden unterschiedlichen Menschenbildern zu erhalten. Diese Auseinandersetzung ist einerseits erforderlich, um zu verdeutlichen, welche verschiedenartigen Vorstellungen in Bezug auf Menschen und deren Entwicklung existier(t)en. Andererseits soll deutlich werden, wie diese Sichtweisen bewegungsbezogene Prozesse von Förderung und Diagnostik begleiten und hinsichtlich ihrer Möglichkeiten und Grenzen beeinflussen können (vgl. Kap. 3 + 4).

Zunächst werden zusammenfassend die Veränderungen in den Menschenbildern in der Psychologie und der Pädagogik aufgezeigt. Im weiteren Verlauf wird dann auf die Relevanz für die Arbeit mit Menschen und speziell für das diagnostische Vorgehen im Rahmen einer psychomotorischen Förderung eingegangen.

Da der Handlungsrahmen „Psychomotorik als Maßnahme einer Entwicklungsförderung" gewählt wurde, werden im Kapitel 2.4 mögliche Handlungsrichtungen für psychomotorisch ausgerichtete Ansätze vorgestellt. Die den einzelnen Handlungskonzepten innewohnenden Sichtweisen bestimmen nicht allein das Vorgehen in der Interventionsmaßnahme, sondern sind vor allem auch im Hinblick auf das diagnostische Vorgehen interessant. Hierzu werden später in Kapitel 3 bewegungsdiagnostische Verfahren vorgestellt und deren konzeptionelle Anliegen verdeutlicht.

2.1 Allgemeines zum Wandel bzw. Wechsel von Paradigmen

Es wird seit ca. 25-30 Jahren[2] in der Psychologie und Pädagogik vom Paradigmenwechsel allgemein, aber auch speziell innerhalb der Psychomotorik und insbesondere innerhalb der Diagnostik gesprochen.

Ehe auf die speziellen Aspekte im Bereich der Diagnostik eingegangen wird, soll der Begriff des Paradigma und dessen Verständnis kurz erläutert werden.

---

[2] nähere Ausführungen hierzu finden sich bei Eggert (1997, 53ff.)

Bei der Verwendung des Begriffes „Paradigma" wird sich häufig auf den Physiker und Philosophen Kuhn (1967) bezogen, welcher diesen Begriff aus wissenschaftstheoretischer Sicht betrachtet. Er versteht unter einem Paradigma gemeinsame, ungeschriebene Spielregeln (Ansichten, Haltungen, Arbeitsweisen ...) der wissenschaftlichen Praxis einer Gruppe von Forschern. Ihm zufolge wird eine Theorie zum Paradigma, weil sie die Probleme, die ein Kreis von Fachleuten als brennend erkannt hat, besser löst als Konkurrenzmodelle. Demnach verläuft die Entwicklung in der Wissenschaft nach Kuhn (1988) in folgendem Schema (vgl. Hillenbrand 1999, 242f.):

- vorwissenschaftliche Periode
- normalwissenschaftliche Periode
- Krise = große Anhäufungen von Anomalien in Bezug auf ein Paradigma; das Vorspiel zum Paradigmenwechsel
- wissenschaftliche Revolution
- neue normalwissenschaftliche Periode
- neue Krise

Vor der Existenz einer Normalwissenschaft „streiten mehrere Schulen um die Herrschaft über ein bestimmtes Gebiet. Im Gefolge von bemerkenswerten wissenschaftlichen Leistungen reduziert sich die Anzahl der Schulen stark, gewöhnlich bis auf eine, und es beginnt eine wirkungsvolle wissenschaftliche Praxis" (zit. nach Hillenbrand 1999, 242). In der normalwissenschaftlichen Periode verhalten sich Forscher gegenüber dem Paradigma unkritisch. Hier steuert ein Paradigma eine Gruppe von Fachleuten und besitzt unbestrittene Geltung. Treten dann Anomalien bzw. Abweichungen, genauer gesagt eine Häufung von Anomalien im Rahmen dieses Paradigmas auf, lösen diese bei Forschern eine Krise aus, welche in der Regel das Vorspiel zu einem Paradigmenwechsel ist. Derartige Krisen enden in einer Revolution und haben Paradigmenwechsel zur Folge. Hillenbrand fasst dies wie folgt zusammen: **„Es gibt keine Verbindung oder Verknüpfung einer Wissenschaft vor einem Paradigmenwechsel mit der Wissenschaft nach einem Paradigmenwechsel – es gibt nur die Verdrängung"** (1999, 244). Lehnt man sich an das Begriffsverständnis von Kuhn an, kann festgestellt werden, dass dies nicht auf pädagogische Konzepte übertragen werden kann. Hier gibt es keine vollständige Ablösung bzw. Verdrängung. Im pädagogischen wie auch im psychologischen Arbeitsfeld existiert eher eine Vielzahl von nebeneinander herlaufenden Paradigmen, welche sich trotz stark unterschiedlicher theoretischer Bezüge und Sichtweisen – wie sich im Folgenden zeigen wird – nicht unbedingt gegenseitig abgelöst haben.

Im Vergleich zu Kuhn versteht Kobi (1981, 11) unter Paradigma: „im wissenschaftstheoretischen Sinne primär eine konkrete Vorlage, welche für eine Betrachtungsweise grundlegende [...] Bedeutung besitzt" (zit. nach

Hensle/Vernooij 2000, 18). Durch ein Paradigma werden Fragestellungen, Ziele und Methoden eines Wissenschaftsgebietes bestimmt. Es besitzt keinen Endgültigkeitscharakter.

Sollte es hingegen doch einen Wechsel oder besser Wandel von Betrachtungsweisen geben, muss zunächst darüber nachgedacht werden, worin das alte Paradigma bestand und was das neue Paradigma ausmacht. Für Kuhn ist ein Paradigmenwechsel ein Machtkampf zwischen den Anhängern des alten und des neuen Paradigmas.

Um die Diskussion bzgl. wechselnder Paradigmen im pädagogischen und/oder psychologischen Arbeitsfeld zu verdeutlichen, wird im Folgenden speziell auf einen Paradigmenwandel in der Sonderpädagogik eingegangen.

2.2 Paradigmen in der Sonderpädagogik

Veränderungen von Sichtweisen im Bereich der Pädagogik wurden epochal bedingt an den jeweils dominierenden Menschenbildern, vor allem von Menschen mit Behinderungen, deutlich. Unter einem Menschenbild werden dabei die Konzeptionen/Vorstellungen über einen Menschen verstanden, welche sich in zugrunde liegenden Modellen und Theorien wieder finden. Exemplarisch soll dieser Wandel an dem „Behinderungsbegriff" bzw. an dem Verständnis von „Behinderung" aufgezeigt werden. Dabei ist nicht zu vergessen, dass sich neben veränderten Begriffsverständnissen und Sichtweisen von Menschen mit Behinderungen auch neue Förder- und Handlungsansätze im sonderpädagogischen Handlungsfeld entwickelt haben[3].

Behinderung wurde „früher" als Persönlichkeitseigenschaft/-merkmal aufgefasst, was „heute" zumeist nicht mehr diskutiert wird. Die Diskussion um verschiedene Paradigmen in der Sonderpädagogik ist andauernd und langwährend. Bereits 1976 zeigte beispielsweise Bleidick vier verschiedene und gleichzeitig konkurrierende Paradigmen auf, die auf das Verständnis von Behinderung gerichtet waren:

---

[3] Auf genaue Ausführungen diesbezüglich wird hier verzichtet, da dies den Rahmen überschreiten würde.

Behinderung ist ...	Behinderung als ...	Bezeichnung
1. ein medizinisch fassbarer Sachverhalt	Medizinische Kategorie	personenorientiertes Paradigma
2. eine Zuschreibung von sozialen Erwartungshaltungen	Etikett	interaktionistisches Paradigma
3. ein Systemzeugnis schulischer Leistungsdifferenzierung	Systemfolge	systemtheoretisches Paradigma
4. durch Gesellschaft gemacht	Gesellschaftsprodukt	politökonomisches Paradigma

Tab. 1: Vier konkurrierende Paradigmen der Behinderung (Bleidick 1976) (vgl. Hensle/Vernooij 2000, 18)

Hier wird in kurzer Weise deutlich, dass ein Paradigma von der zugrunde liegenden Bezugstheorie und dem dazugehörigen konstruierten Modell abhängig ist. Nach entsprechenden Theorien erklärt sich die „Ursache", die Beobachtungsmethode sowie auch folgend der „Interventionsansatz". Dieser Punkt wird im späteren Verlauf nochmals hinsichtlich verschiedener Menschenbilder im Rahmen (bewegungs-)diagnostischer Ansätze näher beleuchtet (s. Kap. 2.4).

In neuerer Zeit geht die Diskussion um einen Paradigmenwechsel zum Teil so weit, dass beispielsweise Eberwein (1988; 2001) bemerkt, ein Wandel vom medizinischen zum erziehungswissenschaftlichen Verständnis von Behinderung sei vollzogen und damit sollte eine Aufgabe des Behinderungsbegriffes sowie eine Auflösung der Sonderpädagogik verknüpft sein. Für viele Pädagogen stellt dies sicher ein Denken dar, welches sie nach Kuhn eher als „Anomalie" bezeichnen würden.

Als Letztes sei noch zu dem Begriff „Behinderung" angemerkt, dass sich Veränderungen im Behinderungsbegriff auch durch die Weltgesundheitsorganisation (WHO) zeigen, welche komplett Abstand genommen hat vom „Schädigungs- und Defektdenken"[4]. Die von der WHO überarbeiteten und ausdifferenzierten Beurteilungskriterien in Bezug auf das Vorhandensein einer Behinderung stellen einen speziellen grundlegenden Aspekt diagnostischer Kriterien dar.

Weitgreifender, vor allem nicht allein im medizinischen, sondern auch im pädagogischen und psychologischen Arbeitsfeld werden Aspekte eines Paradigmenwandels von Eggert genannt, die sich konkret auf die Handlungspraxis der Diagnostik übertragen lassen.

---

[4] Nähere Ausführungen hierzu finden sich im ICF (International Classification of Functioning, Disability and Health); zuvor ICD (International Classification of diseases) (vgl. http://www3.who.int/icf/onlinebrowser/icf.cfm?undefined&version=14 ,30.06.04)

2.3 Paradigmen in der Diagnostik

Im Folgenden wird sich auf die von Eggert genannten drei Aspekte eines Paradigmenwandels bezogen, anhand derer im weiteren Verlauf auch die Bedeutung für das diagnostische Vorgehen aufgezeigt wird. Eggert hebt folgende Punkte als wesentlich hervor (vgl. 1995, 136 f.; 1997, 57ff.):

- Wechsel von der Konstanz- zur Veränderungsannahme
- Wechsel von der Segregation über die De-Institutionalisierung zur Integration
- Wechsel von der Typologie und Klassifikation zur individuellen Beschreibung

Der Wandel *von Konstanz- zu Veränderungskonzepten* hat auch die Diagnostik bzw. das diagnostische Vorgehen stark beeinflusst. Anstatt der Hervorhebung eines „wahren Wertes" oder der Messbarkeit von körperlichen Funktionen wird in neueren bzw. aktuelleren diagnostischen Bemühungen die individuelle Veränderbarkeit menschlicher Entwicklung betont.

Ein Wechsel von der *Segregation* zur *Integration* kann in der Diagnostik darin gesehen werden, dass es mittels verschiedener Überprüfungsverfahren nicht mehr um eine Selektion von Menschen aufgrund eines oder mehrerer bestimmter Merkmale geht. Stattdessen steht das Herausfinden des individuellen Förderbedarfs sowie eines bestmöglichen alltagsnahen Förderortes im Vordergrund.

In der heutigen Zeit sollte es zudem eine Abkehr von Klassifikationen geben, auch dadurch begründet, dass aus „Defekt-, Schädigungs- oder Differenzangaben" keine Interventionsstrategien abzuleiten sind. Um einen Menschen optimal in seiner Entwicklung zu unterstützen, sind *individuelle Entwicklungsbeschreibungen* und Förderpläne (IEP's) erforderlich (vgl. Eggert 1997).

Eggert (1997) verdeutlicht, dass klassische Methoden keine Differentialdiagnose gewährleisten können und, dass der Anspruch von Klassifikation wenig bis nicht sinnvoll ist. Demnach hat sich die Rolle der Diagnostik und der Beurteilung gewandelt: das Offensichtliche wird nicht mehr allein bewertet und gemessen, sondern es wird nach seiner Bedeutung gefragt. Auch Mand schreibt: „Es geht nunmehr darum, diagnostische Instrumente zu entwickeln, die wesentliche Informationen für die pädagogische Arbeit bereitstellen, ..." (2003, 64).

Zur Übersicht bzgl. der wesentlichen Aspekte eines Paradigmenwandels in der Diagnostik soll folgende Tabelle dienen:

Paradigmen und Menschenbilder

Paradigmenwandel	Diagnostik	
Segregation ▶ Integration	Ziel der Diagnostik: Aussonderung von Menschen aufgrund eines Merkmals (z.B. Zuweisung zu Sonderschulen; Therapie)	Ziel der Diagnostik: Eingliederung von Menschen mit Behinderungen in alltagsnahes Geschehen (z.B. Gemeinsamer Unterricht)
Konstanz ▶ Veränderung	Annahme, dass ein durch einen Test gemessenes Merkmal (z.B. IQ, MQ) konstant und zeitstabil ist; keine Veränderung vorgesehen, da „Defekt" besteht	Annahme, dass keine einzelnen Merkmale Auskunft über Entwicklung und Veränderung geben können; Entwicklung diagnostischer Methoden, die Veränderungen innerhalb des Entwicklungsverlaufs aufzeigen können;
Klassifikation ▶ Individuelle Beschreibung	Mittels Testverfahren werden bestimmte (Persönlichkeits-)Merkmale klassifiziert und zugeschrieben; „wahrer Wert" steht im Vordergrund	Neuere Verfahren legen Wert auf individuelle Beschreibung und Einschätzung von Entwicklungsdeterminanten und -verläufen und deren Veränderbarkeit; Bedeutung von Verhalten/Behinderung wird hinterfragt und in die Förderung einbezogen; Komplexität von Entwicklungsverläufen wird anerkannt; Stärken werden (wert-)geschätzt

Tab. 2: Paradigmenwandel

Eggert zeigt auf, dass „die jeweils für einen bestimmten Zeitpunkt dominanten Theorien der jeweils gültigen Zeit entsprechen und dabei ein Stück des gültigen 'ZEITGEIST' darstellen." (2000, 1). Unter „Zeitgeist" fallen unter anderem jeweilige kulturelle, religiöse und gesellschaftliche Sichtweisen und Normen. Jedoch ist es bei näherem Betrachten nicht so, wie bereits erwähnt, dass eine Theorie durch eine Folgende ersetzt oder aber abgelöst wird. Nein, es findet zum Teil kein (Paradigmen-)Wechsel statt, sondern es werden neue Denkmodelle entwickelt, während die alten ihre Gültigkeit behalten bzw. weiterhin Bestand haben (Eggert mdl. 2001).

Auch im Rahmen diagnostischer Prozesse existieren unbewusst oder bewusst bzw. implizit oder explizit bestimmte Annahmen hinsichtlich der menschlichen Entwicklung und/oder des menschlichen Seins. Das Tun bzw. Handeln basiert entweder auf Wissenschafts- oder/und Alltagstheorien. Diese darin verborgenen Annahmen beeinflussen den Beobachtungsfokus, die Auswahl der diagnostischen Instrumente bzw. Methoden und letztlich auch die Interpretation der Befunde.

Welche Gefahr nicht bewusst gemachte Menschenbilder in sich bergen können, beschreibt Haeberlin (1998, 18) für die Heilpädagogik wie folgt: „Wir wären in der heilpädagogischen *Praxis* handlungsunfähig, wenn unser Tun nicht spontan durch den Filter eines bestimmten Menschenbildes vorsortiert würde. Aufgrund dieser Notwendigkeit stehen wir als reine Praktiker andauernd in der Gefahr, dass wir uns wegen Arbeitsüberlastung und Zeitmangels keine Rechenschaft über das Menschenbild ablegen, welches unser Tun leitet. So können wir jederzeit Opfer von Vorurteilen, von Ideologien, von Modeströmungen werden. Diese Gefahr droht uns, wenn wir aufhören, über die Grundlagen unseres Handelns nachzudenken, weil uns der Kleinkram der Praxis völlig in Beschlag nimmt."

Das Vorhandensein von Menschenbildern schlägt sich demnach nicht allein in diagnostischen Prozessen nieder, sondern ebenso in gleichzeitig oder nacheinander verlaufenden Interventionsprozessen. Welche Bedeutung derartige implizite oder explizite Menschenbilder haben, wird im Folgenden am Beispiel der Psychomotorik als Fördermaßnahme aufgezeigt.

2.4 Paradigmen in der Psychomotorik

Veränderungen in der Sichtweise bzw. in den Denkvorstellungen bezüglich Menschen mit individuellen Förderbedürfnissen ziehen demnach auch veränderte Sichtweisen im Hinblick auf Diagnostik und Förderung nach sich. Der Pädagoge/Therapeut handelt stets bewusst oder unbewusst auf der Grundlage eines ihm innewohnenden Menschenbildes. Aufgrund dessen wird im Folgenden aufgezeigt, dass in unterschiedlichen zeitlichen Epochen auch innerhalb der Psychomotorik (als pädagogische/therapeutische Intervention) verschiedene Menschenbilder und damit verbundene Theorien von menschlicher Entwicklung dominant waren bzw. sind, und dass eine Weiterentwicklung der Theorien zu einem Paradigmenwandel führen kann.

Im Rahmen der Diskussion um einen Wandel von Paradigmen werden auch innerhalb der Psychomotorik die existierenden Ansätze in Hinsicht auf deren zugrunde liegende Menschenbilder beleuchtet. Jedoch sind sich die Autoren bezüglich der Einordnung verschiedener Konzeptionen zu bestimmten Menschenbildern nicht generell einig oder aber strukturieren ihre Zuordnungen unterschiedlich.

Im Folgenden werden die ausgearbeiteten Sichtweisen der Autoren Eggert, Fischer, Mattner und Seewald zusammengefasst, ergänzt und neu strukturiert. So soll es ermöglicht werden, einen allgemeinen Überblick über zurzeit vorliegende Ansätze/Vorgehensweisen und deren Menschenbilder zu erhalten. Die Strukturierung erfolgt mittels folgender Teilaspekte:

- Sichtweise/theoretische Bezugspunkte
- Verständnis bzw. Bedeutung von Bewegung
- Ursachen von Entwicklungsbeeinträchtigungen
- Menschenbild; Sichtweise vom Menschen u. dessen Kompetenzen
- Ziel der psychomotorischen Intervention
- Methodik/Vorgehen im Rahmen psychomotorischer Intervention
- Rolle des Therapeuten/Pädagogen und Rolle des Kindes
- Diagnostisches Vorgehen (Ziele, Methoden, Bedeutung)
- Vertreter bzw. Konzepte dieser Sichtweise
- Kritik – Stärken und Schwächen der Richtungen/Vorgehensweisen

Die vorhandenen Ansätze/Modelle[5] werden in vier Richtungen unterteilt:
1. funktional orientierte Modelle/Sichtweisen
2. sinnverstehend orientierte Modelle/Sichtweisen
3. handlungsorientierte Modelle/Sichtweisen
4. systemisch orientierte Modelle/Sichtweisen

Die genannten Richtungen lehnen an Seewalds Verständnis der „Theoriebrillen" der Psychomotorik an (vgl. 1993). Dazugehörige spezifische Konzepte werden genannt, wobei die Zuordnung durch die Autorin stattfindet und keinen Anspruch auf Allgemeingültigkeit erhebt. Weiterhin sei in diesem Zusammenhang darauf hingewiesen, dass die spezifischen Konzepte sich in bestimmten Punkten unterscheiden, verschiedene Schwerpunkte gelegt haben und unterschiedlich differenziert ausgearbeitet sind. Hier wurde versucht, eine verallgemeinernde Zusammenfassung wesentlicher Teilaspekte der einzelnen Modelle herauszustellen.

---

[5] „Ein Modell ist ein Rahmen, eine Struktur oder ein System, das auf einem wissenschaftlichen Gebiet entwickelt wurde" Miller (1993, 31). Ein Modell wird somit hier als Leitlinie für die Forschung verstanden, wobei bestimmte theoretische Annahmen zugrunde liegen.

2.4.1 Funktional ausgerichtete Modelle/Sichtweisen

Die hierzu zählenden Modelle bzw. Vorgehensweisen orientieren sich an einer **medizinisch-biologischen Sichtweise**. Das hierauf basierende medizinisch-biologische Paradigma geht davon aus, dass Störungen durch biologische Prozesse verursacht werden. Den Mittelpunkt der Betrachtung stellt ein vorhandenes Defizit dar, welches neurologisch bedingt im ZNS vorhanden ist (vgl. Ayres 1984, 71). Theoretische Bezugspunkte bilden neurologische Erklärungsmodelle aus den 60er/70er Jahren, so zum Beispiel von Ayres, Neuhäuser u.a.

Bewegung wird als ein Produkt neuronaler Prozesse beschrieben, wobei Bewegung „als Ausdruck von entgleisten, nicht optimal integrierten oder defizienten Prozessen im Nervensystem angesehen" wird (Seewald 1998, 154).

Als **Ursache** werden ein mögliches Vorliegen einer Untererregung von hemmenden Zentren, ein Vorherrschen ungenügender Integration von sensorischen Informationen auf Hirnstammniveau oder aber eine Existenz zu geringer Ausschüttung bestimmter Transmitterstoffe postuliert. Es wird davon ausgegangen, dass das Bewegungsverhalten und somit auch Bewegungsauffälligkeiten von innen heraus, in der Person, im ZNS entstehend, bestimmt werden – sie sind das Resultat cerebraler Fehlfunktionen bzw. neuronal verursacht (vgl. Seewald 1998, 155; Mattner 2001, 4). Störungen im Nervensystem und Bewegungsstörungen werden in einen Kausalzusammenhang gebracht. Ursachen werden allein auf körperlicher/neurologischer Ebene gesucht.

Das diesem Erklärungsansatz von menschlicher Entwicklung zugrunde liegende **Menschenbild** betrachtet den Menschen als passives Wesen. Er kann sich allein durch äußere Quellen weiterentwickeln und neues Wissen passiv (wie ein Schwamm) aufnehmen (vgl. Miller 1993, 36). Das bedeutet, dass ein Kind selbst nicht zu einer Verhaltenskorrektur in der Lage ist, weil eine organisch bedingte „Affektkontrolle" dies nicht ermöglicht. Abweichungen vom „Normalverhalten" sind dementsprechend auf pathologische Veränderungen im Gehirn zurückzuführen (vgl. Mattner 2001, 5). Das Kind selbst ist dementsprechend in keiner Weise für sein Verhalten verantwortlich.

Das **Behandlungsziel** ist die „Normalisierung oder Optimierung der neuronalen Prozesse" (Seewald 1998, 155). Eine „Verbesserung bestimmter Teilfunktionen" (Fischer 2000, 28) soll durch eine Behebung des Defizits „motorische Störung" erreicht werden.

Die **Methodik der Behandlung** liegt darin, „den sensorischen Input des Klienten zu kontrollieren und zu steuern" (Seewald 1998, 155). Die Bewegung wird dabei als Medium der sensorischen Integration angesehen. Durch gezielte Übungen soll menschliche Bewegung hierbei die cerebrale Basis beeinflussen. Die Selbstgewissheit bezüglich der Eindeutigkeit der Behandlung und das damit verbundene Menschenbild sind nach Mattner „nach wie vor dafür verantwortlich, daß im motologischen Setting verhaltensauffällige Kinder vielfach lediglich psychomotorisch beübt werden, weil man (...) davon ausgehen darf, daß sich diese motorischen Übungssequenzen schon irgendwie 'sekundär' stabilisierend auf die Gesamtpersönlichkeit betroffener Kinder auswirken werden" (2000, 3).

In neuerer Zeit wird auch aufgrund von so genannten Bewegungsstörungen wie Hyperaktivität versucht, mittels der Verabreichung von biochemischen Substanzen zu intervenieren[6].

Weiteres Kennzeichen derartiger Ansätze, welche der klassischen Medizin zuzuordnen sind, ist eine strenge **Expertenorientierung**. „Der Experte blickt auf ein Kind und ordnet es in das Schema ein. Er weiß, was für eine Behandlung bei welchen Symptomen angemessen ist und ordnet sie an" (Eggert 2000, 3). Es herrscht eine klare Rollenverteilung, in welcher der Pädagoge/Therapeut das Geschehen stark strukturiert und Übungen anleitet. „Die Kommunikation zwischen Kind und Pädagoge/Therapeut findet monologisch statt dialogisch statt, wobei das Kind nicht als Person anerkannt wird, sondern als medizinisches Problem" (Fischer 2000, 29).

Für die (Moto-)**Diagnostik** ist die Schlussfolgerung dieser Denkrichtung – in der auch eine enge Korrelation bzw. Verbindung zwischen menschlichen Konstitutionsleistungen und cerebralem Funktionsgeschehen vermutet wurde/wird –, dass dem vorliegenden Menschenbild entsprechend standardisierte und objektive motodiagnostische Testverfahren konstruiert wurden. Diese „Einfachverfahren" soll(t)en es ermöglichen, (innerhalb kürzester Zeit) motorische Funktionen zu erfassen, zu klassifizieren und aufgrund dieser „Erkenntnisse" Rückschlüsse auf cerebrale Schädigungen (z.B. MCD) oder aber auch auf psychische Sekundärstörungen ziehen zu können (vgl. Mattner 2000, 6; Eggert 1997, 111). Das heißt, dass anhand eines Erkennens von motorischen Störungen mittels bewegungsdiagnostischer Verfahren Rückschlüsse auf andere sekundäre Verhaltensstörungen gezogen werden sollen. Bedeutend ist hierbei die Wissenschaftlichkeit der Untersuchungsmethoden, welche den Testgütekriterien bei der Durchführung, Auswertung und Interpretation entsprechen muss. Beziehungsfaktoren spiel(t)en hier (theoretisch) keine Rolle. Der Experte führt das Geschehen und das Kind sowie dessen Bezugsperson(en) werden nicht direkt bei der Beschreibung und Beurteilung einbezogen.

---

6 „Zur Behandlung von Kindern mit Aufmerksamkeits- und Hyperaktivitätsstörungen werden häufig Stimulantien eingesetzt, die die Mengen mehrerer Neurotransmitter erhöhen; dadurch soll die Aufmerksamkeit der Kinder gefördert werden" (Davison/Neale/Hautzinger 2002, 20f.). Eine sehr kritische Auseinandersetzung dazu findet sich bei Amft/Gerspach/Mattner (2002).

Als **Vertreter** eines derartig funktional bzw. medizinisch ausgerichteten Modells können innerhalb der Psychomotorik zum Beispiel Hünnekens/ Kiphard (PMÜ – Psychomotorische Übungsbehandlung 1960), Ayres (Sensorische Integration 1979/1984) und Kesper/Hottinger (Mototherapie bei Sensorischen Integrationsstörungen 1994) genannt werden. Das folgende Zitat von Neuhäuser zeigt, dass diese Theorie und das Menschenbild nach wie vor praxisrelevant ist: „Für die Mototherapie wird eine ‚krankhafte Störung' als Indikation vorausgesetzt. Es sind ‚Therapieziele' zu formulieren, die eine Beseitigung der Störungen anstreben. (...) Als Indikation gelten alle Störungen im psychischen Bereich, die in engem Zusammenhang mit dem Bewegungsverhalten stehen, so auch Verhaltensauffälligkeiten, Befindlichkeitsstörungen und psychiatrische Erkrankungen" (1999, 107f.).

Als **Stärke** derartiger Ansätze kann es angesehen werden, dass die klare Struktur hinsichtlich Methoden, Rollenverteilung und Diagnostik dem Anwender die praktische Arbeit erleichtert. Für Berufsanfänger ermöglicht dies eine leichte Orientierung und größere Handlungssicherheit.

Ein **Problem** dieser Sichtweisen besteht vor allem darin, dass der Mensch nicht ganzheitlich betrachtet wird und die emotionale Ebene außen vor bleibt. Hier liegen das Problem und die Lösung dessen auf einer Ebene (vgl. Seewald 1998, 155). Es dominiert ein monokausaler Erklärungsansatz bezüglich der Gesamtproblematik und es wird nicht die „Ganzheitlichkeit" von Entwicklungsprozessen betrachtet. „Das dazugehörige Menschenbild betrachtet seelisch-intentionale Prozesse als abhängig von biologisch-neuronalen Prozessen. Hierin unterscheidet sich der Mensch nicht wesentlich von seinen tierischen Mitgeschöpfen" (Seewald 1998, 155). Der Mensch kann hiernach nicht selbsttätig etwas zu seiner weiteren Entwicklung beitragen, sondern ist äußeren Kräften ausgeliefert. Mögliche psychosoziale Verursachungs- bzw. Bedingungsfaktoren bleiben ausgeblendet und werden nicht analysiert. Des Weiteren wird dem Bewegungsverhalten als krankhaftes Symptom keinerlei subjektiver Sinn beigemessen (vgl. Mattner 2001, 6f.; Fischer 2000, 28ff.)

Als weitere Nachteile dieses Zugangs nennt Mattner, dass die Intervention monologisch in Richtung einer definierten Normalitätserwartung ausgerichtet ist und somit das primäre Ziel die Verbesserung des motorischen Funktionsgeschehens oder der Wahrnehmungsleistungen darstellt (vgl. 2001, 6f.). Die Bedürfnisse des Individuums werden nicht berücksichtigt, unabhängig davon, ob dies Ziele oder Methoden im Rahmen der psychomotorischen Intervention betreffen. Das Kind hat den Anweisungen und/oder Vorschlägen des Therapeuten/Pädagogen zu folgen. Diagnostische Methoden haben Klassifikationen von Störungen zum Ziel und möchten quantitativ Daten erfassen. Erklärungen in Bezug auf Entwicklung sind auf allgemein feststellbare Veränderungen im motorischen Bereich und nicht auf individuelle Unterschiede ausgerichtet. Das schlägt sich ebenso in den diagnostischen Verfahren nieder, welche eine defizitäre Orientierung aufweisen. Weiterhin ist im Hinblick auf diese medizinisch-orientierten Ansätze anzumerken, dass keine neueren Forschungsergebnisse aus dem Bereich der Neurowissenschaften konsequent einbezogen werden.

2.4.2 Sinnverstehend ausgerichtete Modelle/Sichtweisen

Modelle, die hierunter zu fassen sind, orientieren sich maßgeblich an einer **psychologischen/tiefenpsychologischen Sichtweise**. Den Mittelpunkt der Betrachtung stellen Bewegungsäußerungen unter emotionalen Gesichtspunkten und deren subjektiv empfundene Bedeutung dar. Theoretische Bezugspunkte bilden nach Seewald (2004, 29ff.) phänomenologische Theorien (z.B. Merleau-Ponty), Erkenntnisse aus der Symboltheorie (z.B. Cassirer und Langer) sowie tiefenpsychologische Erklärungsmodelle (z.B. Erikson, Winnicott, Mahler).

Es wird versucht, **Bewegung** als Bedeutungsphänomen zu verstehen. „In diesem Verständnis symbolisiert das Symptom eine Bedeutung, die das Kind nicht anders mitzuteilen vermag" (Mattner 2001, 8).
„Bewegung erscheint dann als sinnvolle Äußerung des Individuums in seinem Lebenskontext, wobei der Sinn bewußt oder unbewußt, explizit oder implizit sein kann. Den Sinn zu erschließen, ist Aufgabe eines methodisch geleiteten Verstehens, wobei sich hermeneutisches Verstehen auf den expliziten Sinn richtet, phänomenologisches Verstehen auf den impliziten Sinn bzw. den leiblichen Ausdruck und tiefenhermeneutisches Verstehen auf den unbewußten bzw. verdrehten Sinn oder scheinbaren Unsinn" (Seewald 1998, 156).

Im Hinblick auf mögliche **Ursachen** von Entwicklungsbeeinträchtigungen wird der biographische Kontext betrachtet. „Grundgedanke ist, dass auffälliges (Bewegungs-)Verhalten Hinweise darauf bietet, dass bestimmte Lebens- und Beziehungsthemen konflikthaft und traumatisch besetzt sind und nicht adäquat verarbeitet werden konnten" (Kuhlenkamp 2003, 47). Durch das gezeigte Symptom symbolisiert das Kind also eine Bedeutung, die es auf anderen Wegen nicht auszudrücken vermag. Anlehnend an tiefenpsychologisch-orientierte Theorien werden Ursachen zumeist in der frühen Kindheit gesucht und vermutet.

Das diesem Erklärungsansatz von menschlicher Entwicklung zugrunde liegende **Menschenbild** ist gekennzeichnet durch die Suche des Menschen nach einem Sinn, welcher dem Leben gegeben werden muss. „Der Ansatz versteht den Menschen als Sinnproduzenten und versucht ihn in seiner Einzigartigkeit zu erfassen" (Fischer 2001, 153). Dem Symptom, welches von der Normalitätserwartung abweicht, wird hier ein subjektiver Sinn zugesprochen (vgl. Mattner 2001, 8). Identitäts- und Beziehungsaspekte werden betont und sind sehr bedeutend, so dass von einem „relationalem

Menschenbild" gesprochen werden kann (vgl. Seewald 1998, 156). Das Individuum gilt hier als Symptomträger, welcher demnach von anderen Personen abhängig ist.

Das **Ziel** der Intervention ist, wie bereits oben angedeutet, ein Verstehen des Kindes, wobei der Sinn seiner Handlungen ermittelt werden soll. „Der Sinn kann auf drei unterschiedlichen Ebenen erfaßt werden. Erstens Verstehen des expliziten Sinns, d.h. verstehen, was ein Kind äußert. Zweitens Verstehen des impliziten Sinns, d.h. verstehen, wie sich das Kind äußert und drittens Verstehen des scheinbaren Unsinns, das meint Verstehen im tiefenhermeneutischen Sinn, das Kind äußert das Gegenteil dessen, was es eigentlich möchte" (Fischer 2000, 31). Das Behandlungsziel stellt eine Erschließung des subjektiven Bedeutungsinhalts dar. Das Unbekannte, das „Störende" gilt es zu verstehen (vgl. Mattner 2001, 9).

Dazu wird innerhalb der **Behandlung** Bewegungsraum für symbolische Ausdrucksmöglichkeiten geschaffen. Es gilt das „Störende" zu verstehen und es werden Möglichkeiten geschaffen, sich symbolisch und erlebniszentriert zu artikulieren. Der Experte erkennt das Thema des Klienten und unterbreitet dementsprechend Fördervorschläge (vgl. Seewald 1998, 156). Die Arbeitsweise kann als konfliktzentriert, erlebnisorientiert und aufdeckend beschrieben werden. Dabei sind spezielle (psychotherapeutische) Kenntnisse/Qualifikationen für die Deutung der erzielten Beobachtungen erforderlich (vgl. Fischer 2000, 31f.).

Derartige Ansätze sind durch eine **Expertenorientierung** gekennzeichnet. Eine bestimmte Denkrichtung ist festgelegt, da die Anwendung sehr von den tiefenpsychologischen Bezugstheorien und der „Qualität der therapeutischen Ausbildung seiner Anwender abhängt" (Eggert 2000, 6). Seewald selbst geht von einem Wechsel der Rollen des Führens und Folgens innerhalb der Förderung aus (vgl. 1993, 193).
Beziehungsfaktoren zwischen Therapeut und Kind spielen hier eine besondere Rolle innerhalb der als Einzeltherapie ausgerichteten Fördermaßname.

In Bezug auf die **Diagnostik** ist anzumerken, dass sich das Verständnis der motorischen Situation hier verändert hat, da die Bewegung des Leibes als ausdrucksvoll und sinnhaft angesehen wird. Die Bedeutung derartigen Bewegungsverhaltens lässt sich nicht motometrisch erfassen (vgl. Mattner 2000, 9). Motorische Fähigkeiten werden demzufolge nicht ermittelt. Hier gilt es, analog der Förderung, die Bedeutung/den Sinn im Rahmen eines diagnostischen Prozesses mittels psychoanalytischer Verfahren und Techniken der Interpretation zu ermitteln und nutzbar zu machen (vgl. Eggert/Wegner-Blesin 2000, 16).

Als **Vertreter** eines sinn-verstehenden Ansatzes zählt Seewald mit seinem Verstehenden Ansatz (1992).

Als **Stärke** kann es angesehen werden, dass zur Erklärung von Entwicklungsbeeinträchtigungen keine motorische Ebene im Mittelpunkt steht, sondern die Geschichte des Kindes einbezogen wird, um den Sinn seines Verhaltens zu verstehen. Weiterhin positiv einzuschätzen ist, dass das Verhalten des Kindes individuell beschrieben wird, es also um eine Dokumentation von qualitativen Veränderungen geht. Das Kind wird als Individuum gesehen und nicht auf körperliche Funktionen beschränkt.

Als ein **Problem** dieser Sichtweise bringt Seewald die Nichtberücksichtigung gesellschaftlicher und historischer Bedingungen von Bewegungsverhalten ein. Weiterhin verweist er darauf, dass nicht alle Klienten sich symbolhaft ausdrücken können (vgl. 1998, 157). Des Weiteren bleiben konkrete Erklärungsmodelle, mögliche medizinische Sichtweisen sowie komplexere Bedingungsgefüge, welche nicht allein auf das Kind bezogen sind, unberücksichtigt. Demzufolge kann dieses Modell nicht als „ganzheitlich" bezeichnet werden. Es wird nicht deutlich, ob das Kind selbst bei der Formulierung der Ziele und des Vorgehens der Intervention mitwirken kann bzw. was seine Rolle abgesehen von der als „Symptomträger" ist. Zum diagnostischen Vorgehen und zur empirischen Überprüfung finden sich, abgesehen von Fallbeispielen, keine konkreten Ausführungen und/oder Ergebnisse. Die Praxisrelevanz des Modells ist gering, da es fundierter Kenntnisse im psychomotorischen und tiefenpsychologischen Bereich bedarf.

2.4.3 Handlungsorientiert ausgerichtete Modelle/Sichtweisen

Handlungsorientierte Modelle orientieren sich vorwiegend an **kognitionstheoretischen Sichtweisen**. Dabei umfasst der Begriff Kognition „Prozesse des Wahrnehmens, Erkennens, Begreifens, Urteilens und Schließens" (Davison/Neale/Hautzinger 2002, 44). Es geht um ein Strukturieren von Erfahrungen. Den Mittelpunkt der Betrachtung stellt ein (Bewegungs-)Verhalten dar, welches „als in Mustern oder Strukturen organisiert angesehen" wird (Seewald 1998, 155). Theoretische Bezugspunkte bilden Entwicklungstheorien, welche sich z.B. an Piaget (1923) anlehnen.

In diesem Modell wird **Bewegung** „als Strukturierungsleistung und als wichtiger Teil der Handlungsfähigkeit betrachtet" (Fischer 2000, 30). Die strukturelle Veränderung verleiht der Veränderung der Denkinhalte Sinn und bestimmt sie demnach. Bewegungsmuster als Instrument der Handlungsfähigkeit sollen generalisiert werden, um sich stets einer verändernden Umwelt anpassen zu können. Hierzu ist es bedeutend, die Wahrnehmungsfähigkeit des Klienten in Lernprozessen umzustrukturieren. Dabei gilt eine Differenzierung von Wahrnehmungs- und Bewegungsmustern als wichtigste Grundlage von Handlungsfähigkeit (vgl. Fischer 2000, 30). Bewegungsverhalten und/oder -auffälligkeiten sind folglich ein Ausdruck unzureichender Strukturierung und mangelnder Handlungsfähigkeit.

Als **Ursachen** für Abweichungen vom „Normalverhalten" können umweltbedingte oder aber individuell bedingte (z.B. mangelnde Handlungserfahrung) Faktoren genannt werden. Entwicklung vollzieht sich demzufolge „in der tätigen, wechselseitigen Interaktion mit der Umwelt in Abhängigkeit von biologischen Bedingungen" (Schilling 1990, 67).

Das diesem Erklärungsansatz von menschlicher Entwicklung zugrunde liegende **Menschenbild** betrachtet den Menschen als aktives Wesen, welcher am Aufbau seines Wissens beteiligt ist (vgl. Miller 1993, 45ff.). Das Kind wird, entsprechend seinem Entwicklungsalter, als handlungsorientiertes Subjekt betrachtet. „Das Kind wird als Konstrukteur seiner Handlungswelt" (Seewald 1998, 155), als „Produzent der eigenen Entwicklung" (Fischer 2000, 30) betrachtet und kann dieses dementsprechend auch mit beeinflussen.

Ziele sind die eigenständige Sammlung von Handlungserfahrungen und letztlich das Erreichen von Handlungsfähigkeit. „Verbesserungen der Bewegung sind deshalb kein Selbstzweck, sondern nur insofern sinnvoll, als sie die Handlungskompetenz fördern" (Seewald 1998, 155). „In unserem Verständnis ist Psychomotorik die Förderung der Entwicklung von Kindern durch das Zusammenspiel von Bewegen, Denken, Fühlen und Orientieren im Spiel oder einer anderen bedeutungsvollen sozialen Handlung zusammen mit anderen" (Eggert/Lütje-Klose 1994, 20).

Das **methodische Vorgehen** ist dadurch gekennzeichnet, dass der Klient vor Problemlöseaufgaben gestellt wird, welche „Bewegungslernen in den Zusammenhang von Handelnlernen stellen" (Seewald 1998, 155). Es sollen Gelegenheiten gegeben bzw. geschaffen werden, in denen gehandelt und eine positive Handlungserfahrung vermittelt werden kann. Dabei sollen Erfahrungen mit sich selbst (Körpererfahrung), mit Materialien (Materialerfahrung) und mit der Umwelt (Sozialerfahrung) gesammelt werden (vgl. Fischer 2000, 30). „Die Bewegung wird als Instrument der Handlungsfähigkeit gesehen und diese äußert sich in einer gelungenen *Anpassung* an die Umwelt und in Anpassungsreserven für neue, ungewohnte Situationen" (Seewald 1998, 155). Demzufolge können in einer Förderung verschiedene Angebote bzw. Herausforderungen unterbreitet werden, welche situationsspezifisch immer wieder neue Anpassungen erfordern.

Eggert hebt die **Rolle des Therapeuten/Pädagogen**, der sich mit dem Kind in einen Interaktionsprozess begibt, sowie die Bedeutung gruppendynamischer Faktoren hervor. Außerdem berücksichtigt er in seinem Modell den sozialen Handlungsalltag, welcher das Geschehen beeinflussen kann (vgl. Eggert/Lütje-Klose 1994; Eggert 2000, 4). Handlungsorientierte Ansätze/Vorgehensweisen zeichnen sich durch ein **kooperatives Verhalten** von Pädagoge/Therapeut und Klient aus. Der Pädagoge/Therapeut bietet an, regt an und verleiht dem Geschehen eine Struktur. Bewegungssituationen sollen als veränderbar erlebt werden und die Wirksamkeit des eigenen Handelns soll erkannt werden (vgl. Fischer 2000, 30). Des Weiteren kann von einer **Themen- oder Personenzentrierung** innerhalb dieser Modelle ausgegangen werden. Die Person des problematisierenden und reflektierenden Therapeuten/Pädagogen gilt als Experte. Dabei „überwacht" der Therapeut/Pädagoge die Beziehung zwischen Kind (ich), Gruppe (wir) und dem Thema und interveniert bei Bedarf, das heißt bei einer Dysbalance (vgl. Eggert 2000, 4). Es wird hoher Wert auf eine interaktionistische Ausrichtung gelegt (Eggert/Lütje-Klose 1994, 20).

Innerhalb dieser Vorgehensweisen werden unterschiedliche diagnostische Methoden angewandt und verschiedene Zielsetzungen verfolgt. Zum einen steht eine **Diagnostik** motorischer Fähigkeiten nach wie vor im Mittelpunkt, wobei anhand der Feststellung motorischer Funktionen auf kognitive Fähigkeiten geschlossen werden soll. Zum anderen ist beispielsweise Eggert seit Anfang der 90er Jahre um die Entwicklung und den Ausbau neuer diagnostischer Methoden bestrebt, wobei der Fokus der Beobachtung nicht mehr ausschließlich auf der Motorik liegt. Dabei treten individuelle Entwicklungsbeschreibungen anstatt defizitorientierter Zuschreibungen in den Vordergrund. Erklärungen erfolgen in einer Spannbreite von allgemein feststellbaren Veränderungen bis hin zu individuellen Unterschieden.

Als **Vertreter** handlungsorientierter Ansätze gelten innerhalb der Psychomotorik u.a. Volkamer/Zimmer (Kindzentrierte Mototherapie, 1986) und Schilling (Konzept der Motopädagogik, 1981). Das durch Kiphard und Schilling weiterentwickelte psychomotorische Modell, welches durch den Aktionskreis Psychomotorik weite Verbreitung gefunden hat, gilt wohl als das bekannteste Modell. Ein im Vergleich noch ausdifferenzierteres Konzept, das noch innerhalb dieser Ansätze eingeordnet werden kann, entwickelte Eggert mit seinem „Konzept der psychomotorischen Förderung" (vgl. Eggert/Lütje-Klose 1994, 2005).

Als **Stärke** derartiger Ansätze kann die Hervorhebung der Aktivität des Kindes angesehen werden. Das Kind rückt als Akteur in den Mittelpunkt des Interesses. Weiterhin kann die in einigen Ansätzen hervorgehobene Bedeutung der Interaktion sowie die allmähliche Hinwendung zu förderdiagnostischen Verfahren als sehr positiv betrachtet werden.

Ein **Problem** sieht Fischer in der Überbewertung der kognitiven Komponente, wodurch affektive und sozialökologische Aspekte (z.B. Beziehungsgestaltung) in den Hintergrund treten. Außerdem gibt er zu Bedenken, dass „der subjektive Sinn und die Bedeutung, auch die persönliche Problemgeschichte, die das einzelne Kind mit seiner Bewegungshandlung zum Ausdruck bringt", übersehen wird (2000, 30). Auch Seewald merkt an, dass die subjektive Bedeutung von Handlungszielen nur unvollkommen erfasst wird. Hiernach werden die Motive des Kindes und deren Bezug zu einer individuellen Lebensgeschichte ausgeblendet (vgl. 1998, 156).

Weiterhin ist zu kritisieren, dass häufig das soziale Umfeld betreffende Faktoren unberücksichtigt bleiben und allein individuumszentriert gearbeitet wird. Dadurch, dass das Kind in den Mittelpunkt gerückt wird, wird die Verantwortung bezüglich des Handelns komplett auf das Kind verlagert.
Auf zugrunde liegende theoretische Bezugspunkte wird nicht in allen spezifischen Ansätzen verwiesen, so dass eine Einordnung diesbezüglich häufig hypothetisch bleibt.
Forschungsergebnisse liegen hinsichtlich dieser Ansätze zum Teil vor und zeigen, dass ein direktes Zusammenwirken von Bewegung auf kognitive Prozesse nur begrenzt stattfindet[7]. Trotz der Forschungsergebnisse wird weiterhin unverändert an den Modellvorstellungen festgehalten.
Da sich eine Vielzahl der Ansätze auf Piaget bezieht, ist hier auch die Kritik angebracht, dass es eine unzureichende Erklärung der Mechanismen von Entwicklung gibt. Das heißt, dass es keine Erklärung im Sinne von Wirkursachen gibt. Die Erklärungen konzentrieren sich auch hier auf den Nachweis struktureller Voraussetzungen/Möglichkeiten für Weiterentwicklung (vgl. Miller 1993, 97f.).

2.4.4 Systemisch ausgerichtete Modelle/Sichtweisen

Unter **systemisch ausgerichteten Sichtweisen** fallen Modelle, welche sich an einer Systemtheorie bzw. an system-theoretischen Denkmodellen (z.B. Luhmann 1983/1987; Bronfenbrenner 1979/1993) orientieren. Im Mittelpunkt der Vorgehensweisen steht die Entwicklung des Menschen in der aktiven Auseinandersetzung mit seiner alltäglichen Umwelt. Derartige Ansätze sind einerseits durch eine hohe Komplexität der Betrachtung sowie andererseits durch eine Offenheit und Flexibilität gekennzeichnet.

Menschliches **Bewegungsgeschehen** wird als *eine* Systemgröße betrachtet. „Der Mensch ist aus systemisch-konstruktivistischer Sicht Konstrukteur seiner Wirklichkeitserfahrungen: ein autopoietisches, d.h. ein sich selbst regulierendes System" (Mattner 2001, 10). Bezüglich des Bewegungsbegriffs wird „menschliche Bewegung als autopoietische Organisation des Systems Bewegung/Wahrnehmung gefaßt" (Mattner 2001, 11).

„Der Versuch, den Sinn oder die Bedeutung einer Bewegung zu verstehen, wird aus systemisch-konstruktivistischer Sicht nicht als **Ursachenforschung** (...) aufgefaßt, sondern als Verstehen dessen, was in einem Dialog stört und als Suche nach einer für den Prozeß der Veränderung förderlichen, nützlichen, viablen Idee. Es geht (...) um das Er-Finden von Be-Deutungen, bzw. Um-Deutungen von Bewegung, die für die am Problemsystem Beteiligten im Hinblick auf Veränderungen sinnvoll sind" (Balgo 1998b, 10).

---

[7] vgl. Überprüfung der sog. Transferhypothese in Eggert/Lütje-Klose 1994, 51ff.

Paradigmen und Menschenbilder

Bezüglich des **Menschenbild**es ist festzuhalten, dass keine Normen existieren, da diese lediglich systembedingte Konstruktionen der Wirklichkeit darstellen würden (vgl. Mattner 2001, 10). Dementsprechend werden „Störungen" niemandem „zugeschrieben, sondern als ein nicht gelungener Umgang mit Verschiedenheit begriffen" (Balgo 1998b, 9). Oder wie Fischer schreibt: „Das Kind *hat* keine, sondern *zeigt* eine Störung" (2000, 32).

Auch Störungen werden als Konstruktionen der Wirklichkeit gesehen, welche nichts anderes beschreiben als eine Differenz, die in der Interaktion, im Dialog zwischen Individuen entstehen[8]. Mattner merkt an, dass aus seiner Sicht der Störungsbegriff in der systemisch-konstruktivistischen Sichtweise in zweierlei Hinsicht bestimmt ist:
„• als störendes Moment eines sozialen Systems
 • als systemtherapeutische Intervention zur Ermöglichung neuer entstörender Erfahrungen" (2001, 11).

Als **Ziel** zeigt Fischer beispielsweise auf, dass nicht versucht wird „der Störung oder Behinderung des Kindes entgegenzuwirken – etwa durch eine spezielle Therapie – sie wird statt dessen als Teil seiner Persönlichkeit akzeptiert" (2000, 32). Jeder ist für sich selbst verantwortlich und das „System kann von außen lediglich (...) verstört, irritiert oder (...) perturbiert werden" (Balgo 1998b, 7).

Im Mittelpunkt einer systemisch-orientierten Psychomotorik steht nach Eggert nicht mehr die Verbesserung der Entwicklung des Kindes durch Bewegung (Erziehung durch Bewegung), sondern
„1. der Glaube an konstruktive Potentiale des aktiven Kindes
2. die Entwicklung eines stabilen positiven Selbstkonzepts als Mittel zur Entwicklung einer positiven Identität des Kindes
3. in Auseinandersetzung mit den bedeutsamen Menschen und Faktoren seiner spezifischen Umwelt (Kind in seinem Umfeld)" (2000, 15; vgl. Eggert/Wegner-Blesin 2000, 23)

Ein **Vorgehen** nach einem systemisch orientierten Ansatz bedeutet, dass Kontexte, in denen sich Bewegung und Wahrnehmung zeigen, genauer untersucht werden. Es ist erforderlich, neben dem Beobachter auch die „Konstrukteure der Störung" in die praktische Arbeit einzubeziehen (vgl. Balgo 1998b, 9). „Therapeutische Intervention wird hier begriffen als Dekonstruktion von Störungen" (Mattner 2001, 11). Ansätze, die dieser Epoche zuzuordnen sind, möchten in erster Linie eher anregen und weniger anleiten.

Wichtig ist es hierbei herauszustellen, dass es nicht *eine* bestimmte Methode gibt, sondern das Ziel ist, jeweils unterschiedliche, individuelle Mo-

---

[8] siehe auch Walthes (1993): Störungen zwischen Dir und mir. Grenzen des Verstehens, Horizonte der Verständigung. In: Frühförderung interdisziplinär 4, 145-155.

delle für eine Förderung zu finden bzw. zu konzipieren. Eine systemisch orientierte Psychomotorik beinhaltet nach Eggert weiterhin Prinzipien wie:
- eine Begründung des Handelns mittels (klinischer) Entwicklungspsychologie
- eine Betonung von Interaktion und Kommunikation
- eine Kooperation mit dem Kind
- die Betonung einer systemischen Förderdiagnose und Intervention im spezifischen Umfeld

Erweitert wurde die Sichtweise durch Konzepte und Gedanken bezüglich
- der Funktion eines Verhaltens im Zusammenhang mit der spezifischen Umwelt
- der Betonung der Eigenaktivität und Handlungsfähigkeit als Lösungsmöglichkeit
- der Gleichwertigkeit von Pädagoge und Kind im Prozess über eine Perturbation/Störung erhoffte Ziele durch Interaktion anstreben zu können (vgl. Eggert 2000, 9f.; vgl. Eggert/Wegner-Blesin 2000, 19ff.).

Die Kinder sollen selber tun, selber suchen sowie ihren eigenen Weg finden. Sie sollen dementsprechend Möglichkeiten haben, sich selbständig zu entwickeln. Es folgt die Anregung bei der Suche und das Anbieten von Wegen bzw. Handlungs- und Lösungsmöglichkeiten.

Systemisch-konstruktivistische Sichtweisen zeichnen sich durch eine Gleichwertigkeit von **Pädagoge/Therapeut und Klient** aus. Es wird auf eine Kooperation abgezielt, wobei die Partner gleichberechtigt und unabhängig voneinander sind. Dabei unterstützt der Therapeut und handelt dialogisch, so dass über gezielte Interaktion erhoffte Zielvorstellungen umgesetzt werden können (vgl. Fischer 2000, 32).

Für die **Diagnostik** hat dies zur Folge, dass neue Fragestellungen aufgeworfen und neue diagnostische Methoden angewendet werden müssen (vgl. Mand 2003, 63). Nun steht eine individualisierende Beschreibung der Kompetenzen und Ressourcen eines Kindes in seinen verschiedenen Lebensbereichen im Mittelpunkt. Motorik ist nicht explizit im Fokus der Beobachtung. Das Umfeld wird in den komplexen Prozess der Diagnose und Förderung mit einbezogen und berücksichtigt. Es sollte eine Arbeit in einem Team, bestehend aus „Experten des Kindes", erfolgen. Die Beziehung zu dem Diagnostiker ist vom ersten Kontakt an relevant und wird berücksichtigt.

Entwicklungsdiagnostische Fragestellungen im Rahmen einer detaillierten Kind-Umfeld-Analyse umfassen Fragen zur Vergangenheit, hin über eine Beschreibung der Gegenwart bis zur Planung einer Förderung und Hypothesen über die Folgen der Fördermaßnahmen. „Im Vordergrund steht dabei die Erkenntnis, dass jede Diagnose nur eine Momentaufnahme durch einen Beobachter ist und sich jederzeit ändern kann. Vorhersagen aufgrund diagnostischer Beobachtungen können bereits das Vorhergesagte verändern. Die Entwicklung eines Kindes ist so ein ständig veränderungsoffener Prozess" (Eggert/Wegner-Blesin 2000, 33).

Als **Vertreter** einer systemisch-orientierten Sichtweise innerhalb der Psychomotorik gelten vor allem Balgo (1998a), Eggert (2000), Klaes (1995), Palmowski (1995), Walthes (1995). Dabei gibt es keine kompletten Übereinstimmungen in den theoretischen und praxisrelevanten Darstellungen, zumal die Alltagsrelevanz aufgrund der Komplexität der Ausführungen vielschichtig ist.

Bei einer kritischen Auseinandersetzung ist zu bedenken, dass systemisch-orientierte Ansätze sich vor allem darin unterscheiden, ob sie ökologisch (z.B. Eggert) oder konstruktivistisch (z.B. Balgo) ausgerichtet sind. Entsprechend der Verschiedenheit der Denkvorstellungen und der damit verbundenen Praxisrelevanz, lässt sich auch die Kritik unterscheiden.

Mattner zeigt ausschließlich **Schwächen** auf und **kritisiert** das systemisch-konstruktivistische Paradigma vielfältig. So weist er unter anderem auf folgende Gesichtspunkte hin (vgl. 2001, 11f.):

- menschliche Subjektivität wird zum Verschwinden gebracht, da alles auf konstruierte Wirklichkeiten verlagert wird
- die Störungen bleiben ohne Sinn für den Störer
- es bleibt offen, wie der psychosoziale Hintergrund als Zuschreibungssystem durch Dekonstruktion entstört werden könnte
- das systemisch-konstruktivistische Therapiekonzept erscheint bei funktionalen Problemen plausibel; es greift zu kurz bei psychosozialer Problematik, deren systemischer Hintergrund zu ändern wäre
- der Ansatz scheint mehr am Funktionieren von Bestandteilen innerhalb von Interaktionseinheiten interessiert, als am Erfassen von Sinn und Bedeutung
- es fehlen ethisch-moralische/gesellschaftspolitische Normbezüge, an dem sich ein wertgeleitetes Menschenbild orientieren könnte
- der Blick für psychosoziale und ethisch-moralische Hintergründe menschlichen Seins bleibt unberücksichtigt

Auch wenn Mattner mit den kritischen Einwürfen sicherlich Recht hat, so darf nicht vergessen werden, dass inzwischen die ersten Entwürfe einer möglichen öko-systemisch-orientierten Psychomotorik vorliegen, welche einige seiner oben genannten Kritikpunkte aufheben.

Als **Stärke** öko-systemischer Sichtweisen kann gesehen werden, dass ein umfangreiches theoretisches Bezugssystem zugrunde liegt. Für einige mag das aufgrund der Komplexität auch eine Schwäche darstellen, jedoch wird es hier als Stärke gesehen, da es praktisches Handeln begründet und ein Reflektieren ermöglicht. Positiv zu betrachten ist ebenfalls, dass das Individuum in den Interventionsprozess direkt einbezogen wird. Das heißt nicht, dass es den ausschließlichen Fokus der Beobachtung bildet, sondern dass es konstruktiv mitarbeitet (z.B. in Form von Zielformulierung). Durch den direkten Einbezug der Klientel wird eine Wertschätzung des Menschen deutlich. Er kann sich selbst als aktives Wesen einbringen, in dem er seine Sichtweise hinsichtlich eines „Problems" darlegt und für Veränderungen und/oder Unterstützung offen ist. Die Ziele und das Vorgehen der Intervention werden mit dem Klienten abgestimmt und nicht von außen vorgegeben.

Anlehnend an den Kriterien von Mattner werden die Stärken wie folgt zusammengefasst:
- in öko-systemischen Ansätzen spielt die menschliche Subjektivität als Systemgröße eine bedeutende Rolle
- das menschliche Subjekt wird in den Interventionsprozess einbezogen, auch insofern, dass gefragt wird, ob es selbst durch die vermeintliche „Störung" beeinträchtigt ist
- es wird der Frage nachgegangen, inwiefern verschiedene Systeme, so auch der psychosoziale Hintergrund als Teil des Exo-Systems[9], angeregt werden können und es wird deren Bedeutung thematisiert
- es kann kein allgemein gültiges Menschenbild bzw. Normbezüge formuliert werden, da eine Akzeptanz des individuellen Umfeldes erforderlich ist; die individuellen Werte können von den Wertvorstellungen des Klienten oder dessen Bezugssystem abweichen

Als **Schwächen** können vor allem für den Praktiker folgende Punkte formuliert werden: Eine öko-systemisch-orientierte Förderung versucht über das Mikrosystem hinausgehend Einfluss zu nehmen; dabei ist der Therapeut/Pädagoge auf das Interesse und die Mitarbeit von anderen Systemgrößen angewiesen. Weiterhin erweist sich eine Diagnostik als schwierig und zwar insofern, dass es aufgrund von geringer Zeitkapazität, mangelndem Kostenbudget und nicht garantierter Mitwirkung von Bezugspersonen zu unvollständigen und nicht befriedigenden Erhebungen kommen kann. Es kann auch kein spezifisches Methodenrepertoire an die Hand gegeben werden, welches für alle Fälle gleich anwendbar ist, auch wenn sich das einige Praktiker wünschen. Die Individualität der Entwicklung und Entwicklungsfaktoren erfordert eine Individualität und Offenheit des diagnostischen Vorgehens, was eine erhöhte Kompetenz bzgl. verschiedener Entwicklungsbereiche und Erfassungsmethoden der Praktiker einfordert.

Aufgrund der Komplexität derartiger Modelle können sie nicht sofort komplett in den Alltag übertragen werden. Jedoch erscheint es sinnvoll, derartige Modelle zu haben, um schrittweise möglichst viel von den systemischen Gedanken in die Praxis umsetzen zu können, vorausgesetzt alle „Systemgrößen" wirken mit.

---

[9] **Exosystem:** beschreibt nach Bronfenbrenner (1989) einen Bereich, der außerhalb der Reichweite der Person liegt, von dem sie aber trotzdem beeinflusst wird (z.B. die Arbeitsbedingungen der Eltern, sie nehmen Einfluss auf den sozialen Status des Kindes, schulische Bedingungen, gesetzliche Regelungen für diesen Bereich usw.).

Übersicht: Sichtweisen im Rahmen psychomotorischer Interventionen

Die soeben aufgeführten Aspekte hinsichtlich verschiedener Sichtweisen im Rahmen von Konzepten zur psychomotorischen Förderung werden nun in einer Zusammenfassung veranschaulicht, so dass ein besserer Überblick und somit auch ein Vergleich der Richtungen stattfinden können.

Die tabellarische Gegenüberstellung ermöglicht einen direkten Vergleich der psychomotorischen Richtungen in Bezug auf die zuvor thematisieren Aspekte, insbesondere im Hinblick auf einen Paradigmenwandel.

Paradigmen und Menschenbilder

Sichtweise / Dimensionen	medizinisch / funktional	Tiefenpsychologisch / sinnverstehend	kognitivistisch / handlungsorientiert	systemisch / ökologisch
theoretischer Bezug	Neurologie; Ayres, Neuhäuser u. a.	Tiefenpsychologie; Freud u. a.	Kognitionspsychologie; Piaget, Bruner u. a.	Systemtheorie; Bronfenbrenner; Luhmann u. a.
Bedeutung von Bewegung	Bewegung ist das Produkt neuronaler Prozesse	Bewegung symbolisiert eine Bedeutung	Bewegung als Strukturierungsleistung	Bewegung als eine Systemgröße
Ursache(n) für Beeinträchtigung(en)	cerebrale Fehlfunktionen	frühkindliche Erfahrungen	umwelt- oder individuell bedingte mangelnde Bewegungs- und Wahrnehmungserfahrungen	kontextbezogen
Menschenbild	Mensch kann als passives Wesen nichts zu seiner Entwicklung beitragen; Konstanzannahme	Mensch sucht nach Sinn des Lebens, nach der Identität; Veränderungsannahme	Mensch kann als aktives Wesen an der Entwicklung mitwirken; Veränderungsannahme	Mensch kann als aktives Wesen Anregungen aufnehmen und handeln; Veränderungsannahme
Ziele Intervention	Normalisierung neuronaler Prozesse und dadurch Behebung des Defizits	Verstehen des Klienten; Ermittlung des Sinns der Handlung	Sammlung von Handlungserfahrungen	Anregen von Potentialen und der Entwicklung des Kindes
Methodik Intervention	mechanistisches Üben	Bewegungsraum für symbolische Ausdrucksmöglichkeiten schaffen; konfliktzentriert, erlebnisorientiert, aufdeckend	Vermittlung von Handlungserfahrungen und Konfrontation mit Problemstellungen	Einbezug verschiedener Kontexte; Konzipierung unterschiedlicher Methoden und Modelle
Rolle Therapeut und Klient	Therapeut als Experte; Klient folgt; Beziehungsfaktoren unwesentlich	Therapeut als Experte; Klient gilt als Symptomträger; Führen und Folgen wechseln ab; Beziehungsfaktoren wesentlich	unterschiedlich: von Expertenorientierung bis Kooperation	Gleichwertigkeit von Therapeut und Klient; Kooperation
Kommunikation	monologisch	dialogisch	dialogisch	dialogisch
Diagnostik	motometrische Testverfahren; defizitorientiert	Beobachtung; keine spezifischen Methoden; tiefenpsychologische Kenntnisse erforderlich	unterschiedlich: von Tests, über Beobachtung bis Diagnostische Inventare	individualisierte Beobachtung und Beschreibung; Klient-Umfeld-Analyse; starker Einbezug Klient
Ziele Diagnostik	Klassifikation; Segregation;	von Klassifikation bis Individualisierung; Verstehen	von Klassifikation bis Individualisierung; von Segregation bis Integration	Individualisierung; Integration
Vertreter	Kiphard (PMÜ); Kesper / Hottinger (Mototherpaie bei SI)	Seewald (Verstehender Ansatz)	Zimmer (Kindzentrierte Mototherapie); Schilling (Erziehung durch Bewegung); Eggert (Psychomotorische Förderung)	Eggert (Systemische PM); Balgo (Systemisch-konstruktivistische PM)
Kritik – Stärken	Handlungssicherheit aufgrund Struktur bzgl. Methoden, Rollen, Diagnostik	Einbezug der Geschichte des Klienten; individuelle Beschreibung	Hervorhebung der Aktivität des Kindes: z. T. förderdiagnostisches Vorgehen	hohe Rolle der Subjektivität; Einbezug Umfeld / Lebensbereiche Klient
Kritik – Schwächen / Probleme	emotionale Ebene bleibt unberücksichtigt; Kausalitätsdenken; passive Rolle Klient	Vermögen zum symbolhaften Ausdruck; Nichtberücksichtigung gesellschaftlicher Faktoren; konkrete Erklärungsmodelle unberücksichtigt; Diagnostik unklar; mangelnde Praxisrelevanz	Überbewertung Kognition; soziale Umwelt unberücksichtigt; subjektiver Sinn unberücksichtigt; unzureichende Erklärung der Mechanismen von Entwicklung	aufgrund Komplexität unzureichender Transfer und Praktikabilität; mangelndes Zeit- und Kostenbudget

Tab. 3: Sichtweisen Psychomotorik

In diesem Kapitel wurde verdeutlicht, welche verschiedenen Menschenbilder psychomotorischen Interventionsprozessen zugrunde liegen können. Es zeigt sich, dass in der heutigen Zeit, das heißt Anfang des 21. Jahrhunderts, sowohl psychomotorische Ansätze existieren, die:

- von einer Konstanzannahme oder einer Veränderungsannahme ausgehen,
- Segregation oder Integration als Ziel haben sowie
- mittels ihrer genutzten diagnostischen Methoden klassifizieren oder individualisieren.

Dabei wird deutlich, dass einzelne Strömungen grob einer Entstehungszeit zugeordnet werden können. Jedoch kann nicht von einem Paradigmenwechsel hinsichtlich Menschenbilder in der Psychomotorik gesprochen werden. Genau wie es eingangs unter Bezug auf Kuhn formuliert wurde, kann der ursprüngliche Paradigmenwechsel-Begriff nicht auf pädagogische Konzepte übertragen werden. Auch in Konzepten einer psychomotorischen Förderung hat kein endgültiger Wechsel stattgefunden, sondern lediglich eine Verschiebung der Bedeutung einzelner Konzepte und deren Verständnisse bezüglich menschlicher Entwicklung und Förderung in Abhängigkeit vom vorherrschenden Zeitgeist.

Aufgrund dieses nicht stattgefunden Wechsels von vorliegenden Paradigmen, existiert heute eine große Bandbreite von konzeptionellen Vorstellungen hinsichtlich psychomotorischer Förderungen in Theorie und Praxis und es gilt, diese Vielfalt transparent zu machen.

3. Bewegungsdiagnostische Verfahren im Wandel der Zeit

Nach den allgemeinen Ausführungen zu Menschenbildern in der Diagnostik und speziell in psychomotorischen Interventionsprozessen wird im Folgenden der Versuch unternommen, diese erarbeiteten Aspekte konkret auf diagnostische Verfahren zu übertragen, welche den Beobachtungsfokus „Bewegung" aufweisen.
Hierzu werden bewegungsdiagnostische Verfahren im Überblick vorgestellt und deren konzeptionelle Anliegen verdeutlicht. Dabei wird unter anderem den Fragen nachgegangen, wo die Anfänge von Bewegungsdiagnostik liegen und was bis heute für eine Entwicklung bezüglich verschiedener Verfahren und Sichtweisen zur Erfassung bewegungsdiagnostischer Aspekte existiert.
Im weiteren Verlauf erfolgt in Kapitel 4 eine spezielle Darlegung von Bewegungsmodellen und deren Bewegungsdimensionen, die den verschiedenen bewegungsdiagnostischen Verfahren zugrunde liegen. Dieser Aspekt ist vor allem hinsichtlich der Relevanz für die Praktiker interessant.

Die in Kapitel 2 dargelegten Modelle/Sichtweisen und das damit verbundene Vorgehen innerhalb einer psychomotorischen Förderung beinhalten den Versuch, das jeweils zugrunde liegende Menschenbild zu beschreiben. Seewald bemerkt bezüglich der Konstruktion von Menschenbildern: Man kann „keine Aussage über den Menschen treffen, ohne implizit oder explizit zu offenbaren, wie der Mensch im Kern gesehen wird, was von zentraler oder weniger zentraler Bedeutung ist. In dieser Unvermeidlichkeit von Menschenbildern ist auch ihre notwendig wertende Dimension enthalten. Da Menschenbilder immer auch eine Zielprojektion umfassen, wie der Mensch sein kann, so steckt in ihnen zumindest implizit auch eine Aussage, wie er sein soll oder nicht sein soll" (1998, 153).

Eine „Wertung" erfolgt deutlich durch die Anwendung von diagnostischen Verfahren, denn jedem diagnostischen Verfahren liegt implizit oder explizit ein Modell von kindlicher Entwicklung zugrunde, welches wiederum von (zumeist) einer Theorie geleitet ist.
Zum Teil werden innerhalb eines psychomotorischen Konzeptes konkret diagnostische Verfahren beschrieben, zum Teil werden diagnostische Verfahren unabhängig von einem bestimmten Praxiskonzept durchgeführt.

Um einen Einblick in die Entwicklungen und Strömungen diagnostischer Verfahren zu erhalten, wird im Folgenden ein Überblick von den Anfängen bis Heute gegeben. Dazu werden die diagnostischen Verfahren ausgewählt, die eine weitläufige Verbreitung gefunden haben. Des Weiteren wird versucht, das zugrunde liegende Menschenbild, anlehnend an den vorherigen Ausführungen (s. Kap. 2), aufzuzeigen.

Bewegungsdiagnostische Verfahren

Bei der Analyse der einzelnen (bewegungs-)diagnostischen Konzepte wird jeweils auf folgende Aspekte eingegangen[10]:

- Autor
- Jahr der Veröffentlichung
- Alter der Zielgruppe
- diagnostisches Ziel
- zu erfassende Bewegungsdimensionen
- Definition von Bewegungsdimensionen und Darlegung von Zusammenhängen der Bewegungsdimensionen
- zugrunde liegende Modelle; theoretische Bezüge
- Art des Verfahrens/Methode
- Bewertungssystem
- Vorgehen
- Inhalte (Art der Aufgaben)
- inhärentes Menschenbild

Die folgende Übersicht zeigt zunächst im Überblick bewegungsdiagnostische Verfahren, die im deutschsprachigen Raum Verwendung finden[11].

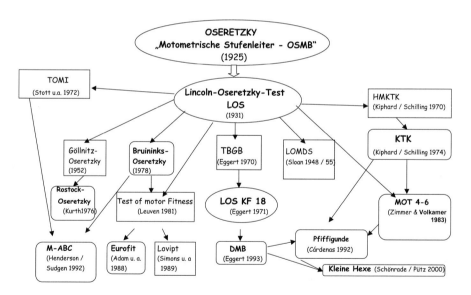

Abb. 1: Bewegungsdiagnostisches Verfahren

---

[10] Nicht bei jedem Konzept kann auf alle Aspekte im Detail eingegangen werden, da dies die vorhandenen Quellen nicht immer ermöglichen.

[11] Die Verfahren, die **fett** sowie in oval oder mit abgerundeten Ecken gekennzeichnet sind, werden im weiteren Verlauf in dieser Arbeit vorgestellt. Die weiteren Verfahren dienen zur Vollständigkeit der Übersicht.

3.1 Oseretzky (1923, 1925): Metrische Stufenleiter zur Untersuchung der motorischen Begabung

Die in Deutschland entwickelten Verfahren zur Überprüfung motorischer Fähigkeiten haben ihre Ursprünge in den von **Oseretzky** entwickelten „Methoden zur Untersuchung der Motorik" (vgl. ebd. 1931). Oseretzky sah die **Motorik**[12] als eine konstitutionelle Eigenschaft der Persönlichkeit, durch welche „die Art und Weise seiner motorischen Reaktion auf äußere Reize bestimmt" wird (1931, 1). Er versuchte verschiedene Methoden der Untersuchung der Motorik zu systematisieren. Dazu beschrieb er die Inhalte von den Erfassungstechniken[13] Motoskopie, Motometrie und Motographie und erläuterte entsprechende dazugehörige praktische Beispiele.

Exkurs: Erfassungstechniken motorischer Merkmale

Motorische Merkmale können auf unterschiedliche Arten und Weisen erfasst und anschließend dementsprechend analysiert bzw. ausgewertet werden.

In der Regel wird bezüglich der Registrierung motorischer Merkmale zwischen drei verschiedenen Möglichkeiten/Techniken unterschieden:
- Motoskopie,
- Motometrie und
- Motographie.

Neben Oseretzky (1931), welcher die bewegungsdiagnostischen Methoden Motoskopie, Motometrie und Motographie definierte, werden im Folgenden weitere Autoren bezüglich des Verständnisses der drei Erfassungstechniken von motorischen Merkmalen herangezogen, zitiert und eventuelle (Ver-)Änderungen des Begriffsverständnisses aufgezeigt.

MOTOSKOPIE

> **Motoskopie** bedeutet eine „Beschreibung der auf dem Wege der Beobachtung gewonnenen Summe der äußeren Merkmale, welche den Zustand des ganzen Organismus oder seiner einzelnen Teile in der Ruhe und in der Bewegung kennzeichnen" (Oseretzky 1931, 4).

Oseretzky weist darauf hin, dass „Elemente einer primitiven Motoskopie" im alltäglichen Leben stets gegeben sind (z.B. Beachtung von Haltung, Gang, Mimik, Gesten u.s.w.), welche jedoch zumeist nur bewusst beobachtet werden, desto auffälliger (positiv wie negativ) sie erscheinen. „Man

---
[12] Unter Motorik verstand Oseretzky „die Struktur der Bewegungsfunktionen".
[13] Nähere Ausführungen zu den Erfassungstechniken finden sich folgend in einem Exkurs.

braucht wohl kaum hier hervorzuheben, daß diese tägliche Beobachtung der Motorik sehr oberflächlich, zufällig, unzusammenhängend und sehr weit von der Auffassung entfernt ist, die wir in den Begriff der Motoskopie hineinlegen. Diese studiert nicht ein einziges, sondern die Summe aller äußeren Merkmale des Organismus im statischen und dynamischen Zustand, erhebt den Anspruch auf Verallgemeinerung und stellt gewisse Korrelationen nur im Verein mit der Motometrie und Motographie auf" (ebd. 1931, 5).

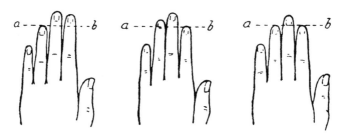

Abb. 2: Bestimmung der Form der Hand

Abb. 3: Beschreibung von Körperhaltung, Gang

Weiterhin empfiehlt Oseretzky, „sich bei der Motoskopie gewisser Schemata zu bedienen, in denen man durch Unterstreichung die äußeren Merkmale vermerkt, welche die motorische Sphäre der untersuchten Person aufweist" (1931, 5). So können die Ergebnisse der Beobachtung systematisiert und detaillierter beschrieben werden. Neben (vorwiegend defizitären) Hinweisen für eine Bewegungsbeobachtung bezüglich Körperhaltung, Pose, Gesichtsausdruck, Mimik, Gestikulation, Händedruck, Gang, Sprache, Handschrift, pathologischen Bewegungen sowie automatischen, assoziierten und Abwehrbewegungen berücksichtigt Oseretzky in seinem entwickelten Schema zur motoskopischen Beobachtung auch das Erfassen von Beobachtungen durch Personen, die die zu untersuchende Person im Alltag beobachtet haben. Hierbei fragt er neben allgemeinen Charakteristiken oder aber Ermüdungsverhalten auch nach positiven Eigenschaften und Erfolgen. Dieses von Oseretzky entwickelte Schema ist nicht für die tägliche Praxis geeignet, sondern bedarf einer länger andauernden Beobachtung (vgl. 1931, 11).

Kiphard merkt an, dass in der **Motoskopie**, welche sich allgemeiner Schemata bedient, in der zutreffende Merkmale anzustreichen sind, „die gesamte Bewegungscharakteristik eines Prüflings vom Untersucher beobachtet und klassifiziert wird„ und dementsprechend „naturgemäß weitgehend der Subjektivität des Untersuchers unterworfen" ist (1969, 45). Als motoskopisches Verfahren bezeichnet er allgemeine Schemata, welche ebenso von Oseretzky (1929) entworfen wurden.

Schilling versteht unter **Motoskopie** eine „Methode der ungebundenen Beschreibung", in der eine „freie Wiedergabe von Bewegungs- bzw. Haltungsbeobachtung in nicht standardisierten Situationen" erfolgt (1973, 39).
Schilling kritisiert die Subjektivität des Verfahrens bezüglich der Beschreibung und Interpretation durch den Beobachter und erachtet diese Methode aufgrund der mangelnden Objektivität als ungeeignet für wissenschaftliche Untersuchungen. Zur Objektivierung schlägt Schilling eine Standardisierung der Untersuchungssituation und der Aufzeichnung in vorgegebenen Kategorien vor. Somit wäre eine Vergleichbarkeit und Normierung möglich, auch wenn die Beobachtung auf diese Weise eine gewisse Einschränkung erfährt und an Lebendigkeit verliert (vgl. Schilling 1973, 39f.).
Schilling unterscheidet zwischen allgemeiner Bewegungsbeschreibung sowie einer Bewegungsbeschreibung aufgrund standardisierter Beobachtungssituationen und/oder vorgegebener Beurteilungskriterien. Demnach sollte nur eine Beobachtung in einer standardisierten Situation und/oder nach bestimmten Beurteilungskriterien als **„motoskopisch"** bezeichnet werden. Als Beispiele nennt Schilling Checklisten, Fragebogen oder Ratings (vgl. ebd. 40). Eine Überprüfung der Testgütekriterien (Objektivität, Reliabilität, Validität) ist anzuraten, insbesondere „falls beabsichtigt ist, sie als Testverfahren für diagnostische Zwecke zu verwenden" (Schilling 1973, 41).

MOTOMETRIE

Motometrie bezeichnet „Ergebnisse einer speziellen Erforschung und Messung der Bewegungen" (Oseretzky 1931, 4).

Bewegungsfunktionen sollen mittels Motometrie untersucht und deren Ergebnisse quantitativ bewertet werden. Als Mittel der Untersuchung dienen standardisierte und halbstandardisierte Tests. Als Erfassungsmethoden wurden von Oseretzky eigens entwickelte Punkteskalen sowie bestimmte Apparaturen zur Messung von Zeit, Fehlern oder anderen Zählwerten (z.B. Tremometer/Tremograph[14], Dynamometer/Dynamograph[15], Zeitmesser) angegeben, wobei hier zum Teil bereits graphische Aufzeichnungen (z.B. durch Kymograph[16], Zyklograph[17]) erfolgen (vgl. ebd. 1931, 25ff., 80ff.).

Abb. 4: Dynamograph

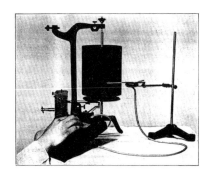 

Abb. 5: Tremograph *Abb. 6: „ergo-metrisches Rad"*

Kiphard versteht unter **Motometrie** eine objektive Methode, die durch das Messen einzelner motorischer Funktionen mittels Bandmaß und Stoppuhr gekennzeichnet ist. Er gibt Beispiele für die genannten Methoden an und bedauert, dass bei der Oseretzky-Skala als motometrischem Verfahren „leider einige motoskopische Elemente enthalten sind" (vgl. Kiphard 1969, 45).

---

[14] Tremometer = Gerät zur Messung des Zitterns der Finger (z.B. in Bezug auf Nervosität)
[15] Dynamometer = zur Prüfung des Tempos, der Koordination und Kraft; Wirkungsweise beruht auf Deformation von Federn unter Einwirkung von Druck- und Zugkräften
[16] Kymograph = zur Messung der Blutdruckbewegung bzw. zum Erkennen der Veränderung des Pulsschlages über einen bestimmten Zeitraum
[17] Zyklograph = mathematisches Abbildungsverfahren

Schilling schreibt: „unter **motometrisch**en Verfahren werden motorische Untersuchungen gefaßt, die die Messung von motorischen Merkmalen gestatten. Diese Merkmale können in ihrer Quantität – das sind die Leistungsmaße, z.B. Zeitausmaß, Häufigkeitsmenge – oder in ihrer Qualität, z.B. Art der Fehler, Art der Bewegung, der Struktur, des Verlaufs oder der Art des Rhythmus - erfaßt werden" (1973, 41). Einen Nachteil in motometrischen Verfahren sieht Schilling darin, „daß sich nur wenige motorische Merkmale messen lassen und die Untersuchung sich damit nur auf eng umgrenzte Teilgebiete der Motorik beschränkt" (ebd. 42). Aufgrund dessen stellen motorische Testverfahren häufig eine Kombination aus motoskopischem und motometrischem Vorgehen dar. Ein rein motometrisches Verfahren stellt nach Schilling der KTK dar (vgl. Schilling 1974, 4).

MOTOGRAPHIE

> Motographie beinhaltet ein „Abdrucken der Bewegungen" aus gewonnenen Darstellungen (vgl. Oseretzky 1931, 4). Mit Motographie bezeichnet Oseretzky „die Methode der Abdrucke, das Photographieren, die zyklographische und kinematographische Aufnahme" (ebd. 1931, 132).

Angewandt werden die unterschiedlichen Techniken der Motographie nach Oseretzky zur Erfassung von Ausdrucksbewegungen (Mimik, Pantomimik), automatischen Bewegungen, Mitbewegungen und speziellen Bewegungen (Sprache, Handschrift, Gang) (vgl. 1931, 138 ff.).
Bei der *Methode der Abdrucke* werden auf einer speziellen Unterlage Abdrucke (zumeist von Händen oder Füßen) gewonnen, wobei diese Methode sowohl bezüglich der Durchführung als auch der Auswertung bzw. Bewertung der Resultate schwierig handhabbar ist.

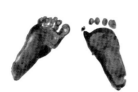

Abb. 7:
Methode
der Abdrucke
(Fußabdrucke)

Abb. 8:
Analyse der Sprache

Abb. 9:
Kymograph
zur Aufzeichnung

Bewegungsdiagnostische Verfahren

Das *Photographieren* wird angewandt, „wenn man entweder eine einmalige Bewegung oder irgendeine statische Einstellung fixieren will" (ebd. 1931, 134). Weiterhin schlägt Oseretzky vor: „Bei jeder Aufnahme soll man auf einer schwarzen Tafel mit Kreide alle auf die Aufnahme sich beziehenden Angaben, sowie die, die sich auf die Untersuchung beziehen, aufzeichnen und diese Tafel zusammen mit dem Bewegungsvorgang ebenfalls photographieren" (ebd. 1931, 134).
Eine besondere Methode des Photographierens ist die sog. *Zyklographie*. Hierbei werden zur Erfassung eines Bewegungszyklus einzelne leuchtende Punkte, die am arbeitenden Organ oder am Instrument befestigt sind, photographiert (vgl. ebd. 1931, 134). „Mit Hilfe des zyklographischen Verfahrens kann man folgende Bewegungswerte fixieren und messen: 1. die Lage der Bewegungsbahn im Raum, 2. die relative Größe der Bewegungsbahn, 3. die Lage der Bewegungsbahn in bezug auf das Instrument, die Arbeitsstätte usw., 4. die Richtung der Bewegung, 5. die Bewegungsgeschwindigkeit an den einzelnen Punkten der Bahn, 6. die Verlangsamung und Beschleunigung der Bewegung, 7. die Dauer des gesamten Vorgangs (Thun)" (Oseretzky 1931, 135). Kurzgefasst dienen zyklographische Verfahren der Erfassung bzw. Untersuchung von Bewegungsbahnen und Bewegungszeiten in verschiedenen Ebenen für alle befestigten Punkte (vgl. ebd. 1931, 137).
Kinematographische Aufnahmen sind Filmaufnahmen von Bewegungen, wobei am zu filmenden Subjekt ebenso Markierungen (leuchtende Punkte o.ä.) zu befestigen sind, um ein deutliches Bild von den Bewegungen zu erzielen. Derartige Verfahren können als Vorläufer der heutigen vielfältigen Bewegungsanalysesysteme betrachtet werden.

Unter **Motographie** versteht Schilling eine Methode, bei der „die motorischen Merkmale nicht nur gemessen, sondern zunächst in irgendeiner Form aufgezeichnet und anschließend einer eingehenden Analyse unterzogen" werden (1973, 42). Die Bewegungsaufzeichnungen in Form von Weg-Zeit-Kurven, welche Auskunft über den Ablauf einer Bewegung oder einer Bewegungskette ermöglichen, können auch qualitativ ausgewertet werden (vgl. Schilling 1974, 4).

Wie aus diesem kurzen Einblick deutlich wird, haben sich bereits im Laufe einer relativ kurzen Zeit (ca. 40 Jahre) die Begriffsverständnisse verändert. Die Veränderungen wurden sicherlich einerseits im Sinne einer punktuellen Zusammenfassung vorgenommen, andererseits verlieren die Inhalte von Oseretzkys Verständnis an Präzision.
Eventuell besteht das Problem darin, dass sich heutzutage scheinbar kaum noch ein Autor oder Anwender von (bewegungs-)diagnostischen Verfahren auf die Originalquellen bezieht. Dadurch werden die bisher geleisteten „Zusammenfassungen" erneut zusammengefasst, was wiederum eine neue Unschärfe mit sich bringt. Jeder Autor und wiederum jeder Leser bringt seine eigenen Interpretationen ein und von der ursprünglichen Definition

Oseretzkys wird (wahrscheinlich unbewusst) immer mehr Abstand genommen. Ein gutes Beispiel dazu ist die von Schönrade/Pütz erstellte Definition bzgl. Motographie: „Bewegungen werden fotografisch, mechanisch oder elektrisch aufgezeichnet, um sie anschließend einer Analyse zu unterziehen. Durch die einfache Handhabung der Videotechnik ist die Motographie eine hilfreiche Methode innerhalb der Diagnostik" (2000, 13). Ähnliche Aussagen finden sich auch bei Zimmer/Volkamer (1987, 4). Das Wesentliche von Oseretzkys Vorstellungen wird hier nicht wiedergespiegelt und es kommt zu einer völlig neuartigen Definition, die nichts mehr mit den präzisen Inhalten zu tun hat.

Der Exkurs bezüglich Erfassungstechniken ist hiermit beendet und es wird nun speziell auf Oseretzkys bewegungsdiagnostischen Inhalten eingegangen.

Im Folgenden wird eine kurze Übersicht über seine Systematisierung(en) in Bezug auf **Bewegungskomponenten** der metrischen Stufenleiter sowie der Tests gegeben:

Motoskopie	Motometrie	Motographie
Körperhaltung	*Bewegungskomponenten der metrischen Stufenleiter*	Ausdrucksbewegungen – Mimik – Pantomimik
Pose	Statische Koordination	Automatische Bewegungen
Gesichtsausdruck	Dynamische Koordination (Hände)	Mitbewegungen (Synkinesien)
Mimik	Dynamische Koordination (im Ganzen)	Spezielle Bewegungen – Sprache – Handschrift – Gang
Gestikulation	Bewegungsgeschwindigkeit	
Händedruck	Gleichzeitige Bewegungen	
Gang	Präzision der Ausführungen (Fehlen von Synkinesien)	
Sprache	*Bewegungskomponenten der Tests*	
Handschrift	Statische Koordination	
Automatische, assoziierte (Hilfsbewegungen) und Abwehrbewegungen	Dynamische Koordination	

Motoskopie	Motometrie	Motographie
Pathologische Bewegungen	Abgemessenheit der Bewegungen	
Auskunft über die Motorik gemäß Aussagen von Personen, die die betreffende Person im Alltagsleben beobachtet haben	Motorische Aktivität – Geschwindigkeit der Reaktion – Raschheit der Einstellung – Geschwindigkeit der Bewegungen	
	Bewegungsrichtung	
	Ausarbeitung von Bewegungsformeln und automatisierte Bewegungen	
	Gleichzeitige Bewegungen	
	Rhythmus	
	Tempo	
	Tonus	
	Kraft, Energie der Bewegung	

Tab. 4: Bewegungskomponenten nach Oseretzky

Jeden einzelnen Bereich des Schemas der **Motoskopie** beschreibt Oseretzky inhaltlich detailliert, so dass dem Beobachter (vor allem für den klinischen Bereich) präzise Anhaltspunkte gegeben werden.

Oseretzky vermerkt, dass eine genaue Beobachtung viel Zeit in Anspruch nimmt und Ergänzungen durch Bezugspersonen stattfinden sollten.

Oseretzky zählt Anwendungsbereiche (s.o.) der von ihm beschriebenen Untersuchungsmethoden der **Motographie** auf. Dazu nennt er jeweils Praxisbeispiele, welche mit Anleitungen für die Versuchsperson versehen sind.

Bekannt ist vor allem seine im Bereich der **Motometrie** entwickelte *„Metrische Stufenleiter zur Untersuchung der motorischen Begabung"* für Kinder im **Alter** von 4 bis 16 Jahren. **Ziel** war die Erfassung der angeborenen „motorischen Begabung" und mit zunehmendem Alter wachsende motorische Befähigung, welche nicht angelernt sein sollte. Dies wollte er möglichst in alltagsnahen motorischen Operationen erfassen, das heißt ohne komplizierte Apparaturen.

Oseretzky lehnte sich bei der Entwicklung und dem Aufbau des Verfahrens an Binet (1857-1911) an, welcher ein grundlegendes Verfahren zur Messung der Intelligenz entwickelte. „Binet ging davon aus, daß chronologisches Alter und Intelligenzalter im Normalfall sich linear abhängig voneinander entwickeln" (Eggert 1997, 45). Dementsprechend beinhaltete Oseretzkys **Stufenleiter** für jede Altersstufe Tests/Aufgaben (insgesamt 85 **Aufgaben**) hinsichtlich einzelner Bewegungskomponenten (s. Tab. 4). „Ausgehend von der dem Alter des Kindes entsprechenden Aufgabenserie wurden so lange Aufgaben vorgelegt, bis nach unten hin alle Items einer Serie gelöst und nach oben hin keines mehr bewältigt wurde. Aus dem Lösungsmuster [Anm. d. Verf: die Aufgaben wurden mit richtig oder falsch beantwortet/**Bewertung**] wurde dann ein motorisches Entwicklungsalter bestimmt, das im Vergleich zum chronologischen Alter des Kindes interpretiert wurde" (Rennen-Allhoff/Allhoff 1987, 176). Die Aufgaben und Beobachtungshinweise werden präzise beschrieben (vgl. Oseretzky 1931, 28-51).

Trotz des Umfangs und der Vielfalt der zu erfassenden Bewegungskomponenten war er der Ansicht, dass diese Aufgaben allein das **Ziel** haben, einer ersten **Orientierung über den Entwicklungsstand der Motorik** zu dienen. Sie seien nicht für eine vertiefte Untersuchung geeignet, „da sie nur eine allgemeine Vorstellung vom motorischen Gebahren des Untersuchten vermitteln, ohne den Entwicklungsgrad der einzelnen Bewegungskomponenten zu berücksichtigen" (ebd. 1931, 80). Daher verwies er auf weitere motometrische Tests zur Untersuchung einzelner Bewegungskomponenten, welche sich unbegründet von der ersten Auswahl unterscheiden (s.o.) sowie auf die Anwendung von motoskopischen, motographischen und neurologischen Untersuchungen.

Theoretische Bezüge sind im gesamten Werk zur Psychologie und Medizin zu erkennen. Hierbei bezieht er sich in psychologischer Sicht unter anderem auf Wundt, Stern, Marbe, Kretschmer, Klages, Binet sowie im medizinischen Bereich auf Homburger, Gurewitsch, Enke, Bonhöfer (vgl. Oseretzky 1931).

Die Zusammenstellung der Bewegungskomponenten wird nicht begründet. Zu den einzelnen Bewegungskomponenten sind Beispiele, jedoch keine präzisen **Definitionen** vorhanden. Reinert (1964, 317) hält fest, dass Oseretzky und sein Lehrer Gurewitsch davon überzeugt waren, „daß Bewegungsqualitäten weniger vom äußeren motorischen Apparat (Muskeln, Skeletteile, Gelenke) als vielmehr von neuro-psychischen Mechanismen abhängen", was darauf schließen lässt, dass ein eher funktional-medizinisch orientiertes bzw. biologistisches **Menschenbild** zugrunde lag.

Es findet sich keine theoretische Begründung (z.B. Stufenmodell motorischer Entwicklung) bzgl. der Auswahlkriterien und der Ansprüche der einzelnen Aufgaben gemäß ihrer Alterszuordnung.

Das Verfahren wurde in den 50er, 60er und 70er Jahren mehrfach über- und bearbeitet (u.a. von Göllnitz 1952, Sloan 1955). Die in Deutschland bekannteste Form stammt von Eggert (1971), welche im Folgenden im Überblick vorgestellt wird.

3.2 Eggert (1971): Lincoln-Oseretzky-Motor-Development-Scale Kurzform 18 (LOS KF 18)

Der LOS KF 18 wurde **1971** von **Eggert** herausgegeben. **Ziel** ist die Erfassung des motorischen Entwicklungsstandes von Kindern im **Alter** zwischen 5 und 13 Jahre.
Der **Test** basiert auf der Langform LOS (Lincoln-Oseretzky-Motor-Development Scale). Auch wenn der LOS in seiner ursprünglichen Form aufgrund seines hohen diagnostischen Wertes anerkannt wurde, so gab es verschiedene Kritikpunkte, welche dazu führten, das Verfahren zu verändern. Diese Kritik umfasste primär die Länge der Durchführungszeit, das Fehlen von Abbruchkriterien sowie die schwer verständlichen und uneinheitlichen Instruktionen. Die variierende Handhabung (in Durchführung, Auswertung und Interpretation) führte somit zur erheblichen Beeinträchtigung der Objektivität des Verfahrens (vgl. Eggert 1971, 11f.).
Der Kritik entsprechend wurden die Instruktionen der Aufgaben „ausführlicher und genauer formuliert und nach einem einheitlichen Schema aufgebaut": einem Anweisungs-, Instruktions- und Bewertungsteil (ebd. 12).
Zur Kürzung der Durchführungszeit wurde die Anzahl der **Aufgaben** von 36 auf 18 reduziert, welche einem ansteigenden Schwierigkeitsgrad zugeordnet sind. Nähere Ausführungen zur Auswahl der Aufgaben für den LOS KF 18 finden sich in Eggert (1971, 13f.).

Item Nr.	Kurzbeschreibung der Aufgabe	Item Nr.	Kurzbeschreibung der Aufgabe
1.	Nase berühren	10.	Fingerbewegung
2.	Klopfen mit den Fingern und Füßen im Takt	11.	Beidhändig Pfennige und Streichhölzer einsammeln
3.	Rückwärtsgehen	12.	Labyrinth durchfahren
4.	Über ein Seil springen	13.	Balancieren auf Zehenspitzen mit geschlossenen Augen
5.	Auf einem Bein stehen	14.	Kreise ausschneiden
6.	Kreise in die Luft schreiben	15.	Öffnen und Schließen der Hände mit Drehen
7.	Ballfangen	16.	Klopfen mit den Füßen und mit den Zeigefingern Kreise beschreiben
8.	Streichhölzer sortieren	17.	Stehen auf einem Bein mit geschlossenen Augen
9.	Hochspringen und Fersen berühren	18.	Hochsprung mit dreimaligem Händeklatschen

Tab. 5: Aufgaben LOS KF 18

Der LOS KF 18 enthält genaue Anweisungen bzgl. der **Durchführung** der einzelnen Aufgaben. Die Aufgaben sind entsprechend der Reihenfolge einzuhalten und sollen vom **Versuchsleiter** alle demonstriert werden, wobei mehr Wert auf Demonstration als auf die genaue Instruktion gelegt werden sollte (vgl. Eggert 1971, 42). Die **Bewertung** erfolgt motometrisch nach vorgegeben Kriterien, welche letztlich mit 1 oder 0 Punkten bewertet werden. Es liegen Normen für „normale", „lernbehinderte" und „geistig behinderte" Kinder vor.

Die neue Kurzform (LOS KF 18) wurde insgesamt an 556 normal entwickelten Kindern im **Alter** von 5 bis 13 Jahren geeicht. Beide Geschlechter waren gleichstark vertreten (vgl. Eggert 1971, 19). Weiterhin wurden umfangreiche **Untersuchungen** zur Überprüfung der Testgütekriterien durchgeführt (vgl. ebd. 27ff.), die eine „hohe psychometrische Brauchbarkeit" (Eggert 1971, 34) nachwiesen.

Eggert weist an dieser Stelle bereits darauf hin, dass damit die Möglichkeiten des Verfahrens erschöpft sind und, dass „man für eine differenziertere Diagnose völlig neue Verfahren entwickeln" muss (ebd. 34).

Das Verfahren beruht, wie eingangs erwähnt, auf Oseretzky. Es wird nicht deutlich, welche **theoretischen Bezüge** weiterhin existieren (z.B. motorisches Entwicklungsmodell). Abgesehen von der **Ziel**formulierung – die **Erfassung des motorischen Entwicklungsstandes** – erfolgen keine Angaben, aus welchen Komponenten/**Bewegungsdimensionen** sich die „motorische Entwicklung" bzw. Bewegung zusammensetzt. Es wird nicht deutlich, ob die Aufgaben der gleichen Zuordnung von Oseretzky folgen. Aufgrund der Nichtthematisierung der theoretischen Annahmen, lässt sich anhand der Literatur nur schwer bis gar nicht eine Aussage über das zugrunde liegende **Menschenbild** machen.

Eine Begründung der Auswahlkriterien der einzelnen Aufgaben und ihrer Alterszuordnung erfolgt anhand der durchgeführten umfangreichen Untersuchungen. „Die Aufgabenauswahl wurde im Hinblick auf Trennschärfe, Schwierigkeit, Änderung der Schwierigkeit mit dem Alter und Differenzierung zwischen den Gruppen der geistig Behinderten, Lernbehinderten und Volksschülern (...) vorgenommen (Rennen-Allhoff/Allhoff 1987, 177).

3.3 Schilling/Kiphard (1974): Körperkoordinationstest für Kinder (KTK)

Der KTK in seiner jetzigen Form wurde von **Schilling und Kiphard 1974** veröffentlicht. Als Vorarbeiten bzw. Vorläufer des KTK gelten – anlehnend an Oseretzky – die „motorische Funktionsprüfung" (der „Hammer Geschicklichkeitstest") von Hünnekens/Kiphard/Kesselmann aus dem Jahre 1967, sowie der „Hamm-Marburger-Körperkoordinationstest für Kinder" (HMKTK)

Bewegungsdiagnostische Verfahren

von Kiphard/Schilling von 1970 (vgl. Kiphard 1992, 48f.; Rennen-Allhoff/ Rennen 1987, 183f.).
Dieses motometrische **Testverfahren** wurde für Kinder und Jugendliche im **Alter** von 5 bis 14 Jahren entwickelt. Der KTK möchte quantitativ das Vermögen der **Gesamtkörperkoordination bzw. Gesamtkörperbeherrschung** anhand von vier in einer vorgegebenen Reihenfolge auszuführenden Aufgaben erfassen.

Item Nr.	Kurzbeschreibung der Aufgabe
1.	Rückwärts Balancieren
2.	Monopedales Überhüpfen
3.	Seitliches Hin- und Herspringen
4.	Seitliches Umsetzen

Tab. 6: Aufgaben KTK

Die Aufgaben wurden bewusst alltagsfern gewählt, so dass die Erfassung des Entwicklungsstandes nicht durch vorherige Übung verzerrt wird. Denn erst „wenn diese behinderten Kinder einer ungewohnten Testsituation gegenübergestellt werden, wenn sie nicht übliche Bewegungsmuster in Anwendung bringen sollen, versagen sie häufig so massiv, daß motorische Rückstände von mehreren Jahren keine Seltenheit sind" (Kiphard/Schilling 1974, 6).
Die Leistungsgrenze soll durch steigende Schwierigkeitsstufen in den einzelnen Aufgaben ermittelt werden. Damit wird angestrebt, alle möglichen Leistungen hinreichend zu differenzieren (vgl. ebd. 9).
Der Erfüllung der einzelnen Aufgaben entsprechend werden Punkte vergeben, welche dann zu einer Rohwertsumme führen. Anhand des Rohwertes erfolgt die **Beurteilung** mittels alters- und geschlechtsspezifischer Normtabellen, so dass anschließend eine kategorisierende Aussage über den motorischen Entwicklungsstand des untersuchten Kindes in „hoch", „gut", „normal", „auffällig" und „gestört" getroffen werden kann. Des Weiteren existieren bei der Auswertung unterschiedliche Normtabellen für normal entwickelte, lernbehinderte, hirngeschädigte und verhaltensgestörte Kinder und Jugendliche.

Ziel des KTK war es ursprünglich, motorische Defizite hirngeschädigter und verhaltensauffälliger Kinder zu erfassen bzw. „hirngesunde" von „hirngeschädigten" Kindern zu unterscheiden (vgl. Schilling/Kiphard 1974, 6).
Laut Aussage Schillings (mdl. Kongress Berlin 2001) soll mittels des KTK´s in unserer Zeit, das heißt ca. 30 Jahre nach der Entwicklung, nicht mehr die „Hirngesundheit" eines Kindes herausgefunden werden, sondern es soll festgestellt werden, ob es „sozial integriert" ist. Er untermauert dies mit der Aussage: „Massive Rückstände in der Körperbeherrschung bedeuten

immer ein Risiko für die soziale Entwicklung des Kindes" (2002, 53). Schlussfolgernd verweisen nach Schilling motorische Defizite auf mangelnde Sozialkontakte und -fähigkeiten hin. Diese würden mittels des KTK – und der inzwischen über 30 Jahre alten Normierungen – diagnostiziert werden können. Für Schilling stellt der KTK somit auch heute noch einen entscheidenden „Gradmesser für die motorische Gesamtentwicklung" dar (2002, 53). Zudem betont er, dass „die vor 30 Jahren erhobenen Normierungen weiterhin als Gradmesser für eine gesunde motorische Entwicklung" angesehen werden (2002, 53).

Auch wenn heutzutage das Ziel der Diagnostik mit dem KTK ein anderes ist, so ist er gegenwärtig zur Feststellung des allgemeinen motorischen Entwicklungsstandes noch weit verbreitet.

Theoretische Bezugspunkte werden dahingehend formuliert, dass Kiphard/Schilling darauf aufmerksam machen, dass es Stressoren gibt, die als Auslöser für eine „motorische Fehlentwicklung" in Betracht kommen. Als übergeordnete Bereiche dieser Stressoren nennen sie: Störungen im Bereich der Umwelt, Störungen im psychisch-emotionalen Steuerungsbereich, Störungen im kognitiven Bereich, Störungen im Bereich der sensorischen Funktionssysteme, Störungen im Bereich der motorischen Funktionssysteme und Störungen im Bereich des Bewegungsapparates. „Die Ursachen der vielfältigen motorischen Störungen im Kindesalter sind daher multifaktoriell zu sehen" (Schilling/Kiphard 1974, 6). Ihre Schlussfolgerung aus dieser Erkenntnis ist, dass es einer Differentialdiagnostik im motorischen Bereich bedarf, um Störungen effektiv angehen zu können (vgl. ebd.).
Weiterhin gehen Kiphard/Schilling davon aus, dass die motorische Funktionsreife etwa mit 8 Jahren erreicht wird und alle darüber hinausgehenden einzelnen motorischen Funktionen auf Lernleistungen beruhen (vgl. ebd. 7). Dennoch konstruieren sie einen Anwendungsbereich für Kinder bis zu dem Alter von 14 Jahren.

Weitere theoretische Bezugspunkte werden hier anhand von schriftlichen Ausführungen im KTK als Hypothesen formuliert, da keine expliziten Aussagen gemacht werden. So soll es ermöglicht werden, einen Einblick in das zugrunde liegende **Menschenbild** zu erhalten. Zu den jeweiligen Ausführungen werden eigene kritische Gedanken bereits direkt angemerkt.
So schreiben Kiphard/Schilling: „Motorische Leistungen sind hoch übbar und damit für eine Persönlichkeitsdiagnostik nur wenig brauchbar" (ebd. 12) Das heißt: *Nur die* motorischen Leistungen zählen als Persönlichkeitsmerkmal, die ohne Übung vorhanden sind. Der den Ausführungen innewohnende Entwicklungsbegriff bezieht sich damit ausschließlich auf Reifung und ggf. Vererbung, aber nicht auf Lernen. Heutzutage wird von der Zuschreibung von Persönlichkeitsmerkmalen (egal in welchem Entwicklungsbereich) eher Abstand genommen.

Das hier kennzeichnende Bild von einem Menschen ähnelt zum einen der Behauptung von Pinel, der Merkmale als naturgegeben ansah (vgl. Eggert 1997, 41f.). Andererseits entsteht ein Widerspruch, in dem von „multifaktoriellen" Einflussfaktoren gesprochen wird, welche aber in der Konsequenz der „Theorie" nicht berücksichtigt werden. Es drängt sich hier der Eindruck auf, dass die Autoren schon einen „ganzheitlichen" Ansatz vertreten möchten, dies aber nicht tun, da dies evtl. nicht wissenschaftlich genug begründet sei.

Der mit Übung verbundene Entwicklungsfortschritt erscheint hier vielmehr negativ bewertet zu werden, da er scheinbar nichts über die „ursprünglichen" motorischen Funktionen aussagt. Dass sich durch Lernen auch motorische Fähigkeiten ausbilden und verbessern scheint hier eher irrelevant und unerwünscht. Neben einem starren Entwicklungsverständnis wird somit weiterhin deutlich, dass eine Verknüpfung von Diagnostik und Förderung bei der Anwendung dieses Verfahrens keine Bedeutung hat(te).

Die Reliabilität derartiger Verfahren wird nur dann als positiv bewertet, wenn sich keine Veränderungen in der Aufgabendurchführung ergeben, d.h., wenn der Proband sich (im Vergleich zu seiner Altersnorm) nicht verbessert hat.

Weitere kritische Anmerkungen beziehen sich auf die verwendeten Begrifflichkeiten. So lassen die Autoren offen, was genau unter „Gesamtkörperkoordination" verstanden wird. Es wird nicht deutlich, welche einzelnen **Bewegungskomponenten** oder -dimensionen darunter fallen, wie bzw. ob diese geordnet sind (z.B. anhand eines Entwicklungsmodells) und wie diese definiert werden.

3.4 Bruininks (1978): Bruininks-Oseretzky-Test (B-O-Test)

Der **Bruininks**-Oseretzky-Test wurde für Kinder im **Alter** von 4-15 Jahren in den USA entwickelt.

Dieses **Testverfahren** möchte die motorische Entwicklung des Kindes bzgl. verschiedener Fertigkeiten erfassen (**Ziel**). Die zu überprüfenden **Fertigkeiten** sind:
- Grobmotorische Fertigkeiten:
  - Laufgeschwindigkeit und Beweglichkeit
  - Gleichgewicht
  - Bilaterale Koordination
  - Kraft
- Koordination der oberen Extremitäten (Hände)
- Feinmotorische Fertigkeiten
  - Reaktionsschnelligkeit
  - visuomotorische Kontrolle
  - Hand- und Fingerschnelligkeit und Geschicklichkeit

Die einzelnen **motorischen Fertigkeiten** werden nicht definiert. Es werden keine Zusammenhänge zwischen den einzelnen Bewegungsdimensionen/motorischen Fertigkeiten deutlich gemacht.

Der B-O-Test besteht aus insgesamt 47 Aufgaben zu den jeweiligen o.g. Fertigkeiten, welche von den Kindern jeder Altersgruppe durchzuführen sind. Im Folgenden werden die Aufgaben in aller Kürze wieder gegeben.

Fertigkeitsbereiche	Aufgabe
Laufgeschwindigkeit und Beweglichkeit	• So schnell wie möglich in einem begrenzten Abstand hin und her rennen
Gleichgewicht	• Einbeinstand (10 Sekunden)
	• Einbeinstand auf einem Balken (10s)
	• Einbeinstand mit geschlossenen Augen auf einem Balken (10s)
	• Vorwärts gehen auf einer Linie
	• Vorwärts gehen auf einem Balancierbalken
	• Vorwärts gehen (Ferse an Zehe) auf einer Linie
	• Vorwärts gehen (Ferse an Zehe) auf einem Balancierbalken
	• Schnelles Drübersteigen über einen Stock auf einem Balancebalken
Bilaterale Koordination	• Abwechselndes Fußklopfen während man mit den Fingern Kreise macht (90s)
	• Synchrones Klopfen von Fuß und Finger auf der gleichen Seite (90s)
	• Synchrones Klopfen von Fuß und Finger auf der entgegengesetzten Seite (90s)
	• Auf der Stelle hüpfen – Bein und Arm auf der gleichen Seite synchron (90s)
	• Auf der Stelle hüpfen – Bein und Arm auf der Gegenseite synchron (90s)
	• Hochspringen und in die Hände klatschen
	• Hochspringen und Fersen mit Händen berühren
	• Linien und Kreuze gleichzeitig zeichnen (15s)
Kraft	• Aus dem Stand einen Weitsprung machen
	• Sit-ups (20s)
	• Knie-Liegestütze (20s)
	• Vollständige Liegestütze (20s)

Fertigkeits-bereiche	Aufgabe
Koordination der oberen Extremitäten (Hände)	• Ball aufspringen lassen und mit beiden Händen fangen (5mal) • Ball aufspringen lassen und mit der bevorzugten Hand auffangen (5mal) • Einen geworfenen Ball mit beiden Händen fangen (5mal) • Einen geworfenen Ball mit der bevorzugten Hand fangen (5mal) • Einen Ball mit der bevorzugten Hand auf ein Ziel werfen (5mal) • Einen schwingenden Ball mit der bevorzugten Hand berühren (5mal) • Nase mit Zeigefinger berühren, Augen geschlossen (90s) • Daumen mit Fingerspitzen berühren, Augen geschlossen (90s) • Daumen drehen und Zeigefinger (90s)
Reaktions-schnelligkeit	• Reaktionsschnelligkeit
Visuomotori-sche Kontrolle	• Einen Kreis mit der bevorzugten Hand ausschneiden • Eine Linie durch eine gekrümmte Bahn mit der bevorzugten Hand zeichnen • Eine Linie durch eine gerade Bahn mit der bevorzugten Hand zeichnen • Eine Linie durch eine kurvige Bahn mit der bevorzugten Hand zeichnen • Einen Kreis mit der bevorzugten Hand nachzeichnen • Ein Dreieck mit der bevorzugten Hand nachzeichnen • Einen waagerechten Rhombus/Raute mit der bevorzugten Hand nachzeichnen • Überlappende Strahlenbündel mit der bevorzugten Hand nachzeichnen
Hand- und Fingerschnel-ligkeit und Ge-schicklichkeit	• Pennies in einer Box mit der bevorzugten Hand platzieren (15s) • Pennies mit beiden Händen simultan in zwei Boxen platzieren (50s) • Formenkarten mit der bevorzugten Hand sortieren (15s) • Perlen auf eine Schnur mit der bevorzugten Hand auffädeln (15s) • Holznägel mit der bevorzugten Hand versetzen (15s) • Senkrechte Linien mit der bevorzugten Hand zeichnen (15s) • Punkte in Kreise mit der bevorzugten Hand machen (15s) • Punkte mit der bevorzugten Hand machen (15s)

Tab. 7: Aufgaben B-OS

Der B-O-Test enthält genaue Anweisungen bzgl. der **Durchführung** der einzelnen Aufgaben. Die Aufgaben sind entsprechend der Reihenfolge einzuhalten und sollen vom **Versuchsleiter** demonstriert werden. Die **Bewertung** erfolgt nach vorgegeben Kriterien (Messung von Zeit oder Fehlern). Die Normen sind in Halbjahresstufen angegeben.

In einer Weiterentwicklung von Werder und Bruininks (1988) entstand ein Curriculum der motorischen Entwicklung (Body Skills), welches sich auf eine **Entwicklungstheorie** motorischer Fertigkeiten bei Kindern bezieht (vgl. Eggert 1990). Im Vergleich zum ursprünglichen Oseretzky-Test ist es das **Ziel** des Verfahrens, Diagnose und Förderung miteinander zu verknüpfen (vgl. Eggert 1994, 31), das heißt, dass der Test mit einem Trainingsprogramm verknüpft ist.

Das Verfahren beruht, wie eingangs erwähnt, auf Oseretzky. Es wird im Manual nicht beschrieben, welche **theoretischen Bezüge** weiterhin existieren (z.B. motorisches Entwicklungsmodell).

Aufgrund der Nichtthematisierung der zugrunde liegenden theoretischen Annahmen lässt sich nur schwer bis gar nicht eine Aussage über das vorliegende **Menschenbild** machen. Anhand der Aufgabenauswahl und -zusammenstellung wird deutlich, dass ein medizinisch-funktionales Verständnis vorherrscht.

3.5 Kurth (1976, 1985): Motometrische Rostock-Oseretzky-Skala (ROS)

Die ROS wurde von **Kurth 1976** veröffentlicht. Dieses motometrische **Testverfahren** wurde für Kinder im **Alter** von 5 bis 11 Jahren entwickelt. Die ROS möchte sowohl quantitativ als auch qualitativ Aussagen über die **motorische Leistung** anhand des Lebensalters machen.
Als **Ziele** des Verfahrens werden formuliert:
„1.eine gute Altersdifferenzierung der motorischen Entwicklung,
2. eine möglichst zuverlässige Trennung zwischen hirngeschädigten und hirngesunden Kindern,
3. die Ermittlung von Trainingserfolgen nach rhythmisch-psychomotorischer Therapie" (Kurth 1978, 33).
Dazu werden fünf **Bewegungsaufgaben** nacheinander durchgeführt.

Item Nr.	Kurzbeschreibung der Aufgabe
1.	Münzen legen
2.	Labyrinth durchfahren (Fehler + Zeit)
3.	Dynamische Balance
4.	Statische Balance – 7 verschiedene Standarten
5.	Motorisch-rhythmische Koordination

Tab. 8: Aufgaben ROS

Die einzelnen Aufgaben werden jeweils vom Testleiter vorgemacht und erklärt (**Vorgehen**). Innerhalb der dargelegten motorischen Untersuchungen werden zwei Kinder vom Versuchleiter gleichzeitig überprüft. Ob der Test in der weiteren Anwendung als Einzeltest konzipiert ist, wird nicht deutlich.

Anhand der Aufgabentitel werden zum Teil einzelne **Bewegungsdimensionen** deutlich (z.B. Feinmotorik, Schnelligkeit, Gleichgewicht, Koordination), wobei diese nicht explizit benannt und definiert werden.

Der Erfüllung der einzelnen Aufgaben entsprechend werden Punkte vergeben, welche dann zu einer Rohwertsumme führen. Anhand des Rohwertes erfolgt die **Beurteilung** mittels altersspezifischer Normtabellen. So kann anschließend eine kategorisierende Aussage über den motorischen Entwicklungsstand des untersuchten Kindes gemäß einem psychomotorischen Profil gemacht werden.

Aufgrund jahrelanger Anwendung im klinischen Bereich wurde eine Neubearbeitung und Weiterentwicklung als notwendig angesehen. Vor allem wurden die Lösungskriterien als zu subjektiv und die Aufgaben als zu schwierig angesehen (vgl. Kurth 1978, 32).
Das Verfahren kann, laut Kurth, hirngeschädigte Kinder erkennen. Es wurde an einer Gruppe von 325 Kindern neu standardisiert (vgl. Kurth 1978, 36).

Theoretische Bezugspunkte werden nicht direkt formuliert. Es wird allein bemerkt, dass „der Einfluß innerer und äußerer Bedingungen auf die gemessene psychomotorische Leistung" bekannt ist (Kurth 1978, 33). Was genau unter „motorischer Leistung" verstanden wird, bleibt offen.

Weitere theoretische Bezugspunkte können anhand von schriftlichen Ausführungen in der ROS hier ausschließlich als Hypothesen formuliert werden, da keine expliziten Aussagen gemacht werden. So wird durch die Ausführungen deutlich, dass zu dieser Zeit ein medizinisch orientiertes **Menschenbild** existiert. Abgesehen von der Erkennung von Hirnschädigungen, wird mehrfach erwähnt, dass das Verfahren in zahlreichen Einrichtungen des Gesundheitswesens Anwendung findet (vgl. Kurth 1985, 13).

3.6 Zimmer/Volkamer (1984): Motoriktest für 4-6 Jährige (MOT4-6)

Der MOT4-6 wurde von **Zimmer und Volkamer** für Kinder im **Alter** von 4-6 Jahren zur **Erfassung der motorischen Entwicklung** konzipiert. Durch die Erfassung des motorischen Entwicklungsstandes soll eine frühzeitige Behebung von Retardierungen und Defiziten ermöglicht werden (**Ziele**) (vgl. 1987, 3).
Die erste Testfassung des MOT 4-6 lag 1973 vor. Er wurde dann mehrfach verbessert, modifiziert und/oder ergänzt. Die zweite Form des MOT

4-6 wurde 1984 veröffentlicht. Die dritte und derzeit gültige Version dieses **Tests** erschien 1987, in der die Normierung ausdifferenziert und Normen für Halbjahresstufen vorgelegt wurden (vgl. Zimmer/Volkamer 1987, 4).

Ziel des MOT4-6 ist die Erfassung der Gesamtkörperkoordination, die mittels eines Motorikquotienten (MQ) ermittelt wird. Der MOT4-6 besteht aus **18 Aufgaben**, die in einer vorgegebenen Reihenfolge ausgeführt werden sollen.

Item Nr.	Kurzbeschreibung der Aufgabe	Item Nr.	Kurzbeschreibung der Aufgabe
1.	Sprung in einen Reifen	10.	Streichhölzer einsammeln
2.	Balancieren vorwärts	11.	Durch einen Reifen winden
3.	Punktieren (Tapping)	12.	Einbeiniger Sprung in Reifen
4.	Mit den Zehen Tuch aufgreifen	13.	Tennisring auffangen
5.	Seil seitlich überspringen	14.	Hampelmannsprung
6.	Stab auffangen	15.	Sprung über ein Seil
7.	Tennisbälle in Kartons legen	16.	Rollen um die Längsachse
8.	Balancieren rückwärts	17.	Aufstehen und Setzen mit Halten eines Balles
9.	Zielwurf auf eine Scheibe	18.	Drehsprung in einen Reifen

Tab. 9: Aufgaben MOT 4-6

Als **Bereiche der Motorik** führen die Autoren folgende sieben motorische Dimensionen an, wobei sie jedem Bereich bestimmte Aufgaben zuordnen.

Motorische Dimension	Item Nr. + Bewegungsbeobachtungen
1. Gesamtkörperliche Gewandtheit und Koordinationsfähigkeit	7 Bewegungspräzision, Bewegungsgeschwindigkeit bei Richtungswechsel, Orientierungsfähigkeit 11 Beweglichkeit des ganzen Körpers, Körperschema 14 Koordination von Arm- und Beinbewegungen, Bewegungsfluss, Rhythmus 16 Beibehaltung der Körperspannung bei Lageveränderungen 18 Dosierung von Sprungkraft und Bewegungsdynamik, Gleichgewichtsregulierung, Orientierungsvermögen
2. feinmotorische Geschicklichkeit	3 Bewegungsgeschwindigkeit 4 Fußgeschicklichkeit, Balancefähigkeit 10 feinmotorische Steuerung, Präzision simultaner Bewegungen, Fingergeschicklichkeit

Bewegungsdiagnostische Verfahren

3. Gleichgewichts-vermögen	2 dynamische Gleichgewichtsfähigkeit, Richtungskonstanz, taktile Wahrnehmung 8 dynamische Gleichgewichtsfähigkeit, taktile Wahrnehmung, Richtungskonstanz 12 Regulation des statischen Gleichgewichts 17 Regulation des dynamischen Gleichgewichts unter erschwerten Bedingungen 18 Dosierung von Sprungkraft und Bewegungsdynamik, Gleichgewichtsregulierung, Orientierungsvermögen
4. Reaktionsfähigkeit	6 Reaktionsvermögen auf optischen Reiz 13 Augen-Hand-Koordination, reaktives Anpassen der Bewegung, Bewegungsantizipation
5. Sprungkraft	15 gesteuerter Einsatz der Sprungkraft 18 Dosierung von Sprungkraft und Bewegungsdynamik, Gleichgewichtsregulierung, Orientierungsvermögen
6. Bewegungsgeschwindigkeit	3 Bewegungsgeschwindigkeit 5 schnelle beidbeinige Sprungbewegungen, ganzkörperliche Bewegungsgeschwindigkeit 7 Bewegungspräzision, Bewegungsgeschwindigkeit bei Richtungswechsel, Orientierungsfähigkeit
7. Bewegungssteuerung	9 Bewegungssteuerung, Augen-Hand-Koordination 10 feinmotorische Steuerung, Präzision simultaner Bewegungen, Fingergeschicklichkeit

Tab.10: Motorische Dimensionen nach Zimmer/Volkamer

Eine Begründung bezüglich der Auswahl der einzelnen **motorischen Dimensionen** sowie eine Definition der jeweiligen Dimensionen erfolgt nicht. Es wird angenommen, dass die genannten Komponenten für die Autoren die Grundlage ihres Bewegungsmodells darstellen.

Da laut Zimmer/Volkamer in diesem Alter noch keine „sinnvolle Faktorenstruktur" nachgewiesen werden konnte und die kindliche Motorik als sehr komplex anzusehen ist, bezieht sich die **Auswertung** der einzelnen Aufgaben ausschließlich auf einen „Generalfaktor", der als Gesamtkörperbeherrschung und Körperkoordination bezeichnet wird. Was darunter genau zu verstehen ist, wird von den Autoren nicht beschrieben. Eine Strukturierung bzw. Zuordnung der einzelnen Aufgaben wird zudem mit der Begründung abgelehnt, dass „die Zuordnung einer Aufgabe zu nur einem Bewegungsmerkmal unmöglich" sei und man nicht von unabhängigen motorischen Dimensionen ausgehen kann (vgl. ebd. 8). „Gerade bei jüngeren Kindern korrelieren einzelne motorische Fähigkeiten hoch miteinander, den wesentlichen Anteil am Zustandekommen motorischer Leistungen scheint die Koordinationsfähigkeit zu haben" (ebd. 10).

Die einzelnen Aufgaben sind mit Punktwerten (2/1/0) versehen, welche letztlich addiert werden. Die Summe dient der Einordnung und **Beurteilung** anhand alters-orientierter Normtabellen. Die erreichte motorische Leistung wird in „sehr gut", „gut", „normal", „unterdurchschnittlich" und „auffällig" unterschieden. Zusätzlich zu der quantitativen Auswertung verweisen Zimmer/Volkamer darauf, dass eine qualitative Analyse motorischer Fähigkeiten möglich ist. Auf dem Protokollbogen befinden sich zur freien Beobachtung zwei Zeilen für „Anmerkungen zum Verhalten des Kindes während der Testdurchführung" und für „Weitere Anmerkungen (z.B. Auffälligkeiten oder Behinderungen des Kindes)".

Da Zimmer/Volkamer sich nicht ausdrücklich zu ihrem **Menschenbild** äußern, werden im Folgenden Beispiele angeführt, die ihr implizites Verständnis von menschlicher Entwicklung verdeutlichen. Sie gehen davon aus, dass „die Beobachtung und Analyse der kindlichen Motorik (...) dem Erwachsenen wesentlichen Aufschluss über seine psychische Befindlichkeit, über etwaige Verhaltensprobleme oder Entwicklungsauffälligkeiten" gibt (Zimmer/Volkamer 1987, 4). Dies lässt vermuten, dass angenommen wird, anhand der Motorik auf die Psyche rück schließen zu können. Weiterhin heißt es, dass Störungen der motorischen Koordinationsfähigkeit das Kind in seinen sozialen Aktivitäten beeinträchtigen und den Aufbau eines Selbstvertrauens verhindern (vgl. ebd.). Somit erscheint eine Störung der Motorik als Ursache für andere Störungen verschiedener Entwicklungsbereiche, welche dann schwerwiegender sein können als die motorische Störung selbst. In Bezug auf die Behandlung, deren Grundlage die Diagnostik ist, merken die Autoren an: „Das kindliche Gehirn kann zur Nachreifung angeregt, die Mobilisierung der Zentren und Bahnen erreicht werden, die den geschädigten und gestörten Hirnteilen benachbart sind" (ebd. 7), was deutlich auf ein medizinisch-biologistisches Verständnis hinweist.

Andererseits wird von Zimmer/Volkamer darauf hingewiesen, dass die Diagnose der Motorik nicht losgelöst von der Betrachtung der Gesamtpersönlichkeit vorgenommen werden kann, auch wenn die Ermittlung der motorischen Störungen das Ziel einer Motodiagnostik sei (vgl. ebd.). Bei dem Hinweis bleibt es in den Ausführungen und es wird in der Praxis ausschließlich auf das „gestörte motorische Verhalten" eingegangen.

Zimmer/Volkamer weisen darüber hinaus darauf hin, dass entwicklungspsychologische Voraussetzungen und motivationale Kriterien beim Einsatz psychometrischer Diagnostik-Verfahren berücksichtigt werden müssen. Sie erwähnen kurz eine schnell wechselnde kindliche Aufmerksamkeit, das Spielbedürfnis, die Aktivität, die Neugierde und Spontaneität des Kindes, wobei sie keine konkreten **theoretischen Bezüge** angeben.

Als Begründung der Auswahl der Altersgruppe geben Zimmer/Volkamer an, dass die Behebung motorischer Defizite im frühen Alter am effektivsten sei. Die Frage scheint hier erlaubt, welche Entwicklungsspanne den

Kindern in ihrer individuellen Entwicklung zugestanden wird, ohne mit einer therapeutischen Maßnahme einzugreifen. Als weiteres Argument wird angeführt, dass die begrenzte Altersspanne es zulässt, Aufgaben auszuwählen, die den Spielinteressen und Bedürfnissen der Kinder entsprechen. Das ist sicher ein Punkt, der als wichtig anerkannt werden kann, wobei die Umsetzung anhand der Aufgaben bzgl. ihres Zutreffens (Alltagsnähe) noch näher betrachtet werden sollte.

Zimmer/Volkamer betonen, dass die Aufgaben eine geringe Übbarkeit besitzen sollten, damit keine Lerneffekte entstehen. Das lässt vermuten, dass sich der zugrunde liegende Entwicklungsbegriff damit ausschließlich auf Reifung und ggf. Vererbung, aber nicht auf Lernen bezieht.

Wie anhand der Beispiele deutlich wird, ist diese Art der Diagnostik noch stark von einem medizinischen Denkmodell geprägt, wobei erste Gedanken in Bezug auf eine handlungsorientierte Sichtweise geäußert, jedoch nicht in der Praxis berücksichtigt werden.

3.7 Adam/Klissouras/Ravazzolo/Renson/Tuxworth (1988): Eurofit

Eurofit ist ein Test zur Überprüfung der körperlichen Fitness von Kindern. Eine **Altersspanne** wird nicht ausdrücklich angegeben.

Dieser **Test** wurde von verschiedenen **Autoren** in einer 10jährigen Kooperation der europäischen Staaten Österreich, Belgien, Dänemark, Finnland, Frankreich, Deutschland, Griechenland, Island, Italien, Luxemburg, Niederlande, Norwegen, Portugal, Spanien, Schweden, Schweiz, Türkei und Großbritannien konstruiert.

Drei Hauptgründe haben zur Erstellung des Eurofit inspiriert (vgl. Adam et al 1988, 9f.):
- Die körperliche Fitness ist eine bedeutende Komponente der Gesundheit und der körperlichen Erziehung
- Die Einschätzung der körperlichen Fitness ist wertvoll für Erzieher und Kinder
- Der Eurofit soll einen Beitrag zur Erziehung darstellen

Als **Ziel** des Tests wird formuliert, dass er Kinder dazu auffordern soll, Freude am regulären Sport und anderen körperlichen Aktivitäten zu haben (vgl. Adam et al 1988, 5).

Eurofit stellt ein wissenschaftliches Forschungsinstrument dar, welches die körperliche Fitness von Kindern einschätzen soll (vgl. ebd. 22).

Der motorische Hauptbereich besteht aus verschiedenen **Dimensionen körperlicher Fitness**:

- Cardio-respiratory endurance (Herz-Atmungs-Ausdauer)
- Strength (Kraft)
  - Static (statisch)
  - Explosive (dynamisch)
  - Trunk strength (Kraft des Rumpfes; muskuläre Ausdauer des Unterleibes)
  - Functional strength (funtkionelle Kraft; Arm- und Schulter betreffende muskuläre Ausdauer)
- Muscular endurance (Muskelausdauer)
- Speed (Schnelligkeit)
  - of limb movement (Schnelligkeit einzelner Körpergliederbewegungen)
  - running, agility (Schnelligkeit beim Laufen)
- Flexibility (Beweglichkeit)
- Balance (Gleichgewicht)

Die einzelnen motorischen Dimensionen werden nicht definiert. Es werden keine Zusammenhänge zwischen den einzelnen Bewegungsdimensionen/ motorischen Dimensionen deutlich gemacht. Es liegt kein **theoretisches Modell** von Bewegungsentwicklung vor.

Für die Auswahl der einzelnen Tests des Eurofit wurden bestimmte Kriterien festgelegt. Unter anderem sollten die Aufgaben für eine große Gruppe von Kindern (und manchmal Erwachsener) beider Geschlechter anwendbar sein. Die Testgütekriterien sollten hinreichend erfüllt sein (vgl. ebd. 16).

Der motorische Test besteht aus neun Aufgaben zu den jeweiligen oben genannten Bewegungsdimensionen. Die Aufgaben sollen in einem Stationsbetrieb nacheinander, das heißt in einer bestimmten Reihenfolge, durchlaufen werden.

Motorische Dimension	Aufgabe
general balance	Flamingo balance (Einbeinstand auf einem Holzbalken)
Speed of limb movement	Plate tapping (während eine Hand in der Mitte liegt, klopft die Vorzugshand abwechselnd links und rechts auf Scheiben)
Flexibility	Sit and reach (Sitzen und Arme ausstrecken)
Explosive strength	Standing broad jump (aus dem Stand einen Schlusssprung machen)
Static strength	Hand-grip (Hand-Griff bzgl. Dynamometer)
Trunk strength	Sit-ups
Functional strength	Bent arm hang (Klimmzüge)
Running speed/agility	Shuttle run, 10x 5 m (Hin- und Herrennen)
Endurance	Shuttle run

Tab. 11: Aufgaben Eurofit

Die Anwendung des Verfahrens ist einfach, kostengünstig und unkompliziert zu handhaben und als Teil einer schulischen Ausbildung, in Clubs oder sportmedizinischen Zentren vorgesehen.

Damit der Eurofit wertvolle Aussagen liefert, sollte sich an die Testvorgaben bzw. das empfohlene **Vorgehen** gehalten werden und das Kind bestmöglich motiviert werden. Als Anwender kommen die Personen in Betracht, die Einblick in Bezug auf die körperliche Fitness des Kindes haben.
Optimalerweise ist Eurofit mit jedem Kind zweimal im Jahr durchzuführen (am Anfang und am Ende des Schuljahres). Der Test ist in der vorgegebenen Reihenfolge, mit genauer Testanweisung und immer unter den gleichen Bedingungen auszuführen (Objektivität). Für den Testleiter gibt es genaue Instruktionen, was er zu tun hat (Positionierung, Beobachtung u.a.) (vgl. Eurofit 1988, 22f.).

Der Testleiter erklärt dem Kind, was der Test herausfinden soll und er kommentiert entsprechende Resultate. Abschließend werden dem Kind die Ergebnisse persönlich mitgeteilt (vgl. Adam et al 1988, 22f.).

Eine **Bewertung** erfolgt bezüglich Anzahl/Häufigkeit der Versuche, Zeit, Weite, Schwere und Fehler/Richtige.
Spezielle Empfehlungen bzw. Normvorschläge sollten von Land zu Land formuliert werden (vgl. ebd. 22f.).

Der Test lehnt sich aufgrund der länderübergreifenden Initiative an verschiedene europäische Testverfahren an (v.a. Oseretzky-Tests), was auch deutlich bei den einzelnen Aufgaben erkennbar wird. Explizit benannt werden die Ursprünge und **theoretischen Anlehnungen** nicht. Anhand der Aufgaben und der Art der Durchführung und Auswertung lässt sich vermuten, dass ein eher medizinisches **Menschenbild** zugrunde liegt, bei dem es um die quantitative Einschätzung von Leistung geht.

3.8 Eggert/Ratschinski (1993): Diagnostisches Inventar motorischer Basiskompetenzen (DMB)

Die Idee der Nutzung von **Diagnostischen Inventaren** anstelle von Testverfahren stammt von Pawlik (1976), welcher bereits „Inventarisieren statt Testen" forderte.
Für die Beobachtung und Einschätzung von Kompetenzen im Rahmen einer psychomotorischen Förderung können so genannte Diagnostische Inventare eingesetzt werden. Hier haben Eggert und Mitarbeiter bisher fünf verschiedene Diagnostische Inventare entwickelt:
- Eggert/Ratschinski (1993): DMB – Diagnostisches Inventar motorischer Basiskompetenzen
- Eggert/Peter (1992): DIAS – Diagnostisches Inventar auditiver Alltagshandlungen

- Eggert/Wegner-Blesin (2000): DITKA – Diagnostisches Inventar taktil-kinästhetischer Alltagshandlungen
- Eggert/Bertrand (2002): RZI – Raum-Zeit-Inventar
- Eggert/Reichenbach/Bode (2003): SKI – Selbstkonzept-Inventar
- Eggert/Reichenbach (2005): DIAS – Diagnostisches Inventar auditiver Alltagshandlungen, Neubearbeitung.

Um das Anliegen Diagnostischer Inventare zu verdeutlichen, folgen zunächst allgemeine inventarübergreifende Ausführungen. Danach wird konkret auf das DMB als bewegungsdiagnostisches Verfahren eingegangen.

Diese Inventare wurden zur Beobachtung und Einschätzung verschiedener Entwicklungskompetenzen von Kindern im **Vorschul- und Grundschulbereich** entwickelt. Sie können als Instrumentarium zur Diagnostik und/oder Förderung genutzt werden.

Inventare dienen einer individuellen, differenzierten Beobachtung von Verhaltensrepertoire einer Person. Dabei sollte zuvor eine bestimmte Fragestellung oder/und ein bestimmter Entwicklungsausschnitt zur Beobachtung festgelegt werden. **Ziel** ist es demnach, Menschen in ihrer Entwicklung individuell (bzgl. ihrer Stärken und Förderbedürfnisse) zu beschreiben und Veränderungen diesbezüglich aufzuzeigen.

Diagnostische Inventare stellen eine Form von Diagnostik ohne formale Vorgaben dar. Das heißt zum einen, dass keine Normierungen bzgl. allgemeiner Entwicklung existieren und zum Anderen, dass nicht (allein) ein Entwicklungsstand festgestellt, sondern dieser auch verstanden und umfangreich interpretiert (mittels fortlaufender Hypothesenbildung) werden soll.

Ein weiteres Ziel besteht darin, herauszufinden, in welcher Umgebung ein Kind die „am wenigsten einschränkende" Lernbedingung finden kann und welche Schritte dafür in Angriff genommen werden müssen. Im förderdiagnostischen Sinn sollen mit diesen Aufgaben eine vor allem auf die Bestimmung individueller Kompetenzen ausgerichtete Beobachtung und eine praxisorientierte Planung der Förderung möglich sein.

Jedem Diagnostischen Inventar liegt ein **theoretisches Modell** von dem jeweils zu untersuchenden Entwicklungsbereich (Motorik, auditive Wahrnehmung, taktil-kinästhetische Wahrnehmung, Raum-Zeit-Wahrnehmung, Selbstkonzept) zugrunde. Jedes Modell enthält verschiedene Dimensionen des entsprechenden Entwicklungsbereichs. Die Entwicklungsmodelle wurden von den Autoren jeweils selbst entwickelt und ihre Brauchbarkeit für die Praxis überprüft. Bei der Entwicklung der jeweiligen Modelle wurde sich an unterschiedliche Autoren angelehnt (z.B.: Frostig, Maslow, Guilford, Fetz, Epstein, Filipp), welche sich bereits mit dem speziellen Entwicklungsbereich beschäftigt haben. Weiterhin wird von Eggert stets Bezug zu allgemeinen entwicklungspsychologischen Erkenntnissen genommen, so u.a. auf Piaget, Cohn, Zimbardo, Schiepek, Maturana/Varela, Bronfenbrenner, wobei diese dann im Zusammenhang zu den konkreten Ausführungen betrachtet werden.

Da es hier um diagnostische Möglichkeiten zur Erfassung motorischer Kompetenzen geht, wird im Folgenden das dem „Diagnostischen Inventar motorischer Basiskompetenzen" zugrunde liegende **Modell motorischer Entwicklung** vorgestellt (vgl. Eggert/Ratschinski 1993, 29ff.).
Auch wenn Kritik an einer Zergliederung von Entwicklungsbereichen erfolgt, so kommt Eggert dem Wunsch der Kritiker nach, welche fordern, dass aus einer Theorie (hier von kindlicher Motorik) Praxisaufgaben abgeleitet werden müssen. Somit existiert theoretisch ein Verständnis vom ganzheitlichen Entwicklungsgeschehen und pragmatisch erfolgt ein Überblick über einzelne Aspekte der individuellen Entwicklung von Bewegungshandlungen.

Eggert/Ratschinski stellten ein eigenes einfaches **Strukturmodell** zur Entwicklung der Motorik auf, welches sowohl in der Diagnostik als auch in der Förderung Anwendung finden soll.

Ziel war es, eine entwicklungspsychologische Begründung einer Struktur psychomotorischer Basiskompetenzen als hierarchische Abfolge der Faktoren zu liefern.

Es wurde ein hypothetisches Entwicklungsmodell psychomotorischer Basisfaktoren aufgestellt. Dabei betreffen die Festlegungen des Modells die Zahl und Art der Faktoren, nicht aber unbedingt die Reihenfolge und Wechselwirkungen. Das Modell postuliert einen denkbaren hierarchischen Zusammenhang zwischen **motorischen Basiskompetenzen**. In ihm werden die motorischen Basiskompetenzen aufgeführt, die für die Entwicklung bedeutend sind. Die ursprüngliche Annahme bestand darin, dass die motorische Entwicklung im Grundschulalter von Gelenkigkeit über Kraft, Ausdauer und Schnelligkeit zum Gleichgewicht fortschreitet.

Die betrachteten Dimensionen von Entwicklung werden beschrieben, das heißt dass das Verständnis bzgl. der **Dimensionen** dargelegt bzw. definiert wird (vgl. Ratschinski 1987).

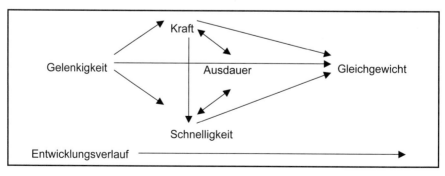

Abb. 10: Hypothetisches Entwicklungsmodell psychomotorischer Basisfaktoren

Auf Grundlage dieses Modells wurden Beobachtungssituationen entwickelt und es erfolgte eine umfangreiche Untersuchung dieser Aufgaben an ca. 1200 Schulkindern.
Nach den Erhebungen wurde das „hypothetische Entwicklungsmodell" überarbeitet. Das **alternative revalidierte Modell** zur Entwicklung der Motorik geht davon aus, dass dem Gleichgewicht eine grundlegende Funktion zukommt und von dort aus über Kraft/Ausdauer und Gelenkigkeit alles zur Schnelligkeit führt. Schnelligkeit wird hier als Endpunkt der motorischen Entwicklung im Alter von 7-12 Jahren betrachtet.

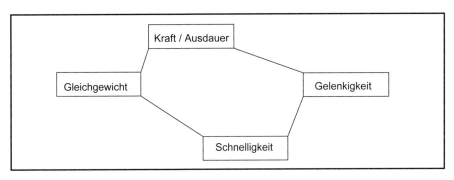

Abb. 11: Revalidiertes theoretisches Modell zur Entwicklung der Motorik

Basierend auf dem theoretischen Modell bzw. Verständnis ist der Praxisteil konzipiert. Dieser besteht aus einer Vielzahl von **Aufgaben**, die in so genannten Kernaufgaben und zusätzlichen Beobachtungssituationen unterteilt werden. Die Kernaufgaben (zwischen 6-24 Aufgaben) stellen eine Auswahl von Aufgaben bzw. Situationen dar, die sich besonders für Beobachtungen jeweiliger Kompetenzen eignen. Die Aufgaben sind entweder nach Schwierigkeitsgraden gestaffelt oder eine Aufgabe enthält bereits in sich verschieden gestaffelte Anforderungen. Die Zuordnung der Aufgaben soll eine Einheit bzw. Verbindung von Diagnostik und Förderung (Förderdiagnostik) ermöglichen, das heißt eine „gemeinsame Organisation von Diagnose, Förderung und Theorie" (Eggert/Ratschinski 1993, 31).

Die Kernaufgaben, die entweder aus bewährten Verfahren entnommen oder neu konzipiert worden sind, sowie die selbst zusammengestellten Aufgaben aus den Inventaren, können im Sinne von Vorher-Nachher-Beobachtungen zur Einschätzung von Entwicklungs(fort)schritten genutzt werden.

Bewegungsdiagnostische Verfahren

Aufgabe	Basisfaktoren	Aufgabe	Basisfaktoren
Über einen Gymnastikstab steigen	Gelenkigkeit	Richtungshören	akustische Wahrnehmung
Auf Zehenspitzen stehen	Gleichgewicht, Ausdauer	„klingendes Tor"	akustische Wahrnehmung
Auf einem Bein stehen	Gleichgewicht, Ausdauer	Figuren umfahren	optische Wahrnehmung, Schnelligkeit
Balancieren auf der Langbank	Gleichgewicht	Figuren kennzeichnen	optische Wahrnehmung
Ball mit den Füßen hinter den Kopf heben	Gelenkigkeit	Spannbogen	Kraft, Ausdauer
Bohnensäckchen werfen und auffangen	Gelenkigkeit, Schnelligkeit	Dreieckslauf	Schnelligkeit
Bohnensäckchen kicken und auffangen	Gelenkigkeit, Gleichgewicht, Schnelligkeit	Springen im Wechsel	Schnelligkeit, Ausdauer, Kraft
Ball um den Fuß führen	Gleichgewicht, Gelenkigkeit	Blind Formen legen	taktile Wahrnehmung
„Gummitwist"	Schnelligkeit	Kugeln umstecken	optische Wahrnehmung Schnelligkeit
Drehen im Sprung	Kraft, Schnelligkeit	Kleine Wege nachzeichnen (Labyrinth)	optische Wahrnehmung, Gelenkigkeit
Lochplatte stechen	optische Wahrnehmung, Gelenkigkeit	(Muster) ausschneiden	optische Wahrnehmung, Gelenkigkeit
Schlusssprung	Kraft, Gleichgewicht	Große Wege nachzeichnen	optische Wahrnehmung, Schnelligkeit

Tab. 12: Kernaufgaben DMB

Das **Vorgehen** lehnt sich an die von Eggert/Ratschinski (1993) erstellten Konstruktionsprinzipien bzw. Merkmale von Diagnostischen Inventaren an:

1. Es soll ein breites Spektrum von Handlungen erfasst werden, d.h., dass eine Vielfalt von verschiedenen Aufgaben durchgeführt wird, um etwas über eine Entwicklungsdimension aussagen zu können.
2. Die diagnostische Sequenz soll alltagsnah sein. Das bedeutet, dass dem Kind die Aufgaben, die Umgebung und das Material vertraut sein können bzw. sollen.

Bewegungsdiagnostische Verfahren

3. Die Situationen sollten offen gestaltet sein, so dass jederzeit individuell auf das Kind eingegangen werden kann.
4. Innerhalb der Situation wird eine Einheit von Diagnostik und Förderung angestrebt, das bedeutet, dass jede Diagnostiksituation gleichzeitig eine Fördersituation darstellt und umgekehrt, dass jede Fördersituation zu neuen diagnostischen Erkenntnissen beitragen kann.
5. Es geht um die Beschreibung individueller Entwicklungsverläufe, und somit wird auf normative Vergleiche verzichtet.
6. Innerhalb der Beschreibung wird der Fokus auf Veränderung von individuellen Kompetenzen gelegt, d.h. auf Weiterentwicklung.
7. Die Aufgaben selbst können variabel zusammengestellt und auf die Bedürfnisse und Fähigkeiten der Kinder abgestimmt werden.
8. Eine diagnostische Überprüfung kann in mehreren Phasen stattfinden, z.B. über mehrere Tage/Stunden verteilt. Außerdem können verschiedene Methoden der Erkenntnisgewinnung, wie z.B. Beobachtung, Gespräch, schriftliche Befragung, eingesetzt werden.
9. Die Subjektivität der Beobachtung wird bewusst gemacht und es geht um die Reflexion bzgl. der zu beobachtbaren Dimensionen (Betonung der Validität).
10. Eine Durchführung in Kleingruppen ist möglich, wobei der Rahmen unterschiedlich gestaltet sein kann (z.B. Spiel, Parcours, Geschichte). Empfohlen wird die Arbeit im Team und/oder mit einer Videokamera, so dass eine genaue Analyse erfolgen kann.

Die Aufgaben selbst werden durch den Anwender erklärt und vorgeführt, so dass sie vom Probanden über verschiedene Sinneskanäle (vor allem visuell und auditiv) aufgenommen werden können. Instruktionen sind beispielhaft angegeben und können durch weitere Informationen und Demonstrationen ergänzt werden.

Ergänzend kann erwähnt werden, dass zur **Planung** einer derartigen (förder-)diagnostischen Sequenz ein sog. Diagnostisches Menü erstellt werden kann. Die Beantwortung von „Menü-Fragen" erleichtert dabei die Planung (vgl. Eggert/Reichenbach/Bode 2003, 143)[18].

*Wenn der Pädagoge überlegt ein Diagnostisches Menü zu erstellen, sollte er folgende „**Menü-Fragen**" beantworten:*

1. Für wen erstelle ich das Menü? (Klientel, Alter, Gruppe/Einzel
2. Wodurch spreche ich das Interesse der Kinder an? (Thema)
3. Was möchte ich mit dem Menü beobachten bzw. erfassen? (Entwicklungsbereich, z.B. Motorik)

---

[18] Ein derartiges präzises Vorgehen existiert noch nicht in der Ursprungsversion des DMB, jedoch in den Weiterentwicklungen der Diagnostischen Inventare, welche im Sinne von Eggert auf das DMB übertragen werden können.

> 4. Möchte ich einen Aspekt des Entwicklungsbereiches schwerpunktmäßig erfassen? (z.B. Gleichgewicht/Motorik)
> 5. Wie umfangreich soll das Menü sein? (Zeit)
> 6. Was stellt den Rahmen des Menüs dar? (Unterricht/Förderung; Parcours, Geschichte, Erzählung,...)
> 7. Welche Aufgaben wähle ich für die diagnostische Erfassung und/oder Förderung aus?
> 8. Wie muss oder kann ich die Aufgaben differenzieren, so dass sie bewältigt werden können oder eine Herausforderung darstellen? (Schwierigkeitsgrade)
> 9. Was kann ich wahrscheinlich mit den gewählten Aufgaben zusätzlich beobachten? (z.B. Motorik, Wahrnehmung, Kognition,...)

Die **Auswertung** der Beobachtungen erfolgt zum einen anlehnend an das zugrunde liegende theoretische Modell und zum anderen in Form einer Eindrucksanalyse. Mittels der angegebenen Dimensionen und Kompetenzbereiche können Hypothesen hinsichtlich der individuellen Entwicklung aufgestellt werden. In den Inventaren sind beispielhaft Beobachtungs- und Interpretationsmöglichkeiten angegeben, die individuell ergänzt werden können/müssen.

In einer allgemeinen Eindrucksanalyse geht es um das Aufgabenverständnis, das Entwickeln von Lösungsstrategien, die Reaktionen auf (Miss-)Erfolg, das Durchhaltevermögen, das sozial-emotionale Verhalten und andere Eindrücke, die von dem Kind gewonnen werden. In dem Zusammenhang weist Eggert ausdrücklich darauf hin, dass Diagnostik **Beziehung** bzw. Beziehungsgestaltung ist und die (entstehende/bestehende) Beziehung das Ausmaß und das Zutreffen möglicher Hypothesen der Beobachtung, der Interpretation und der Förderung bestimmt (vgl. Eggert 2000, 8). Die vom Diagnostiker getroffene Auswahl der Situationen für Beobachtung und Förderung bestimmt die Reichweite der Beobachtungen und Interpretationen, insofern ist ein höheres Maß an Professionalität und ein großer pädagogischer und psychologischer Erfahrungsschatz erforderlich – mehr als in anderen diagnostischen Vorstellungen. Eine erhöhte Professionalität und Verantwortung ist ebenso durch freiere bzw. flexiblere handhabbare „Methoden" erforderlich (ebd.).

Die erzielten Beobachtungen bzw. ermittelten Befunde dienen nicht als Ausschlussdiagnostik, sondern als Förderdiagnostik im Rahmen einer Förderung. Es sollen sowohl Stärken als auch Schwächen und damit Förderbedürfnisse ermittelt und dementsprechend die Förderung zielgerichtet durchgeführt werden. Dazu ist es erforderlich, Beobachtungen detailliert, zum Beispiel mit Hilfe eines Individuellen Entwicklungs- und Förderplanes (IEP), festzuhalten. Dementsprechend ist es als äußerst bedeutend zu erachten, eine Arbeit in einem (multidisziplinären) **Team** anzustreben, welches (gemeinsam) ein Kind beobachtet und Förderpläne erstellt.

In den verschiedenartigen Ausführungen zu der Arbeit mit Diagnostischen Inventaren wird deutlich, dass ein **Menschenbild** zugrunde liegt, welches den Menschen zum einen als aktives Wesen begreift und zum anderen den Schwerpunkt der Betrachtung auf Entwicklungspotenziale legt. Das wird auch durch die von Eggert formulierten veränderten Fragen in der Diagnostik deutlich, wobei er hervorhebt, dass sich Fragen einer Entwicklungsdiagnostik zu denen einer Testdiagnostik insofern unterscheiden, dass sie „eine wesentlich größere Reichweite des Fragens" umfassen (2000, 33). Es wird nicht allein nach dem Ist-Zustand gefragt bzw. dieser beobachtet, sondern es werden Fragen bezüglich des Entwicklungsverlaufs (Vergangenheit, Gegenwart, Zukunft) gestellt und vielfältige mögliche Hypothesen (situations-, institutionsbedingt o.ä.) gebildet.

3.9 Henderson/Sugden (1992): Movement Assesment Battery for Children (Movement ABC)

Die M-ABC wurde von **Henderson** und **Sugden** für Kinder im **Alter** von 4- 12 Jahren zur **Erfassung des motorischen Entwicklungsstandes** konzipiert. Weiterhin soll die M-ABC im Rahmen einer Förderdiagnostik zur Therapieplanung und Therapieevaluation eingesetzt werden, wobei eine Kombination von quantitativen und qualitativen Informationen die Grundlage bildet.

Die M-ABC in ihrer jetzigen Form ist das Ergebnis eines langen Forschungs- und Entwicklungsprozesses, welcher 1966 begann. Erste Vorversionen waren der von Stott u. a. entwickelte TOMI (1972, Test of Motor Impairment) und dessen Revision durch Henderson (1984). Weitere **theoretische Bezüge** sind nicht erkennbar.

Das Verfahren existiert bisher ausschließlich für den englischsprachigen Gebrauch, wobei eine deutschsprachige Ausgabe in Planung ist (vgl. Testzentrale 2004, 115). Normierungen liegen für eine Stichprobe von 1200 Kindern in den Vereinigten Staaten (US) und dem Vereinigten Königreich (UK) vor (vgl. Henderson/Sugden 1992, X, 3). Der neuen geplanten Version liegen repräsentative Stichproben von Vorschulkindern und Schulkindern aus Deutschland und der deutschsprachigen Schweiz vor (vgl. Testzentrale 2004, 115).

Die M-ABC wurde in einer Zeit entwickelt, in der zunehmend nicht allein die Diagnostik, sondern auch die Förderung von Kindern im Vordergrund stand. Als Aufgaben bzw. **Ziele** formulieren Henderson/Sudgen Folgendes:
„In general terms, the aim has been to build a useful clinical and educational tool and to incorporate into it some of the new ideas about how to understand motor difficulties in children. In order to do this and design an assessment instrument which was as flexible as possible, it was necessary to proceed in several directions simultaneously:

- To preserve the standardized component of the test battery and maintain its norm-based function, the original version was subjected to rigorous analysis, revised and restandardized following the normal protocol. As this standardization was done in the USA, it makes this the only instrument of its kind standardized on both the American and European continents. *[Anm. d. Verf.: Beibehaltung einer Standardisierung, eines Tests, der einer Bewertung unterliegt.]*
- To enhance the clinical and educational usefulness of the standardized test, work began on a less formal observational style of assessment designed to complement the formal procedure and to add significantly to the information obtained. This focuses not only on the qualitative aspects of child´s motor performance but also on the emotional and behavioural factors which might influence test performance. *[Anm. d. Verf.: Steigerung der Nützlichkeit des Tests durch Hinzunahme von qualitativen Aspekten motorischer sowie emotionaler und kognitiver Entwicklung.]*
- To respond to the view that it was helpful to assess children's performance in more than one setting, discussion began on bringing the Movement ABC Test and Checklist together. *[Anm. d. Verf.: neue Sichtweisen aufgrund der Durchführung an verschiedenen Orten möglich; gemeinsame Anwendung von Test und Checkliste.]*
- To provide the practitioner with a means of progressing directly from assessment to intervention, Henderson and Sugden began to formulate guidelines for intervention based on many years of clinical and educational experience. *[Anm. d. Verf.: Liefern einer Handhabe für Praktiker, um aus Bewertung eine Intervention abzuleiten; Entwicklung von Richtlinien für Intervention.]*" (Henderson/Sugden 1992, 1)

Die M-ABC ist laut Henderson/Sudgen durch folgende **Merkmale** gekennzeichnet (vgl. 1992, 2f.):
- Erkennung und Beschreibung von Beeinträchtigungen motorischer Funktionen bei Kindern
- Möglichkeit einer ökonomischen Durchführung sowohl in Einzel- als auch in Gruppensituationen; Bereitstellung weiterer Richtlinien zur Beobachtung
- Bereitstellung von quantitativen Normen für verschiedene Altersgruppen
- Ausführung in 20-40 Minuten, abhängig vom Alter und individuellen Erfahrungen
- Möglichkeit des Einbezugs emotionaler und motivationaler Unterschiede in Bezug zur motorischen Aufgabenbewältigung
- Mittels eines strukturierten Rahmens können Stärken und Schwächen erkannt und gedeutet werden
- Möglichkeiten zur Förderplanung und Behebung von Bewegungsschwierigkeiten sind enthalten
- Nutzung durch Fachkräfte mit unterschiedlichen Hintergründen möglich

Die Movement-ABC besteht aus zwei Teilen (vgl. ebd. 1992, 2):
1. einem **Test**, der eine Reihe von motorischen Aufgaben beinhaltet und
2. einer **Checkliste**, die von Erwachsenen ausgefüllt wird, die tagtäglich die motorischen Funktionen des Kindes beobachten.

Es wird empfohlen, die Checkliste eher als Screening-Instrument und den Test als ausführliches Diagnostik-Instrument einzusetzen.

Die Items und das Beobachtungsverfahren der M-ABC sind in 20jähriger Forschungsarbeit entstanden. Sie umfasst insgesamt **32 Aufgaben**, welche in vier Gruppen/Bereiche mit jeweils **8 Aufgaben** unterteilt sind. Jeder der vier Bereiche ist für eine bestimmte **Altersgruppe** konzipiert (vgl. Henderson/Sugden 1992, 2):

Gruppe 1: Kinder im Alter von 4 bis 6 Jahren
Gruppe 2: Kinder im Alter von 7 und 8 Jahren
Gruppe 3: Kinder im Alter von 9 und 10 Jahren
Gruppe 4: Kinder im Alter von 11 und 12 Jahren

Die Anforderungen bzw. Schwierigkeitsgrade in den acht Aufgaben jeder Gruppe sind identisch in Bezug auf die Altersgruppe. Die Aufgaben werden in drei zu überprüfende **motorische Bereiche** unterteilt (vgl. ebd.):

- „Manual Dexterity" – Manuelle Gewandtheit/Geschicklichkeit
- „Ball Skills" – Ballfertigkeiten/Ballgeschick
- „Static and Dynamic Balance" – statisches und dynamisches Gleichgewicht

Die einzelnen genannten motorischen Bereiche/**Bewegungsdimensionen** werden nicht definiert und es werden keine Zusammenhänge aufgezeigt. Weiterhin wird nicht deutlich, ob bereits ein motorisches Modell bzgl. Entwicklung zugrunde liegt oder aber die Zusammenstellung ausschließlich auf eigenen Forschungsarbeiten beruht.

Alter	Manuelle Geschicklichkeit	Ballfertigkeit	statisches und dynamisches Gleichgewicht
4-6 Jahre	• Chips/Münzen einwerfen • Perlen auffädeln • Fahrradspur nachmalen	• Bohnensäckchen fangen • Ball in ein Tor rollen	• Einbeinstand • Standsprünge über ein Seil • auf Zehenspitzen über eine Linie laufen
7-8 Jahre	• Holz-Stecker einstecken • Faden einfädeln • Blume ummalen	• einhändig Tennisball aufprellen und fangen • Bohnensäckchen in Kiste werfen	• Storchenbalance • Schlusssprünge in Quadrate • Ferse an Fußspitze über Linie vw. balancieren

Bewegungsdiagnostische Verfahren

Alter	Manuelle Geschicklichkeit	Ballfertigkeit	statisches und dynamisches Gleichgewicht
9-10 Jahre	• Nacheinander Stecker umsetzen, in einer Reihe ordnen • 3 Muttern auf Schraube drehen • Blume ummalen	• beidhändig Tennisball fangen • Bohnensäckchen in Kiste werfen	• einbeiniges Balancieren auf Kippelbrett • einbeinige Sprünge in Quadrate • Tennisball auf Brett balancieren
11-12 Jahre	• Holzstifte eindrehen • Elefant ausschneiden • Blume ummalen	• einhändiges Tennisballfangen • Wurf auf eine Zielscheibe an der Wand	• Schlusssprung über ein Seil + in die Hände klatschen • Rückwärts über eine Linie balancieren • Balance auf zwei Brettern halten

Tab. 13: Aufgaben M-ABC

In Bezug auf die **Auswertung** liefert die M-ABC, hier speziell der **Test**, verschiedene Einschätzungen über die motorischen Kompetenzen. Es kann ein Gesamt-Ergebnis der acht Aufgaben ermittelt und dieses in Bezug zur Altersnorm interpretiert werden. Außerdem kann ein Profil vom Kind bzgl. der verschiedenen überprüften Items erstellt werden. Des Weiteren besteht begleitend die Möglichkeit einer qualitativen Auswertung, welche dem Untersucher erlaubt weiterzuschauen und verschiedene Details zu protokollieren, z.B. wie das Kind sich während des Tests verhalten hat. Die Autoren schlagen dazu mögliche Beobachtungsaspekte vor bzw. stellen Richtlinien der Beobachtung zur Verfügung, um das Verhalten des Kindes während der motorischen Aufgabenbewältigung näher beschreiben zu können. Demnach wären Faktoren des zu beobachtenden Verhaltens: überaktiv, passiv, ängstlich, angespannt, impulsiv, ablenkbar, unorganisiert, überschätzt eigene Fähigkeiten, unterschätzt eigene Fähigkeiten, mangelndes Durchhaltevermögen, geringe Frustrationstoleranz, keine Freude am Erfolg und andere. Weiterhin führen die Autoren im Beobachtungsbogen körperliche Faktoren an und nennen Gewicht, Größe, Sehen, Hören, Sprechen, Anatomie, Haltungsschwäche und andere.

Die Checkliste umfasst 48 Items, die in vier Bereiche mit jeweils **12 Beobachtungspunkten** unterteilt sind, wobei diese zunehmend komplexere Situationen erfassen (vgl. Henderson/Sugden 1992, 2). Die Checkliste kann als Screening, aber auch als Beobachtungsinstrument für tagtägliche Bezugspersonen des Kindes (Lehrer, Eltern, Erzieher u.a.) eingesetzt werden. Jeder der vier Bereiche ist nach Kind und Umwelt sowie nach statisch und dynamisch sortiert, so dass sich folgende Bereiche ergeben:

- Child Stationary/Environment Stable
  ⇒ Kind statisch, stehend/Umgebung stabil
- Child Moving/Environment Stable
  ⇒ Kind in Bewegung/Umgebung statisch
- Child Stationary/Environment Changing
  ⇒ Kind statisch, stehend/Umgebung verändert sich
- Child Moving/Environment Changing
  ⇒ Kind in Bewegung/Umgebung verändert sich

Zudem gibt es noch einen fünften Bereich „Behavioral Problems Related to Motor Difficulties". Hier sollen anhand eines **Fragebogen** solche Verhaltensweisen erfasst werden, die die motorische Leistung beeinflussen können; diese 12 Beobachtungspunkte sind mit denen des Tests bzgl. beobachtbaren Verhaltens übereinstimmend (s.o.).
Die Beobachtungspunkte können für die Bereiche 1-4 in einer Skala von 0 bis 3 angekreuzt werden. Dabei entsprechen die Zahlen folgenden Zuordnungen: „0" (sehr gut), „1" (noch in Ordnung), „2" (fast/beinahe), „3" (nicht vollständig). Der Bereich fünf kann mittels 3-er-Skalierung in selten, gelegentlich und häufig eingeschätzt werden. Die **Auswertung** in Bezug auf die **Checkliste** erfolgt durch Addition der Punktwerte und Einordnung in Prozentrangnormen (vgl. Henderson/Sugden 1992, 26f.).

Zum **Menschenbild** werden explizit keine Aussagen getroffen. Anhand der Ausführungen wird deutlich, dass neben funktional-motorischen Aspekten in Ansätzen auch ökologische Faktoren eine Rolle spielen, auch wenn die Auswertung und Interpretation diesbezüglich offen bleibt. Es wird erkannt, dass nicht allein motorische, sondern auch emotionale und kognitive Faktoren Einfluss auf das Verhalten eines Kindes in Bewegungssituationen haben. Eine vorhandene defizitäre Sichtweise wird jedoch in der Formulierung der Beobachtungsaspekte erkennbar, welche ausschließlich auf „Störungen" ausgerichtet sind.

3.10 Cárdenas (1992): Diagnostik mit Pfiffigunde

Das Verfahren „Diagnostik mit Pfiffigunde" von **Cárdenas** (1992) wurde als kindgemäßes **Screening-Verfahren** zur strukturierten Beobachtung von Wahrnehmung und Motorik für Kinder im **Alter** von fünf bis acht Jahren konzipiert.
Ein **Ziel** des Verfahrens liegt dabei „in der Überprüfung, ob bei einer auffälligen Grobmotorik eine minimale cerebrale Bewegungsstörung vorliegt" (Cárdenas 2000, 28). „Ausgesprochenes Ziel des Verfahrens ist es, Hinweise auf das Vorliegen von Hirnfunktionsstörungen zu gewinnen, die Hintergrund für vielfältige Bewegungs- und Wahrnehmungsstörungen sein können" (Cárdenas 2000, 20). Um eine minimale Zerebralparese feststellen zu können, werden dementsprechend Auffälligkeiten der Muskelspan-

Bewegungsdiagnostische Verfahren

nung, das Vorliegen von Seitenbetonungen, von nicht-integrierten Reaktionen und von assoziierten tonischen Reaktionen überprüft. „Vor dem Hintergrund des Vorliegens oder Nicht-Vorliegens einer minimalen Zerebralparese können dann Wahrnehmungsstörungen, Störungen der Praxie und der Lateralitätsentwicklung, Gedächtnis- und Körperschemastörungen eingeordnet werden" (2000, 21). Es sollen Informationen über den Entwicklungsstand von Kindern, die sich kurz vor oder nach dem Schuleintritt befinden, gesammelt werden, um entsprechend Hypothesen für den Verursachungshintergrund vorhandener Lern- und Verhaltensprobleme bilden zu können (vgl. ebd. 13f.).

Die **Durchführung** des Verfahrens sollte mit zwei Fachleuten erfolgen, wobei eine Person das Spielgeschehen leitet und die andere Person die Kamera führt. „Eine Person spielt die Puppen, die zweite Person bedient die Kamera oder *beurteilt* während des Spiels die Leistungen der Kinder. Der 'Beurteiler' sollte derjenige sein, der z.B. als Lehrer das Kind vorwiegend betreut und an den Ergebnissen am meisten interessiert ist" (Cárdenas 2000, 35). Jedoch bringt die Autorin ein, dass eine gleichzeitige Protokollierung nicht vorteilhaft ist, da Kinder so den eigentlichen Zweck (eher) spüren.

„Diagnostik mit Pfiffigunde" kann bzw. sollte mit drei Kindern gleichzeitig durchgeführt werden, um die positiven Aspekte einer Gruppe nutzen zu können und sich von einem (offensichtlichen) Leistungscharakter abzuwenden. Durch eine *Vermeidung von Leistungsdruck* soll die eigene Motivation gesteigert und Stress vermieden werden. Auch dadurch, dass keine strikten Zeitbeschränkungen bestehen, eine Hilfestellung durch andere Kinder möglich ist und keine Notizen bzw. Bewertungen während der Beobachtungssituation vorgenommen werden, wird das Gefühl, sich in einer Leistungs- bzw. Testsituation zu befinden, vermieden (vgl. ebd. 19).

Bevor das eigentliche Verfahren beginnt, lernen die Kinder in einer „Aufwärmphase" zunächst den Testleiter und den Kameramann kennen.

Die Durchführungszeit beträgt insgesamt ca. 90 Minuten, wobei das Verfahren auch in zwei bis drei Etappen geteilt und getrennt durchgespielt werden kann. Hierzu werden entsprechende Vorschläge angegeben (vgl. 2000, 36f). So ist es möglich, die Kinder an verschiedenen Tagen zu beobachten, was als vorteilhaft betrachtet werden kann. Nach der „Aufwärmphase" wird vom Testleiter die Geschichte der Prinzessin Pfiffigunde erzählt, die durch Ritter befreit werden soll. Die Ritter-Rollen werden durch die Kinder eingenommen, welche dann verschiedene Abenteuer und Aufgaben bewältigen sollen. Die Geschichte entspricht einer Märchenlogik und lässt dadurch für die Kinder keine „Testsituation" erkennen (vgl. ebd. 31ff.). Aufgrund der in ein Märchen eingebundenen Aufgabenstellungen, in denen die Kinder Akteure aber auch Mitstreiter zugleich sind, entsteht ein sinnhafter „Zusammenhang, der die kindliche Phantasie anspricht" (ebd. 18) und an der kindlichen Vorstellungswelt ansetzt.

Die Aufgabenstellungen werden vorgelesen, maximal einmal wiederholt und generell nicht vorgeführt. Bei scheinbarem Verständnisproblem lässt der Leiter die Aufgabe durch ein Kind vorführen oder demonstriert diese unter Umständen selbst. Die Autorin empfiehlt, die Instruktionen (mindestens bei den ersten 10 Aufgaben) wörtlich abzulesen, um somit Fehler (des Vortragens) zu vermeiden, die im weiteren Verlauf zu Fehleinschätzungen führen können (vgl. ebd. 8). Die genaue Einhaltung der Instruktion, möglichst ohne die Aufgabe vorzumachen, ermöglicht kein Eingehen auf individuelle Bedürfnisse und setzt zunächst ein hohes Abstraktionsvermögen auf Seiten der Kinder voraus.

Das Screening-Verfahren „Diagnostik mit Pfiffigunde" besteht insgesamt aus 31 **Beobachtungssituationen**. Es werden **Beobachtungsmerkmale** aus den Bereichen Fein- und Grobmotorik, Perzeption, Lateralität, Körperschema und Gedächtnis gesammelt. Cárdenas verweist darauf, dass innerhalb „Diagnostik mit Pfiffigunde" ein Ungleichgewicht zwischen motorischen und sensorischen Aufgaben besteht (mehr Motorik als Wahrnehmung). Im Einzelnen werden folgende Beobachtungsmerkmale überprüft:

Beobachtungsmerkmale	Häufigkeit
grobmotorische Leistungen/*Grobmotorik* (Muskelspannung/ Tonusanomalien, Mitbewegungen/assoziierte tonische Reaktionen, nicht-integrierte Reaktionen, Gleichgewicht, grobmotorische Koordination, Seitendifferenz/Asymmetrien)	29
feinmotorische Leistungen/*Feinmotorik* (Augenmotorik, Handmotorik/Graphomotorik, Auge-Hand-Koordination/ feinmotorische Koordination, Mundmotorik, Fußmotorik)	16
Bilateralintegration (Körpermittellinie, simultane Bewegungsmuster, Kreuzkoordination, Bilateralintegration)	9
Leistungs-/Präferenzdominanz (Hand-Leistungsdominanz, Hand-Präferenzdominanz, Auge-Präferenzdominanz, Bein-Leistungsdominanz, Fuß-Präferenzdominanz, Ohr-Präferenzdominanz)	17
Wahrnehmung (visuell, auditiv, taktil, vestibulär)	11
Gedächtnis (auditiv, visuell)	5
Körperschema	2

Tab. 14: Beobachtungsmerkmale Diagnostik mit Pfiffigunde

Zu jeder der 31 Aufgabenstellungen aus den Bereichen Fein- und Grobmotorik, Perzeption, Lateralität, Körperschema und Gedächtnis liegen **Beobachtungshinweise** und **Bewertungseinteilungen** vor. Cárdenas formuliert diesbezüglich: „Es werden Hinweise zum Erscheinungsbild und zum Hintergrund von Störungen gegeben. Weiterhin wird ausgeführt, worauf bei der Beobachtung der Kinder geachtet werden muß, um zu einer sachgerechten Bewertung zu kommen" (Cárdenas 2000, 43).

Aufgaben	Beobachtungsmerkmale
1. Ausziehen + Anziehen	Grobmotorische Koordination
2. Gerade hinsetzen (Langsitz)	Muskelspannung
3. Geldstücke auflesen	A-H-K, Pinzettengriff, Präferenzdominanz (Hand), Bilateralintegration (Körpermittellinie kreuzen)
4. Papier zerknüllen	Mitbewegungen, Leistungs- und Präferenzdominanz (Hand), feinmotorische Koordination
5. Wiederholung/Nachsprechen Zauberspruch	Auditives KZG (verbale Erfassungsspanne, sequentielle Speicherung), auditive Differenzierung
6. Zauberstab anschauen + aufnehmen	A-H-K, Augenmotorik, Präferenzdominanz (Hand)
7. Linie auf Papier markieren	A-H-K, Graphomotorik, Bilateralintegration, Präferenzdominanz (Hand), visuelle Figur-Grund-Wahrnehmung
8. Eigenes Seil auf Boden herausfinden	Augenmotorik, visuelle Figur-Grund-Wahrnehmung, Präferenzdominanz (Hand)
9. Balancieren	Präferenzdominanz (Fuß), Gleichgewicht, Muskelspannung
10. „Brustschwimmen"	Bilateralintegration (Simultanes Bewegungsmuster), Seitendifferenz/Asymmetrien
11. „Krokodil hypnotisieren"	Handmotorik, Mitbewegungen, Präferenzdominanz (Hand)
12. Schleife oder Knoten binden	Handmotorik
13. „Tast-Memory"	Taktile Differenzierung, Präferenzdominanz (Hand)
14. Zeichen sehen + merken	Präferenzdominanz (Auge)
15. Zeichen wieder erkennen	Visuelles KZG
16. Scheibe mit Fuß auf Strich vorwärts schieben	Präferenzdominanz (Fuß), Gleichgewicht, Feinmotorik des Fußes
17. Einbeinhüpfen mit beiden Beinen mehrmals	Gleichgewicht, Leistungsdominanz (Bein/Fuß), Seitendifferenz/Asymmetrie (Arme/Beine), Muskelspannung, grobmotorische Koordination

Bewegungsdiagnostische Verfahren

Aufgaben	Beobachtungsmerkmale
18. Herunter springen im Schlusssprung	Bilateralintergration (simultanes Bewegungsmuster), Muskelspannung, Seitendifferenz/Asymmetrie
19. Zehenspitzengang	Muskelspannung, Mitbewegungen, Gleichgewicht, Seitendifferenz/Asymmetrie
20. Aufgabe vom Ritter lösen	Raumlage, Präferenzdominanz (Hand), Graphomotorik
21. Flüstern	Hörprüfung, Präferenzdominanz (Ohr)
22. Mit geschlossenen Augen + ausgestreckten Armen warten	Gleichgewicht/vestibuläre Wahrnehmung, Seitendifferenz/Asymmetrien, auditives KZG
23. Ausweis malen; Selbstbildnis	Graphomotorik, Präferenzdominanz (Hand), Körperschema
24. Rückwärts balancieren	Gleichgewicht, vestibuläre Wahrnehmung, Seitendifferenz/Asymmetrien, Mitbewegungen
25. Krabbeln	Bilateralintegration (kreuzkoordinierte Bewegungsmuster), nicht-integrierte-Reaktion (Faustschluss)
26. Plätzchen in den Mund nehmen	ATNR + STNR (asymmetrisch-tonische + symmetrisch-tonische Nackenreaktion)
27. Bilder bemalen	Visuelle Figur-Grund-Wahrnehmung, Grafomotorik
28. Kreise in die Luft malen	Bilateralintegration, Leistungsdominanz (Hand)
29. Einschlafen	Bilateralintegration (homolaterales Bewegungsmuster)
30. Lippen lecken	Mundmotorik, Mitbewegungen
31. Durch's Tor schlüpfen	Körperschema

Tab. 15: Aufgaben Diagnostik mit Pfiffigunde

In einem Glossar finden sich zudem ein Großteil von **Begriffsdefinitionen** und -erklärungen, die zum weiteren Verständnis beitragen sollen.

Aufgrund unterschiedlicher Beobachtungssituationen entsteht laut Cárdenas die Möglichkeit, eine *Vielfältigkeit von Informationen* zu gewinnen, die es ermöglichen soll, bestimmte Vermutungen aufzustellen, zu überprüfen und ggf. aufgrund dessen auf eine (mögliche) Ursache zu schließen. Hierzu schreibt Cárdenas: „Das Verfahren stellt nun gezielt Beobachtungssituationen her, in denen von einem bestimmten Verhalten auf eine bestimmte zugrundeliegende Störung geschlossen werden kann" (ebd. 17).

Anzumerken ist, dass den ausgewählten Beobachtungsmerkmalen kein bestimmtes wissenschaftliches **Modell** von Motorik zugrunde liegt, sondern diese (scheinbar) frei ausgewählt wurden. Es werden keine **Bewegungsdimensionen** genannt.

In der Kategorie **Bewertung** „werden die Kriterien für eine bestimmte Beurteilung definiert. Die Bewertungen werden in den Beobachtungsbogen eingetragen und später zur Erstellung eines individuellen Profils in den Profilbogen übernommen" (Cárdenas 2000, 44).

Das Verfahren ist nach Einschätzung der Autorin standardisiert, aber von einer Normierung wurde aufgrund eines hohen zeitlichen und finanziellen Aufwandes Abstand genommen (vgl. ebd. 2000, 13, 9).

Cárdenas Bestreben ist es nicht, einen *numerischen Endwert, sondern eine inhaltliche, handlungsleitende Aussage* zu erhalten. „Ziel der diagnostischen Abklärung durch die 'Diagnostik mit Pfiffigunde' ist kein arithmetischer Durchschnittswert. Im Vordergrund steht die Erstellung eines individuellen Profils von Fähigkeiten auf der einen und Beeinträchtigungen auf der anderen Seite, die daraufhin gezielt gefördert bzw. behandelt werden können" (ebd. 20). Um dieses Profil deutlich zu erkennen, hat Cárdenas einen Profilbogen erstellt (vgl. 183ff.). Die vorgegebenen Beobachtungshinweise sind i.d.R. auf ein „Nichtkönnen" ausgerichtet.

„Die Bewertungskriterien sind entweder der Fachliteratur entnommen oder aus eigenen Beobachtungen und Beobachtungen anderer Fachkräfte entstanden" (Cárdenas 2000, 113). Die Einteilung der Bewertung erfolgt vorwiegend in einer 3-er-Skalierung, zum Teil auch in einer 5-er-Skalierung, wobei nicht begründet wird, warum derartige Unterschiede vorgenommen wurden. Ausgehend von einer 3-er-Skalierung, welche die Werte 0, 1 und 2 umfasst, werden diese wie folgt allgemein definiert:

„0, daß die Leistung des Kindes, bezogen auf sein Alter, im Normbereich liegt und daher keine besondere Förderung notwendig ist,

1, daß die Leistung leicht unterdurchschnittlich ist und sorgfältig beobachtet werden sollte, eine Förderung aber auf jeden Fall sinnvoll ist,

2, daß die Leistung so auffällig ist, daß eine weitere Überprüfung durch Fachkräfte wie Arzt/Ärztin, KrankengymnastIn oder ErgotherapeutIn erfolgen sollte, die ggf. eine Therapie einleiten können. Außerdem benötigt das Kind eine besondere schulische Förderung bzw. eine Berücksichtigung seiner speziellen Lernvoraussetzungen im Unterricht" (Cárdenas 2000, 20).

Zusammengefasst bedeutet dies: Null steht für „unauffällig", Eins steht für „zweifelhaft" und Zwei steht für „auffällig". Eine weitere Differenzierung ist, laut Cárdenas, nicht erforderlich und im Zweifelsfalle könnten noch andere Testverfahren hinzugezogen werden (vgl. 2000, 113). Unklar bleibt, welche Schlüsse aufgrund der getroffenen Bewertungen insgesamt gezogen werden können/sollen. Es ist nicht ersichtlich, ab wie viel „prozentualen Auffälligkeiten" dies evtl. verallgemeinert werden kann. Dadurch, dass keine genauen Angaben diesbezüglich existieren und, dass die Bewertungsgrundlagen vorwiegend an Defiziten orientiert sind, liegt die Gefahr einer Überinterpretation nahe.

Wesentlich für dieses Verfahren scheint zu sein, dass die entsprechenden Bewertungen in der Regel nicht sofort vorgenommen werden, sondern nach der Durchführung in einem Team (Testleiter und Kameramann) gemeinsam anhand der Videoaufnahmen stattfinden. Der Einsatz einer Videokamera wird dringend empfohlen, auch wenn dies eine Schulung und erhöhten Kostenaufwand verursacht. Neben der allgemeinen „objektiveren" Auswertung ist stets ein interdisziplinärer Austausch gewährleistet. Cárdenas empfiehlt die Nutzung einer Kamera, um gezielter beobachten und lernen zu können. Sie schreibt: „Beobachten will gelernt sein und die Kamera schult Sie, indem Sie beliebig oft eine Szene wiederholen oder mit dem Standbild zur genauen Analyse einfrieren können" (2000, 36).

„Diagnostik mit Pfiffigunde" entstand auf der Suche nach einer „anderen" Diagnostik, die nicht mit den „üblichen" Testverfahren gleichzusetzen, sondern eher als Ergänzung zu standardisierten Testverfahren und neurologischen Untersuchungsverfahren gedacht ist (vgl. Cárdenas 2000, 18).

Als allgemeine **Ziele** des Screening-Verfahrens „Diagnostik mit Pfiffigunde" nennt Cárdenas: „Das Screening-Verfahren soll uns dazu dienen,
- einen Überblick über Ausmaß, Stärke und Profil der Wahrnehmungsbeeinträchtigungen zu bekommen,
- Aufschluß zu bekommen darüber, ob Fein- und Grobmotorik altersgerecht entwickelt sind,
- den Stand der Lateralitätsentwicklung abzuklären,
- einen begründeten Hinweis auf eine eventuelle organische Beteiligung an den Auffälligkeiten zu erhalten,
- eine Orientierung zu bekommen, wann bestimmte weitere Fachkräfte eingeschaltet werden sollten" (2000, 13).

Im Arbeitsband berichten Fachleute fast ausschließlich kritikfrei von ihren Erfahrungen mit dem Verfahren. So wird bspw. von Heilpädagogen angegeben, dass dieses Verfahren dem **Menschenbild** von Ganzheitlichkeit entspricht sowie im Rahmen einer prozessorientierten Diagnostik und ganzheitlichen Förderung einzuordnen sei (Cárdenas 1999, 71ff.).
Aufgrund der Tatsache, dass den Mittelpunkt der Betrachtung ein vorhandenes Defizit bzw. ein vorhandener Defekt darstellt, welcher neurologisch bedingt im ZNS vorhanden ist, kann das hier zugrunde gelegte Menschenbild einer funktionalen, **medizinischen Sichtweise** zugeordnet werden. Bewegungsverhalten bzw. Bewegungsauffälligkeiten sind demnach ein Resultat cerebraler Fehlfunktionen (vgl. Mattner 2001, 4; vgl. Cárdenas 1999, 86). Weiterhin wird geschrieben, dass die Ursachenfrage in den Hintergrund rückt (vgl. Cárdenas 1999, 76); dem ist nicht so: anstatt Beobachtungen werden zumeist gleich Ursachenbeschreibungen genannt. Anhand der gesamten Ausführungen wird das inhärente Menschenbild und das damit verbundene kausale Denken und mechanistische Handeln deutlich. Andere Erklärungsgründe, die vom medizinischen Denkmodell abweichen, werden nicht explizit einbezogen.

Das Verfahren ist nicht ausdrücklich für einen ganzheitlichen Rahmen konzipiert und auch nicht prozessbegleitend. Dieses Menschenbild bedeutet, dass ein Kind selbst nicht zu einer Verhaltenskorrektur in der Lage ist, weil eine organisch bedingte „Affektkontrolle" dies nicht ermöglicht. Abweichungen vom „Normalverhalten" sind dementsprechend auf pathologische Veränderungen im Gehirn zurückzuführen (vgl. Mattner 2001, 5). Das Kind selbst hat demzufolge keinen Einfluss auf sein Verhalten.

3.11 Schönrade/Pütz (2000): Die Abenteuer der kleinen Hexe

„Die Abenteuer der kleinen Hexe" wurde von **Schönrade/Pütz** entwickelt und ist als strukturiertes **Bewegungsbeobachtungsverfahren** für Kinder im **Alter** von vier bis acht Jahren gedacht. Es soll als qualitative Bewegungs- und Wahrnehmungsdiagnostik dienen. Zudem versteht es sich als ein Zugang zur bzw. Methode der Förderdiagnostik, mittels dessen aufgrund von Bewegungsbeobachtungen im pädagogischen und therapeutischen Alltag Aussagen über Bewegungsverhalten von Kindern getroffen werden sollen. Das Verfahren besteht aus insgesamt **24** konstruierten **Aufgabenstellungen**, die in drei Geschichten mit Märchencharakter zu jeweils acht Aufgaben gegliedert sind.

Aufgaben	Beobachtungsmerkmale
Geschichte 1	
1. (Zauber)Stab mit Blick/ Augen verfolgen	⇒ Augenmotorik, Augenmuskelkontrolle
2. Im Dunkeln einem Geräusch folgen	⇒ Auditive Wahrnehmung, Richtungshören
3. Tast-Memory	⇒ taktile Wahrnehmung
4. Rollbrett-„Flug"/ „Spannbogen"	⇒ Körperspannung, Körperschema, Körperkoordination
5. Kugel fangen	⇒ A-H-K
6. Auf Zehenspitzen schleichen	⇒ Bewegungssteuerung, Körperspannung, Gleichgewicht, Körperkoordination
7. Balancieren über Langbank	⇒ Grobkoordination, Gleichgewicht, Körperspannung
8. Linien malen (mit rechts und links)	⇒ Lateralität, Bilateralintegration

Bewegungsdiagnostische Verfahren

Aufgaben	Beobachtungsmerkmale
Geschichte 2	
9. Labyrinth zeichnen	⇒ A-H-K, visuomotorische Koordination, taktil-kinästhetische Wahrnehmung, Präferenzdominanzhand
10. Einbeinsprung auf jeweils 4 Scheiben/ Matten (links + rechts)	⇒ Lateralität, Gleichgewicht
11. Rückwärts balancieren/ gehen auf Langbank	⇒ Gleichgewicht
12. Rollen um die Körperlängsachse	⇒ Körperschema, Körperkoordination
13. Körperstellen zeigen/ benennen	⇒ taktil-kinästhetische Wahrnehmung, Körperschema, Körperorientierung
14. Bilder wiedererkennen/ ähnlich Memory	⇒ Visuelles Gedächtnis
15. Richtung verschiedener Klänge erkennen	⇒ auditive Wahrnehmung, Richtungshören
16. Blechdosen werfen	⇒ A-H-K, Präferenzdominanz
Geschichte 3	
17. Münzen sortieren	⇒ Lateralität, Leistungsdominanz, Bilateralintegration, taktile Wahrnehmung, Pinzettengriff
18. Größten/schwersten Stein finden	⇒ taktil-kinästhetische Wahrnehmung
19. Zusammenrollen aus Rückenlage	⇒ kinästhetische Wahrnehmung, Körperschema
20. Selbstbildnis	⇒ Präferenzdominanz, visuomotorische Koordination
21. Zeichnungen ergänzend abmalen	⇒ VMK, visuelle Wahrnehmung, Figur-Grund-Wahrnehmung
22. Formen tasten und wieder erkennen	⇒ taktil-kinästhetische Wahrnehmung, visuelles Gedächtnis, visuelles Operieren
23. Tiere nachmachen	⇒ Kinästhetische Wahrnehmung, Körperschema
24. Durch einen Reifen winden	⇒ Körperschema, Körperkoordination

Tab. 16: Aufgaben Die Abenteuer der kleinen Hexe

Die Geschichten 1-3, welche jeweils „Zauberprüfungen" als Teilziel haben, können unabhängig voneinander durchgeführt, aber auch aufeinander aufbauend angewendet werden. Werden alle drei Geschichten durchlaufen, die entsprechenden Aufgaben erfüllt und somit drei Zauberprüfungen bewältigt, so erhalten die Kinder ein „Hexendiplom". Schönrade/Pütz geben an, dass eine Veränderung der Geschichten generell möglich ist und entsprechend des Alters, der Gruppenstruktur oder aber des Tagesthemas variiert werden kann. Bei individuellen Umgestaltungen sollte nach Ansicht der Autoren darauf geachtet werden, dass die Märchenlogik, die Auswahl der entsprechenden Beobachtungsmerkmale, die Anzahl und die Konstruktion der Aufgaben sowie der Wechsel der Aufgabeninhalte bzgl. ihres Aktivitätsniveaus beibehalten werden.

Die **Durchführung** der Aufgaben durch ein bis zwei Pädagogen ist nach Angabe der Autoren innerhalb einer Gruppe von vier bis sechs Kindern möglich. Die Anwendung des Verfahrens erfordert Material, welches in der Regel in Einrichtungen/Institutionen vorhanden ist oder aber ohne große Mühen hergestellt werden kann (vgl. Schönrade/Pütz 2000, 61ff.).

Es sollen nicht mehr als acht Aufgaben auf einmal durchgeführt werden, wobei eine Begründung hierfür nicht gegeben wird. Es lässt sich jedoch vermuten, dass die Autoren dies aufgrund von eventuell auftretenden Konzentrationsmängeln nach einer bestimmten Zeitdauer befürworten. Weiterhin verweisen die Verfasser kurz auf einen Wechsel der Aufgabeninhalte zwischen aktiv – passiv – konzentrativ (vgl. Schönrade/Pütz 2000, 65). Ausführungen bzw. Begründungen für diese Vorgehensweise finden sich hierzu nicht.

Laut Schönrade/Pütz bestand ein Bedarf an Informationen, „der helfen sollte, kindliche Entwicklung zu beobachten, zu verstehen und zu beurteilen sowie das Kind individuell zu fördern" (Schönrade/Pütz 2000, 7). Mit dem von den Autoren entwickelten Beobachtungsverfahren wurde das **Ziel** verfolgt, diesem Informationsbedarf gerecht zu werden und ihn abzudecken. Pädagogen und Therapeuten sollen hierdurch bessere **Beobachtungsmöglichkeiten** an die Hand gegeben werden und zusätzlich, mittels erzielter Beobachtungen, eine Basis für gezieltere Interventionen gelegt werden (vgl. Pütz/Schönrade 1998, 309). Die Autoren schreiben: „Wir gehen der Frage nach, was beim Kind beobachtet werden sollte, um sein Bewegungsverhalten und damit das Kind besser verstehen zu können, um schließlich geeignete Fördermöglichkeiten zur Verfügung zu stellen" (Schönrade/Pütz 2000, 11).

Jede Aufgabe soll von einem Pädagogen vorgeführt werden, wobei eine Wiederholung nicht ausgeschlossen ist. An die Vorführung durch den Leiter schließen sich die **Durchführungen** der Aufgaben durch die Kinder an. Schönrade/Pütz empfehlen eine Ausführung des Verfahrens mit zwei Personen, wobei eine Person leitend fungiert und die andere Person beobachtet und protokolliert oder aber eine Videoaufzeichnung mit anschließender Analyse innerhalb des Kollegiums (vgl. ebd. 63).

Zu jeder der 24 (3 mal 8) Aufgabenstellungen werden **Beobachtungshinweise** mit einer dazugehörigen Einschätzungs- bzw. **Bewertung**sskala von 0/1/2 gegeben, wobei keine Differenzierung bezüglich der Altersgruppen der 4-8jährigen Kinder angegeben ist. Dabei besagt „0", dass das angegebene Beobachtungsmerkmal wie vorgegeben erfüllt wurde; „1" beinhaltet, dass das zu beobachtende Merkmal nicht konstant oder nur teilweise bewältigt wurde; „2" soll verdeutlichen, dass die Aufgabe und die dazugehörigen Beobachtungsmerkmale nicht geschafft wurden. Die erzielten Beobachtungen und Bewertungen können in einem Beobachtungsbogen niedergeschrieben werden. Laut Schönrade/Pütz ist das Beobachtungsverfahren „so angeordnet, dass die Voraussetzung für eine übersichtliche, praxisnahe Durchführung gewährleistet ist" (ebd. 63).
Die vorgeschlagenen Fragestellungen lassen keine Struktur, z.B. in Form von genauen Beschreibungen oder Hinweisen zur Beobachtung, erkennen, sondern sie sind in Ihrer Wortwahl eher allgemein und ungenau (z.B.: „hin und wieder"; „häufigeres Wiederholen"). Das kann zur Folge haben, dass sie sehr subjektiv interpretiert werden. Auch wenn die Autoren zunächst von Bewegungsbeobachtung und im späteren Verlauf von so genannten psychomotorischen Verhaltensweisen sprechen, die „während der Durchführung in die Beobachtungen mit einfließen und auch protokolliert werden" (ebd. 24) sollen, so sind weder zu Bewegungsabläufen noch zu Verhaltensweisen zielgerichtete und differenzierte Aussagen anhand der dargelegten Vorgehensweise möglich.

Als zu beobachtende **motorische** und vorwiegend **sensorische Dimensionen** geben Schönrade/Pütz an:
- Vestibuläre Wahrnehmung/Gleichgewicht;
- Kinästhetische Wahrnehmung;
- Taktile-/taktil-kinästhetische Wahrnehmung;
- Körperschema;
- Körperkoordination;
- Visuelle Wahrnehmung, Auge-Hand- und visuomotorische Koordination;
- Visuelle Figur-Grund-Wahrnehmung;
- Visuelles Gedächtnis, visuelles Operieren;
- Augenmuskelkontrolle;
- Auditive Wahrnehmung, Richtungshören;
- Lateralität, Bilateralintegration;
- Präferenz-Leistungsdominanz (vgl. Schönrade/Pütz 2000, 65).

Eine **Beschreibung der Dimensionen** bzgl. ihres Verständnisses bleibt unberücksichtigt. Die Auswahl der Beobachtungsmerkmale begründen die Autoren wie folgt: „Da bislang kein wissenschaftlich erarbeitetes und präzise definiertes Kategoriensystem zur Erfassung von Wahrnehmung und

Motorik vorliegt, orientieren wir uns bei der Zusammenstellung diagnostisch relevanter Situationen an bereits vorhandenen Einteilungen motorischer, sensorischer, psychomotorischer Ausrichtung bzw. an Förderschwerpunkten, die wir für Kinder im Alter von 4-8 Jahren als wichtig erachten" (Pütz/Schönrade 1998, 295). Hierbei geben die Autoren teilweise Quellen an (Ayres; Bös), erläutern diese sowie ihre eigene (neue) Zusammenstellung/ihre Modellvorstellung jedoch nicht. Es wird nicht berücksichtigt, dass verschiedene und auch wissenschaftlich begründete Modellvorstellungen zu motorisch und perzeptiv bedeutsamen Komponenten existieren (vgl. bspw. Eggert/Ratschinski 1993, 34ff.).

Theoretische Bezüge werden nicht explizit angeführt. Die genutzte Literatur sowie die Inhalte geben keinen direkten Einblick an welche theoretischen Entwicklungsmodelle sich die Autoren anlehnen.

Das von den Verfassern vermittelte und zugrunde gelegte **Menschenbild**, welches bereits in der Einleitung deutlich wird, erweckt nicht den Anschein nach der Suche eines „allumfassenden" Verständnisses. So schreiben sie: „Ist die Bewegung gestört, hat dies zwangsläufig Konsequenzen für den Alltag. Das Problem der Bewegung ist deshalb ein Grundproblem des Menschen. Erkrankt die Bewegung, ist etwas im Menschen gestört, gesundet sie, werden neue heilsame Wirkungen auf das Innere des Menschen ausgehen" (ebd. 2000, 11). Diese „Begründungszusammenhänge" erscheinen für den flüchtigen und nach _einer_ Lösung suchenden Leser verständlich, entbehren jedoch jeder wissenschaftlichen Grundlage. Es kann festgehalten werden, dass Schönrade/Pütz in ihren Beschreibungen von einem Menschenbild ausgehen, das sich an den Maßstäben „gesund vs. krank" orientiert. Anders ist es nicht zu erklären, dass sie „gestörte" Alltagsbewegungen/-abläufe mit Synonymen wie Erkrankung oder Behinderung indirekt gleichsetzen (vgl. Schönrade/Pütz 2000, 9-12).

Schönrade/Pütz erheben den Anspruch, ein Beobachtungsverfahren entwickelt zu haben, welches den Prinzipien der **Förderdiagnostik** gerecht wird. Als Merkmale einer förderdiagnostischen Ausrichtung werden durch die Autoren folgende kurz erläuterte Prinzipien genannt (vgl. Pütz/Schönrade 1998, 290ff.; Schönrade/Pütz 2000, 14ff.): Das Prinzip der _Prozesshaftigkeit_ berücksichtigt vor allem den individuellen und dynamischen Entwicklungsverlauf des Kindes sowie die verschiedenen einfließenden sozialen und emotionalen Determinanten. Unter dem Prinzip der _Öffnung_ wird vornehmlich eine Einbettung in Alltagssituationen verstanden, aber auch eine zunehmende und anzustrebende Öffnung bezüglich der Hypothesenvielfalt durch die Pädagogen. Das Prinzip der _Deskription_ legt den Schwerpunkt auf eine Erfassung von Vorraussetzungen, Prozessen und Ergebnissen, welche nicht kategorisierend, sondern allgemein und individuell beschreibend sein sollen. Der Schwerpunkt bei der Fragestellung soll darin liegen, zu ermitteln, wie ein Kind eine Aufgabe löst. Danach gehe es in einem weiteren Schritt „darum, die Leistung des Kindes zu vergleichen und zu beurteilen" (Schönrade/Pütz 2000, 15), wobei jedoch das „Kategoriensystem" für derartige Vergleiche bei den Autoren offen bleibt. Das Prinzip der *Verbindung von Diagnostik und Intervention* strebt einer Trennung von Diagnostik und Förderung entgegen. Mit dem Prinzip der *Beachtung der Stärken* verbinden die Autoren die Suche und Hervorhebung der Stärken des Kindes.

Eine förderdiagnostische Ausrichtung des Beobachtungsverfahren „Die Abenteuer mit der kleinen Hexe" begründen die Autoren (vgl. Schönrade/Pütz 2000, 19) hauptsächlich damit, dass:

- Beobachtungen innerhalb der Geschichten/Märchen in Form spielerischer Handlungen erzielt werden können,
- eine höhere Motivation aufgrund des Märchencharakters gegeben ist,
- das Verfahren variabel ist und schließlich,
- es in den pädagogischen und therapeutischen Alltag integriert werden kann.

3.12 Kritische Zusammenfassung

Das Kapitel zeigt Entwicklungen im Hinblick auf das Vorhandensein bewegungsdiagnostischer Verfahren in Deutschland auf. Weiterhin wurde der Frage nachgegangen, welche theoretischen Bezugspunkte und damit einhergehende Betrachtungsweisen von Menschen (Menschenbilder) ihnen zugrunde liegen.

Dabei stellt sich heraus, dass die heute in der Praxis genutzten bewegungsdiagnostischen Verfahren in der Regel ein Klientel zwischen dem 4. und 16. Lebensjahr ansprechen, wobei ein Schwerpunkt bei der **Altersgruppe** zwischen 5 und 12 Jahren liegt.

Die Formulierung der **Ziele** dieser bewegungsdiagnostischen Verfahren ist unterschiedlich und mehr oder weniger präzise formuliert. Dabei reicht es von der Erfassung einer angeborenen motorischen Begabung, über die Herausstellung von Hirnschädigungen bis hin zur Ermittlung von Förderbedürfnissen im motorischen Bereich.

Hinsichtlich des **Zwecks** der Anwendung der bewegungsdiagnostischen Verfahren kann festgehalten werden, dass von den hier beschriebenen Verfahren:

- 10 das Ziel einer „Feststellung" bzw. „Klassifikation" verfolgen,
- 2 Bewegungen beschreiben,
- 4 eine Förderung als Ziel formulieren und
- 2 explizit den Verlauf einer Therapiemaßnahme dokumentieren möchten.

Was mit den jeweiligen Befunden oder aber der sog. „Diagnose" angefangen wird, die einer Klassifikation dienen, wird nicht transparent gemacht. Es kann angenommen werden, dass eine Zuweisung zu einer Einrichtung, die Bewegungsförderung anbietet, erfolgt.

Allein zwei Verfahren betonen ausdrücklich, dass *ein* Verfahren nicht ausreicht und die individuelle Beschreibung der Bewegungsabläufe im Vordergrund steht.

Die Betrachtung von bewegungsdiagnostischen Verfahren lässt nur vereinzelt einen **Paradigmenwandel** erkennen. Vorherrschend scheint nach wie vor ein altes Paradigma zu sein, welches die Klassifikation anstelle der individuellen Beschreibung und Beurteilung proklamiert.

Um die jeweils unterschiedlichen Ziele umzusetzen, wird sich unterschiedlicher Techniken und **Methoden** bedient. Alle 11 bewegungsdiagnostischen Verfahren bieten die Möglichkeit einer quantifizierbaren Überprüfung mittels des Festhaltens von Zeit, Häufigkeiten oder Fehlern an. Zwei von 11 Verfahren beinhalten zusätzlich qualitative Möglichkeiten der individuellen Überprüfung und Beschreibung.

Im Hinblick auf das **Menschenbild** scheint der Wunsch nach einem „wahren Wert" nach wie vor präsent und ein erstrebenswertes Ziel zu sein. Anders lässt es sich nicht erklären, dass auch vermeintlich neuere bewegungsdiagnostische Verfahren stets einen quantitativen Schwerpunkt haben. Ein Großteil (8 von 11) der heutzutage noch verwendeten bewegungsdiagnostischen Verfahren nimmt einen funktionsorientierten Blickwinkel ein, wobei die Ursprünge im medizinischen Bereich liegen.
Wie in Bezug auf Seewald eingangs bereits angemerkt wurde, so ist hier nochmals darauf hinzuweisen, dass durch die Anwendung von diagnostischen Verfahren implizit oder explizit bereits eine Aussage zum vorliegenden Menschenbild getroffen wird. Die meisten der hier vorgestellten bewegungsdiagnostischen Verfahren scheinen weniger explizit, sondern mehr implizit etwas über die zugrunde liegende Sichtweise vom Menschen auszusagen.

In Bezug auf das **Verständnis von Entwicklung** und deren Verlauf können anhand der Ausführungen allein Vermutungen getroffen werden, da nur 1 Verfahren von 11 ausdrücklich ein Entwicklungsmodell und theoretische Überlegungen zur Entwicklung darlegt. Das genannte eine Modell (DMB von Eggert/Ratschinski 1993) geht von individuellen Veränderungsprozessen aus. Die anderen Modelle scheinen eher von einer „universellen" Entwicklung auszugehen, die gemäß Stufen, bei jedem Menschen konstant verläuft, das heißt ein linearer Verlauf zwischen motorischem Alter und chronologischem Alter (analog der Annahmen Binets in Bezug auf die Intelligenzentwicklung).

Zwei Verfahren geben ihre **theoretischen Bezugspunkte** mehr oder weniger konkret an. Bei neun Verfahren sind diese anhand der inhaltlichen Ausführungen und der Quellenangaben zu vermuten, aber nicht explizit erkennbar.
Im Vergleich zu der Entwicklung von quantitativen diagnostischen Verfahren in den 60er und 70er Jahren, sind die heute aufgestellten funktions-

orientierten und somit zugleich quantitativen Mechanismen weder (entwicklungs-)theoretisch begründet, noch empirisch belegt.

Mittels der einzelnen Aufgabeninhalte lassen sich bei 10 bewegungsdiagnostischen Verfahren die **Wurzeln** zu Oseretzkys motorischer Stufenleiter erkennen. Inwiefern sich die Verfahren gegenseitig beeinflusst haben, wird anhand der *Übersicht zu bewegungsdiagnostischen Verfahren* (s. S. 38, Abb. 1) erkennbar. Aufgrund des Umfangs und der Präzision von Oseretzkys Ausarbeitungen sind Wiederholungen oder aber Neubearbeitungen seiner Vorstellungen die Regel.

Das **Vorgehen** der bewegungsdiagnostischen Verfahren ist zumeist als alltagsfern anzusehen. Abgesehen vom DMB werden für das Kind unbekannte Aufgaben ausgewählt, die im Rahmen einer standardisierten Situation in einer entsprechenden Reihenfolge durchgeführt werden und einem bestimmten Schema folgen. Zwei weitere Verfahren (Diagnostik mit Pfiffigunde und Die Abenteuer der kleinen Hexe) versuchen trotz standardisierten Vorgehens Alltagsnähe in Form von Geschichten einzubringen.

Die Aufgabenauswahl und damit verbunden die Menge der Aufgaben ist sehr unterschiedlich. Die **Anzahl** der Aufgaben reicht von 4 bis 126 und pendelt sich im Schnitt zwischen 10-20 Aufgaben ein.

Einzelne **Bewegungsdimensionen** werden in 8 von 11 Verfahren genannt und ausschließlich ein Verfahren zeigt dazugehörige **Definitionen** auf. Wie gering die **Bedeutung von Bewegungsbeobachtung** ist, scheint auch darin ersichtlich zu werden, dass Bewegungsdimensionen, wenn überhaupt, nur genannt und in der Regel nicht definiert werden. Hier stellt sich die Frage, wie eine Bewegungsdimension beobachtet und beschrieben werden soll, wenn unklar ist, was unter dieser zu verstehen ist. Allein die Annahme, dass das Verständnis aller genannten Bewegungsdimensionen für jeden Experten a priori völlig klar und gleich ist, kann die Nichtdefinition derartiger Begrifflichkeiten begründen.

Angesichts der Bedeutung von Bewegungsbeobachtung kann anhand der Literaturrecherche und der Analyse der bewegungsdiagnostischen Verfahren festgehalten werden, dass es den meisten Autoren mehr auf eine Quantifizierung von Bewegungsmerkmalen als auf eine qualitative Beobachtung und Beschreibung dieser ankommt.

Alles in allem zeigt sich, dass sich die Vorstellungen vom Menschen und dessen Entwicklung – das Menschenbild – in diagnostischen (Handlungs-) Situationen wieder erkennen lassen.

Da derartige bewegungsdiagnostische Verfahren zumeist von pädagogischem oder auch medizinischem **Fachpersonal** angewandt werden, die im Vergleich zu Psychologen oder auch Sportwissenschaftlern ausbildungsbedingt keine tiefer gehenden Kenntnisse von der Erstellung quantitativer Testverfahren und Untersuchungen haben, liegt die Gefahr nahe, dass derartige Verfahren und die damit verbundenen Daten kritiklos und unreflektiert übernommen und als „real" angesehen werden.

Dementsprechend erscheint es besonders bedeutend, dass im Rahmen einer **Ausbildung** thematisiert wird, welche Vorstellungen der Diagnostiker von menschlicher Entwicklung hat, wie diese beschrieben und dokumentiert werden können und wie die eigenen individuellen Vorstellungen Einfluss auf die Bewegungsbeobachtung nehmen.

In einem tabellarischen Überblick werden die prägnantesten Unterscheidungsmerkmale der einzelnen bewegungsdiagnostischen Verfahren zusammenfassend dargestellt. Der Fokus liegt dabei auf:

- Autor, Jahr der Herausgabe
- Ziel
- theoretische Bezugspunkte
- Menschenbild
- Vorgehen
- Anzahl der Aufgaben
- Bewegungsdimensionen und
- Definition Bewegungsdimensionen

Tab. 17: Unterscheidungsmerkmale bewegungsdiagnostischer Verfahren

Verfahren (Jahr); Autor	Zielgruppe	Ziel	theoretische Bezugspunkte	Menschenbild	Vorgehen	Anzahl Aufgaben	Bewegungs-dimensionen	Definition Bewegungs-dimensionen
Metrische Stufenleiter (1931); Oseretzky	4-16 Jahre	quantitative Erfassung angeborener motorischer Begabung; Orientierung über Entwicklungsstand der Motorik; Klassifikation und Beschreibung als Ziel	Psychologie; Neuropsychologie; Medizin; Biologie	lineare Abhängigkeit von chronologischem Alter und motorischem Entwicklungsalter; funktionsorientiert	alltagsnahe Einzelsituationen; feste Reihenfolge; standardisierte Bewertung	85 Aufgaben insgesamt	statische, dynamische Koordination; Geschwindigkeit; simultane Bewegungen; Präzision	nein
LOS KF 18 (1971); Eggert	5-13 Jahre; „normal", „geistig behindert", „lernbehindert"	quantitative Erfassung des motorischen Entwicklungsstandes; Klassifikation als Ziel	Psychologie; Medizin	lineare Abhängigkeit von chronologischem Alter und motorischem Entwicklungsalter; funktionsorientiert	Einzelsituationen; feste Reihenfolge; standardisierte Bewertung	18 Aufgaben für jedes Kind	ohne Angabe bzgl. Dimensionen; vermutlich analog zu Oseretzky	nein
KTK (1974); Kiphard / Schilling	5-14 Jahre; „normal", „geistig behindert", „lernbehindert", „verhaltensauffällig"	quantitative Erfassung GKK; Unterscheidung von „hirngesunden" und „hirngeschädigten" Kindern; Klassifikation als Ziel	Medizin	Bewegungsstörungen als Hirnfunktionsstörungen; medizinisch-biologistisch; funktionsorientiert	alltagsferne Einzelsituationen; feste Reihenfolge; standardisierte Bewertung	4 Aufgaben für jedes Kind	Gesamtkörperkoordination; ohne weitere Angabe	nein

Bewegungsdiagnostische Verfahren

Verfahren (Jahr); Autor	Zielgruppe	Ziel	theoretische Bezugspunkte	Menschenbild	Vorgehen	Anzahl Aufgaben	Bewegungsdimensionen	Definition Bewegungsdimensionen
Bruininks-Oseretzky-Test (1978); Bruininks	4-15 Jahre	quantitative Erfassung der motorischen Entwicklung; Klassifikation als Ziel	Psychologie; Medizin	lineare Abhängigkeit von chronologischem Alter und motorischem Entwicklungsalter; funktionsorientiert	alltagsferne Einzelsituationen; feste Reihenfolge; standardisierte Bewertung	47 Aufgaben	grobmotorische Fertigkeiten: Laufgeschwindigkeit und Beweglichkeit; Gleichgewicht; Bilaterale Koordination; Kraft; Koordination der oberen Extremitäten; feinmotorische Fertigkeiten: Reaktionsschnelligkeit; visuomotorische Koordination; Hand- und Fingerschnelligkeit und Geschicklichkeit	nein
Rostock-Oseretzky-Skala (1976, 1985); Kurth	5-11 Jahre	Altersdifferenzierung der motorischen Entwicklung; Trennung zwischen hirngeschädigten und hirngesunden Kindern; Klassifikation als Ziel; Ermittlung von Trainingserfolgen nach rhythmisch-psychomotorischer Therapie; quantitative und qualitative Erfassung	Medizin	lineare Abhängigkeit von chronologischem Alter und motorischem Entwicklungsalter; funktionsorientiert	alltagsferne Einzel- oder Zweier-Situationen; feste Reihenfolge; standardisierte Bewertung	5 Aufgaben	keine Angaben	nein

Bewegungsdiagnostische Verfahren

Verfahren (Jahr); Autor	Zielgruppe	Ziel	theoretische Bezugspunkte	Menschenbild	Vorgehen	Anzahl Aufgaben	Bewegungs- dimensionen	Definition Bewegungs- dimensionen
MOT4-6 (1984); Zimmer / Volkamer	4-6 Jahre	quantitative Erfassung des allgemeinen motorischen Entwicklungs- standes; Klassifikation als Ziel	Pädagogik	Bewegungsstö- rungen beeinflus- sen weitere Per- sönlichkeitsent- wicklung; medizinisch- biologistisch; funktionsorientiert	alltagsferne Einzelsituatio- nen; feste Reihen- folge; standardi- sierte Bewer- tung	18 Aufga- ben für je- des Kind	Koordination; Feinmotorik; Gleichge- wicht; Reakti- on; Sprung- kraft; Ge- schwindigkeit; Steuerung	nein
EUROFIT (1988); Adam / Klissouras / Ravaz- zolo / Renson / Tuxworth	für Kinder	quantitative Erfassung und Einschätzung der körperlichen Fitness; Klassi- fikation als Ziel; Aufforderung zur Freude an körperlichen Aktivitäten	Pädagogik; Sportwissen- schaft; Medizin	funktionsorientiert; handlungsorien- tiert	alltagsferne Gruppensitu- ationen; feste Reihen- folge; standardi- sierte Bewer- tung	9 Aufgaben für jedes Kind	Herz- Atmungs- Ausdauer; Kraft; Muskel- ausdauer; Schnelligkeit; Beweglichkeit; Gleichgewicht	nein
DMB (1993); Eggert / Rat- schinski	Vor- und Grund- schulalter	qualitative und quantitative Be- obachtung und Einschätzung motorischer Ba- siskompetenzen; Entwicklungsbe- schreibung bzgl. Stärken und Schwächen; För- derverlauf und -planung; Förde- rung und individu- elle Beschreibung als Ziel	Psychologie; Sportwissen- schaft; Pädago- gik	Bewegung als ein Teil individueller menschlicher Entwicklung; handlungsorien- tiert	alltagsnahe Gruppen- oder Einzel- situationen; keine forma- len Vorgaben; individuell abgestimmt; individueller Vergleich	6-24 Kern- aufgaben; 102 bewe- gungsdi- agnostische Situationen; Aufgaben- anzahl für jedes Kind individuell abgestimmt	Gleichge- wicht; Kraft / Ausdauer; Schnelligkeit; Gelenkigkeit	ja

91

Bewegungsdiagnostische Verfahren

Verfahren (Jahr); Autor	Zielgruppe	Ziel	theoretische Bezugspunkte	Menschenbild	Vorgehen	Anzahl Aufgaben	Bewegungs-dimensionen	Definition Bewegungs-dimensionen
M-ABC (1992); Henderson / Sugden	4-12 Jahre	quantitative und qualitative Erfassung des motorischen Entwicklungsstandes; Klassifikation als Ziel; Berücksichtigung emotionaler und kognitiver Entwicklung; Förderplanung; Förderung als Ziel	Psychologie, Sportwissenschaft, Pädagogik	Bewegung als ein Teil individueller menschlicher Entwicklung; handlungsorientiert	alltagsnah bzgl. Durchführungsort; Einzel- / oder Gruppensituationen; feste Reihenfolge; standardisierte Bewertung; qualitative Auswertung möglich	8 Aufgaben für jedes Kind	manuelle Geschicklichkeit; Ballfertigkeiten; statisches und dynamisches Gleichgewicht	nein
Diagnostik mit Pfiffigunde (1992); Cárdenas	5-7 Jahre	Beobachtung von Wahrnehmung + Motorik; Überprüfung, ob Hirnfunktionsstörung vorliegt; quantitative Einschätzungsskala; Klassifikation als Ziel	Neurophysiologie; Pädagogik	medizinisch-biologistisch; funktionsorientiert	standardisierte Gruppen-Situation; in 3 Phasen möglich durchzuführen; quantitative Auswertung	31 Aufgaben für jedes Kind	Grobmotorik; Feinmotorik; Bilateralintegration; Dominanz; Wahrnehmung; Gedächtnis; Körperschema	nein

Bewegungsdiagnostische Verfahren

Verfahren (Jahr); Autor	Zielgruppe	Ziel	theoretische Bezugspunkte	Menschenbild	Vorgehen	Anzahl Aufgaben	Bewegungs-dimensionen	Definition Bewegungs-dimensionen
Abenteuer der kleinen Hexe (2000); Schönrade / Pütz	4-8 Jahre	Beobachtung, Verstehen und Beurteilen sowie Förderung von kindlicher Entwicklung; primär Bewegung und Wahrnehmung; quantitative Einschätzungsskala; Klassifikation und Förderung als Ziele	Medizin; Pädagogik	Bewegungsstörung als Krankheit; medizinisch-biologistisch; funktionsorientiert	Gruppensituation in 3 Phasen; quantitative Einschätzungsskalen	3 x 8 Aufgaben für jedes Kind	vestibuläre, taktile, auditive, visuelle Wahrnehmung; Körperschema; Körperkoordination; Lateralität; Dominanz	nein

4. Bewegungsmodelle

Nach allgemeinen entwicklungstheoretischen Überlegungen sowie einer kurzen problemorientierten Hinführung in Bezug auf das Vorhandensein von Bewegungsmodellen werden in diesem Kapitel spezifische Modelle sowie Begriffszusammenstellungen hinsichtlich Bewegung vorgestellt. Dabei wurde die genutzte Literatur bezüglich folgender Aspekte gesichtet:
- **Nennung** von Bewegungsdimensionen
- **Definition** von Bewegungsdimensionen
- **Modelle** in Bezug auf Bewegungsentwicklung

Diese Aspekte werden für die angeführten Autoren zusammenfassend dargelegt und veranschaulicht.

Dieses Kapitel kann als Basis für die in Kapitel 5 durchgeführten Interviews angesehen werden. Dabei geht es um die Fragestellung, anhand welcher Bewegungsdimensionen diagnostiziert wird.

4.1 Entwicklungstheoretische Überlegungen

Konzeptionen bezüglich Entwicklung befassen sich in der Regel mit folgenden Fragen (vgl. Baur 1994, 28):

1. Was verändert sich?
Aus einem bestimmten Entwicklungsbereich (Bewegung, Kognition, Sprache, Emotion...) werden Merkmale definiert oder beschrieben, die im Hinblick auf Veränderungen betrachtet werden.

2. Wie vollzieht sich Entwicklung?
Es werden Annahmen in Bezug auf Entwicklungsverläufe getroffen, in dem die Veränderungen der Merkmale beschrieben werden. Die Betrachtung kann unter qualitativen oder quantitativen Gesichtspunkten erfolgen.

3. Wodurch kommen Veränderungen zustande?
Es wird der Frage nachgegangen, welche (endogenen und/oder exogenen) Faktoren Entwicklungsprozesse steuern bzw. Veränderungen bewirken.

Nach Baur (1994, 29) lassen sich vier grundlegende Entwicklungskonzeptionen voneinander unterscheiden. Bei der Differenzierung dieser vier Entwicklungskonzeptionen, die in Bezug auf die Bewegungsentwicklung beleuchtet werden, wird sich vor allem darauf bezogen, wie und wodurch sich Entwicklung vollzieht (s. Abb. 12).

Bewegungsmodelle

Übersicht Entwicklungskonzeptionen

Entwicklung findet als natürlicher Wachstums- und Reifungsprozess statt;
Durch genetische Programme gesteuert; Es existieren biologische Gesetzmäßigkeiten, wodurch sich Entwicklung in Stufen, Phasen, Schüben vollzieht; universell gültig; „Programm"
Entwicklung ist abgeschlossen, wenn qualitativ höchste Phase („Reife") erreicht ist;
Exogene Einflüsse können fördern oder hemmen, aber Abfolge nicht ändern;
Person ist passiv und kann keinen Einfluss auf Entwicklung nehmen;
Pädagogische Maßnahmen bzgl. motorischer Entwicklung können nicht greifen

Entwicklung wird vorrangig durch personenexterne Einflüsse gesteuert;
Entwicklung vollzieht sich in einseitiger Abhängigkeit von jeweiligen Umweltgegebenheiten;
Entwicklung wird als umweltdeterminierende Lerngeschichte begriffen;
Lernen (viele kleine Verhaltensänderungen) u. Entwicklung (größere Zeiträume) sind identisch;
Lerngeschichte vollzieht sich über gesamten Lebenslauf, kein Endpunkt;
Individuum ist passiv und von seiner Umwelt abhängig;
Hier müsste Entwicklung gut von außen lenkbar und beeinflussbar sein

Person	Umwelt		Person
	Passiv	aktiv	
passiv	Biogenetische (organismische) Konzeptionen	Umweltdeterministische (exogenistische bzw. mechanistische Konzeptionen)	passiv
aktiv	Strukturgenetische (konstruktivistische und systemische) Konzeptionen	Interaktionistische (handlungstheoretische, ökologische Konzeptionen)	aktiv

Es wird von einer Eigenaktivität der Person als lebendes System ausgegangen, das sich aufgrund seiner Aktivität selbst weiterentwickelt;
Entwicklung vollzieht sich als Adaption und Strukturbildung, in dem sich Person an ihre Umwelt zunehmend anpasst und komplexere Strukturen ausbildet;
Umwelt kann nicht steuernd eingreifen, sie hält nur „Material" zur Anregung bereit;
Entwicklung vollzieht sich in Phasen/ Stufen, wobei diese aufeinander aufbauen;
Anpassungsleistungen und Strukturbildungsprozesse sind lebenslang gefordert, bis die höchste Phase erreicht ist;
Anregungen sind entsprechend des Entwicklungsstandes fördernd

Entwicklung wird als eine über das Handeln der Person selbst konstituierte Lebensgeschichte verstanden;
Individuum produziert eigene Entwicklung;
Es wird am Handeln angesetzt und die Umweltkontexte werden eingebunden;
Handeln vollzieht sich in Person-Umwelt-Interaktion; gegenseitige Beeinflussung;
Entwicklung findet lebenslang statt;
Bewegungsaktivitäten entwickeln sich frühzeitig in Interaktionsprozess;
Umweltfaktoren werden als entwicklungskonstituierend anerkannt;
Individuum und Umwelt sind aktiv

Abb. 12: Übersicht Entwicklungskonzeptionen

Das jeweils zugrunde liegende **Verständnis von Entwicklung** kann entsprechend der Entwicklungskonzeption unterschiedlich sein. Es kann einerseits ein Verständnis vorliegen, welches postuliert, dass Veränderungen in Abhängigkeit vom Lebensalter auftreten (Veränderungen sind demnach an ein Lebensalter gebunden). Andererseits kann Entwicklung an neueren entwicklungspsychologischen Erkenntnissen anlehnend als lebenslanger Prozess verstanden werden, der von verschiedenen gemeinsam wirkenden Faktoren abhängig ist.

Wie und aufgrund welcher **Einflüsse Entwicklung** stattfindet, ist auch in Bezug auf den Entwicklungsbereich der Bewegung differenziert zu betrachten.

Anlehnend an Baltes (1990) und Brandstädter (1990) nennen Singer/Bös (1994, 21ff.) drei Bereiche von möglichen Entwicklungseinflüssen:

1. **alters- und lebenszeitgebundene Einflüsse**
    a. *genetisch-biologische Entwicklungsregulative* (Reifungsprozesse)
    b. *Entwicklungsaufgaben* (Erwartung bzgl. Rollen, Lebenszielen, Identität u.ä. in Abhängigkeit von verschiedenen Lebensabschnitten)
    c. *Kritische Lebensereignisse* (z.B. Übergangs-, Umstellungs- und Verlustsituationen)
    d. *Altersnormen und -stereotype, implizite Entwicklungstheorien* (Erwartungen hinsichtlich Verhalten entsprechend des Alters/Lebensabschnittes)
2. **geschichtlich bedingte Einflüsse**
    a. Ziele, Techniken und Organisationsformen der kulturellen Entwicklungssteuerung
    b. historische Wechselfälle wie Kriege, Wirtschaftskrisen, Epidemien u.a.)
3. **nicht-normative Einflüsse**
    a. unkalkulierbare Widerfahrnisse wie Unfälle, Erkrankungen, Zufallsbegegnungen mit biographischer Tragweite u.a.

Alle drei Bereiche wirken während der gesamten Lebenszeit und sind in ihrer dynamischen Wechselwirkung für die individuelle Entwicklung verantwortlich.

Die Berücksichtigung dieser drei Bereiche von Entwicklungseinflüssen auf die Bewegung bedeutet, dass die Bewegungsentwicklung von Generation zu Generation variiert. Speziell für den **diagnostischen Bereich** heißt dies, dass das Bewegungsprofil von Menschen im Alter von beispielsweise 5-14 Jahren in den 70er Jahren nicht mit dem Bewegungsprofil übereinstimmt, das Menschen heute (im 21. Jahrhundert) im Alter von 5-14 Jahren aufweisen. Die Sicht von Brandstädter, dass motorische Entwicklung „ein wesentlich durch Handlungen auf sozialer und personaler Ebene regulierter Proze߸ und somit in wesentlichen Hinsichten ein Kulturprodukt ist" (1990, 335, zit. nach Singer/Bös 1994, 26) macht deutlich, dass eine stetige Überprüfung und **Veränderung von Normierungen** erforderlich

Bewegungsmodelle

und unausweichlich ist, um den Menschen, die entsprechenden Entwicklungsbedingungen ausgesetzt sind, in Bezug auf die Einschätzung ihrer Bewegungsentwicklung gerecht zu werden.

Die Angabe des Lebensalters ist in einem Großteil (bewegungs-) diagnostischer Verfahren zu finden (vgl. Kap. 2.2). Wie Bös/Singer festhalten, „wird hier die motorische Entwicklung an den beobachtbaren Veränderungen des Bewegungsverhaltens und/oder dessen Produkten wie Zeiten, Weiten etc. festgemacht. Es steht also eher die Frage im Vordergrund, wann ein Kind ein bestimmtes Bewegungsverhalten zeigt bzw. zu einer bestimmten Leistung imstande ist, als die Frage nach den dahinter stehenden Prozessen oder Ursachen" (1994, 20).

Die Angabe des Lebensalters kann allein als *ein* Punkt zur Beschreibung, aber nicht zur Erklärung bestimmter Entwicklungsverläufe dienen.

Bewegung und die ihr zugrunde liegenden Prozesse unterliegen lebenslang Veränderungen. Diese Veränderungen müssen beschrieben und erklärt werden. Zu einer Erklärung müssen die Bedingungen sowie Einflussfaktoren erkannt und einbezogen werden. Dieser diagnostische Prozess erfordert eine Trennung von Beschreibung und Erklärung motorischer Entwicklung (vgl. Bös/Singer 1994, 21). *In dem vorliegenden Buch geht es primär um das Beschreiben von Bewegung. Die Erklärung von Entwicklungsprozessen wird angedacht, kann aber nicht vollends in diesem Rahmen vorgenommen werden.*

Anlehnend an Baur/Bös/Singer kann festgehalten werden, dass es viele Möglichkeiten zur **Beschreibung und Erfassung motorischer Fähigkeiten** gibt. Hingegen wurde ein Bezug zu entwicklungstheoretischen Modellen bisher noch nicht eingehend diskutiert. Sie schreiben: „Die Forschungslage ist wohl nur wenig überzeichnet, wenn man konstatiert, daß auf dem Gebiet der motorischen Entwicklung relativ viel empirisch gearbeitet und relativ wenig 'theoretisiert' wurde" (1994, 7). Auch Eggert weist darauf hin, dass „Untersuchungen zur theoretischen Struktur motorischer Fähigkeiten im Entwicklungszusammenhang" selten sind (1994, 27).

Die **Aufgabe von Entwicklungsmodellen**, Veränderungen im Entwicklungsverlauf zu beschreiben und zu erklären, ist gerade für den Bereich Bewegung und auch für Motorik sehr schwierig. Zusätzlich erschwerend ist, dass nicht annähernd allgemein gebräuchliche Vorstellungen bzw. Definitionen von einzelnen Bewegungsdimensionen vorhanden sind, geschweige denn von ihrer Wirkungsweise zueinander.

Vereinzelt haben Experten versucht Entwicklungsmodelle zu konstruieren, insbesondere um die Bedeutung von einzelnen Bewegungsdimensionen und deren Verlauf innerhalb der gesamten Entwicklung herauszustellen und/oder, um darauf aufbauend Interventionsmaßnahmen zu entwickeln. Es geht also nicht um derartige „motorische Entwicklungsmodelle", die sich inhaltlich an speziellen Bewegungen und deren Weiterentwicklung orientieren, sondern um solche, die Bewegungsdimensionen in den Mittelpunkt ihrer Betrachtung stellen.

Der kurze Einblick in verschiedene theoretische konzeptionelle Bezüge und Vorstellungen ermöglicht eventuell auch ein Verständnis dafür, warum bisher so wenige Modelle bezüglich Bewegungsentwicklung konzipiert worden sind. Es stellt eine schwierige Aufgabe dar, ein Entwicklungsmodell zu konzipieren, welches den Ansprüchen einer Entwicklungstheorie genügt, wobei dahin gestellt sei, ob dies überhaupt möglich ist (vgl. Miller 1993, 22ff.)

Zur motorischen Entwicklung/Bewegungsentwicklung hinsichtlich einzelner Bewegungsdimensionen und deren Zusammenhänge werden in Kapitel 4.2 beispielhaft vier Entwicklungsmodelle aufgezeigt:

- Meinel/Schnabel (1976)
- Eggert (1972, 1980)
- Eggert/Ratschinski (1984, 1993)
- Bös (1987)

Ehe jedoch auf Modelle zur Bewegung eingegangen wird, folgen zunächst Begriffserklärungen im Hinblick der dieser Arbeit zugrunde liegenden Verständnisse bezüglich der Unterscheidung von *„Motorik"* und *"Bewegung"* sowie von *„Modell"*.

„Motorik" und „Bewegung"

Häufig werden die Begriffe „Motorik" und „Bewegung" in der Literatur und auch im Praxisalltag synonym verwendet. Es gibt vielfältige Begriffsdefinitionen, wobei die einzelnen Begriffe nicht einheitlich verwendet werden (vgl. Singer/Bös 1994, 17)[19]. Nach eingehender Literaturrecherche liegen den Ausführungen dieser Arbeit folgende Begriffsbestimmungen zugrunde:

„MOTORIK" wird anlehnend an Singer/Bös folgendermaßen definiert: **„Die Motorik umfaßt also alle an der Steuerung und Kontrolle von Haltung und Bewegung beteiligten Prozesse und damit auch sensorische, perzeptive, kognitive und motivationale Vorgänge. Haltung und Bewegung resultieren aus dem Zusammenspiel multipler Subsysteme"** (1994, 17). Demnach ist Motorik die Grundlage für Haltung und Bewegung. Die Kontrolle dises Zusammenspiels von Haltung und Bewegung ist Aufgabe der motorischen Systeme. Haltung nimmt hiernach eine vorberei-

---

[19] verschiedenartige Begriffsbestimmungen diesbezüglich wurden bei Reichenbach (1998) bereits zusammengestellt

tende und stützende Funktion für die Bewegung ein (vgl. ebd. 15). Einzelne Bewegungsdimensionen spielen bei der Definition des Begriffs Motorik keine Rolle.

Der Begriff „BEWEGUNG" wird, ebenso wie der Begriff Motorik, nicht einheitlich definiert. In dieser Arbeit soll unter „Bewegung" im sportwissenschaftlichen Sinn eine **zeitliche und räumliche sowie zielgerichtete „Ortsveränderung des Körpers als Folge regulierter Muskeltätigkeit"** (Schnabel/Thieß 1993, 149) verstanden werden.

Die intensivere Betrachtung bezüglich der Verwendung und Definition des Begriffs Bewegung hat ergeben, dass es bestimmte Bewegungsmerkmale (z.B. Rhythmus, Fluss, Präzision, Tempo), Bewegungsparameter (z.B. Schnelligkeit) oder Bewegungsfähigkeiten (z.B. Gleichgewicht, Kraft) gibt, welche als äußere Kennzeichen einer Bewegung angesehen werden (vgl. Schnabel/Thieß 1993).

„Modell"

Unter „MODELL" wird hier anlehnend an Miller (1993, 31) ein Rahmen bzw. eine Struktur verstanden, die als Leitlinie für eine weitere wissenschaftliche Auseinandersetzung dient. Diese wissenschaftliche Auseinandersetzung kann darin bestehen, dass eine Theorie konstruiert wird und diese mittels verschiedener Forschungsansätze evaluiert und hinsichtlich ihrer Gültigkeit überprüft wird. Alle ermittelten Daten werden im Hinblick auf das vorhandene Modell interpretiert.

Für das Betrachten von Bewegungs-Modellen bedeutet dies, dass (mehr oder minder) strukturierte Zusammenstellungen von einzelnen Variablen/Dimensionen gesucht werden, die Bewegung ausmachen. Diese Zusammenstellungen dienen folglich als Grundlage bzw. Leitlinie für die jeweiligen Autoren, so dass sie daran anlehnend ihre Ziele formulieren können (z.B. Diagnostik, Förderung).

Ein Modell entspricht demnach keiner Theorie von (Bewegungs-) Entwicklung. Eine Theorie müsste „ein System von voneinander abhängigen Aussagen" stellen bzw. darlegen (Miller 1993, 22). Des Weiteren müssen bei Theorien zeitlich aufeinander folgende Veränderungen in den Mittelpunkt der Betrachtung gestellt werden, wobei sie diese dann beschreiben, in Beziehung zu anderen Bereichen setzen und zu erklären versuchen (ebd. 24).

Sicherlich finden sich in dem einen oder anderen Bewegungsmodell auch hypothetische Konstrukte, die versuchen Zusammenhänge zwischen verschiedenen Variablen herzustellen. Jedoch gibt es im Entwicklungsbereich der Bewegung keine „gesetzmäßigen Verknüpfungen", die eine Theorie ausmachen würden (ebd. 23).

Im Folgenden wird ausschließlich von Modellen zur Bewegung gesprochen, das heißt von einer Zusammenstellung verschiedenartiger Komponenten/Variablen, die Bewegung für die genannten Autoren ausmachen.

Ausgehend von den soeben herausgearbeiteten und dargelegten Definitionen und Unterscheidungen von Motorik und Bewegung, stellte sich in einer Recherche in Bezug auf vorhandene Modelle heraus, dass sich diese Modelle alle auf Bewegung beziehen. Das heißt, dass alle Autoren innerhalb ihrer Modelle einzelne Bewegungs-Aspekte einbeziehen, die dann als Bewegungsvariablen, -parameter, -komponenten, -fähigkeiten oder Ähnliches benannt werden. Aufgrund dessen werden die in diesem Kapitel vorgestellten Modelle als „**Bewegungsmodelle**" bezeichnet. In den eigenen Ausführungen dieser Arbeit werden die einzelnen genannten Bewegungs-Aspekte, ungeachtet der von den Autoren verwendeten Bezeichnungen, insgesamt als „**Bewegungsdimensionen**" bezeichnet.

Allgemein zur Problematik von Modellen zur Bewegung

Es gibt vielfältige Literatur zur Bewegungsentwicklung, Bewegungsdiagnostik und Bewegungsförderung. Alle Autoren befassen sich in diesem Rahmen mit „Bewegung" und es ist davon auszugehen, dass sie sich dementsprechend implizit oder explizit mit dem Phänomen „Bewegung" auseinandergesetzt haben. Dazu gehören: die Zusammenstellung einzelner Bewegungsdimensionen, deren Definitionen sowie die Darstellung der Zusammenhänge untereinander.

Als Problem, vor allem im diagnostischen Bereich, stellt sich heraus, dass Bewegungsdimensionen zumeist ausschließlich benannt werden. Eine Definition und/oder das Aufzeigen von Zusammenhängen der einzelnen Bewegungsdimensionen bleiben aus. Dadurch werden von Lesern vielfältige und zahlreiche Interpretationsmöglichkeiten erzeugt, die inhaltliche Bestimmungen, Eigenschaften, Funktionen, Ziele und strukturelle Modelle von Bewegung betreffen können[20].

Zur Verdeutlichung der Problematik von Modellen zur Bewegung, werden im Folgenden sowohl spezifische Bewegungsmodelle aus der Literatur aufgezeigt als auch Bewegungsmodelle, die diagnostischen Verfahren inne wohnen.

---

[20] Dass die Definitionsproblematik nicht allein auf den Bereich der „Bewegung" zutrifft, wird unter anderem bei Lücking (2003, 20 ff.) in Bezug zum „Selbstkonzept" sehr deutlich.

4.2 Bewegungsmodelle zur Beobachtung und Beschreibung in der Diagnostik

Anhand einer gezielten Literaturrecherche wurden einzelne Bewegungsmodelle ausgewählt[21]. Durch diese Auswahl wird zum einen die bestehende Vielfalt aufgezeigt und zum anderen ein Überblick über bestehende Modellvorstellungen zur Beschreibung von **Entwicklung** und zur **Diagnostik** gegeben.

Die Bewegungsmodelle, die der **Beschreibung von Entwicklung** dienen, stellen einzelne Bewegungsdimensionen in einem Zusammenhang zueinander dar. Das heißt, dass anhand ausgewählter Bewegungsdimensionen versucht wird, die Bewegungsentwicklung zu erklären.

Bewegungsmodelle zur **Diagnostik** beinhalten eine Auswahl von Bewegungsdimensionen, die als Grundlage für diagnostisches Vorgehen, vor allem für die Beurteilung oder/und Beschreibung von Bewegungsdimensionen dienen. Auf welchen Bewegungsmodellen verschiedene **diagnostische Verfahren** basieren, kann zumeist anhand von Beobachtungskriterien geschlossen werden, wobei auch hier eine explizite Darstellung nicht immer vorhanden ist[22].

Die vorgestellten Bewegungsmodelle zur Beschreibung von Entwicklung und zur Diagnostik werden jeweils hinsichtlich folgender, eingangs bereits erwähnter, drei Fragestellungen betrachtet:
- ihrer genannten *Bewegungsdimensionen* – Welche Bewegungsdimensionen werden genannt?
- ihrer vorhandenen *Definitionen* der Bewegungsdimensionen sowie – Welche Definitionen einzelner Bewegungsdimensionen liegen vor?
- ihrer theoretischen Überlegungen in Bezug auf *Zusammenhänge* der einzelnen Bewegungsdimensionen – Welche Theorie von der Entwicklung einzelner Bewegungsdimensionen und deren Zusammenhänge wird angenommen?

Neben den in Kapitel 3 vorgestellten (bewegungs-)diagnostischen Verfahren finden sich in den folgenden Ausführungen auch weitere Verfahren anderer Autoren wieder:
- Oseretzky: Komponenten des motorischen Entwicklungsstandes (1925, 1931)
- Picq/Vayer: Motorische Funktionen (1965)
- Frostig: Bewegungsmerkmale (1972)

---

[21] wenn im weiteren Verlauf von „Motorik" geschrieben wird, dann liegt das in der Wortwahl der Autoren begründet

[22] Auf diesen Bereich wird aufgrund des Themas des Buches genauer in Kapitel 4 eingegangen.

Bewegungsmodelle

- Fetz: Motorische Eigenschaften (1972)
- Eggert: Sechsfaktiorielle Modell der Motorik (1972, 1980)
- Meinel/Schnabel: Koordinative Fähigkeiten (1976)
- Kiphard: Koordinative Grundqualitäten (1977)
- Blume: Koordinative Fähigkeiten (1978)
- Bruininks: Motorische Fertigkeiten (1978)
- Eggert/Ratschinski: Motorische Basiskompetenzen (1984, 1993)
- Bös: Motorische Fähigkeiten (1987)
- Zimmer/Volkamer: Motorische Dimensionen (1987)
- Adam et. al. : Motorische Dimensionen (1988)
- Henderson/Sugden: Motorische Bereiche (1992)
- Cardenas: Beobachtungsmerkmale (1992)
- Pütz/Schönrade: Motorische Dimensionen (1998)

Es werden hierbei ausschließlich die vorhandenen „Bewegungsmodelle" mit einzelnen von den Autoren beschriebenen „Bewegungsdimensionen" aufgeführt.
Dem aufmerksamen Leser wird auffallen, dass nicht alle unter Kapitel 3 aufgeführten Autoren bzw. Verfahren hier wiederzufinden sind. Das liegt darin begründet, dass in diesen Fällen kein Modell bezüglich der Bewegungsdimensionen innerhalb der Handanweisungen zu finden war. Das betrifft folgende Autoren: Eggert (1971) sowie Schilling/Kiphard (1974).

4.2.1 Oseretzky (1931): „Komponenten des motorischen Entwicklungsstandes"

Oseretzkys Ausführungen dienen insgesamt als Grundlage für die Konstruktion und Weiterentwicklung von bewegungsdiagnostischen Verfahren. Er unterscheidet Bewegungsdimensionen in Abhängigkeit von der Technik der Beobachtung bzw. Methode. Da er zu jeder Erfassungstechnik unterschiedliche **Bewegungsdimensionen** nennt, werden diese nun im Folgenden getrennt aufgeführt.
Motometrisch zu erfassende Bewegungsdimensionen bzgl. Metrischer Stufenleiter:
- Statische Koordination
- Dynamische Koordination der oberen Extremitäten (Hände)
- Dynamische Koordination (im Ganzen)
- Bewegungsgeschwindigkeit
- Gleichzeitige Bewegungen
- Präzision der Ausführung (Fehlen von Synkinesien)

und
Motometrisch zu erfassende Bewegungsdimensionen bzgl. Tests:
- Statische Koordination
- Dynamische Koordination
- Angemessenheit der Bewegungen

- Motorische Aktivität (Geschwindigkeit der Reaktion, Raschheit der Einstellung, Geschwindigkeit der Bewegungen)
- Bewegungsrichtung
- Ausarbeitung von Bewegungsformeln und automatisierte Bewegungen
- Gleichzeitige Bewegungen
- Rhythmus
- Tempo
- Tonus
- Kraft, Energie der Bewegung

Motoskopisch zu erfassende Bewegungsdimensionen:
- Körperhaltung
- Pose
- Gesichtsausdruck
- Mimik
- Gestikulation
- Händedruck
- Gang
- Sprache
- Handschrift
- Automatische, assoziierte (Hilfsbewegungen) und Abwehrbewegungen
- Pathologische Bewegungen
- Auskunft über die Motorik gemäß Aussagen von Personen, die die betreffende Person im Alltagsleben beobachtet haben

Motographisch zu erfassende Bewegungsdimensionen:
- Ausdrucksbewegungen (Mimik, Pantomimik)
- Automatische Bewegungen
- Mitbewegungen (Synkinesien)
- Spezielle Bewegungen (Sprache, Handschrift, Gang)

Oseretzky legt in seinem Werk (1931) keine **Definitionen** der Bewegungsdimensionen vor. Er beschreibt ausschließlich, wie die Dimensionen überprüft werden können. Eine Erklärung im Hinblick auf die Zusammenhänge einzelner Bewegungsdimensionen erfolgt nicht. Es liegt kein **theoretisches Modell** von Bewegungsentwicklung vor.

4.2.2 Picq/Vayer (1965): „Motorische Funktionen"

Nach Schilling stellten die Autoren „eine Testserie zur Prüfung der Motorik sechs bis 11jähriger Kinder zusammen", bei der folgende motorische Funktionen/**Bewegungsdimensionen** überprüft werden sollen:
- Dynamische Koordination der Hände
- Allgemeine dynamische Koordination
- Gleichgewicht (statische Koordination)
- Schnelligkeit
- Rechts-Links-Orientierung (u.a. Körperschema)

- Räumlich-zeitliche Orientierung (Rhythmus)
- Seitendominanz
- Synkinäsien – Paratonie (Tonusstörung) (u.a. Diadochokinese)
- Atemhalten
- Rhythmusanpassung

Zur Auswertung werden global Beurteilungshinweise formuliert. Eine standardisierte Auswertung der Aufgaben liegt nicht vor (vgl. Schilling 1973, 53f.). Einzelne **Definitionen** zu Bewegungsdimensionen werden nicht angegeben. Ein Modell bzgl. der **Zusammenhänge** der Bewegungsdimensionen/motorischen Funktionen wird nicht dargelegt.

4.2.3 Frostig (1972): „Bewegungsmerkmale"

Im Rahmen der Entwicklung des FTM (Frostigs Test motorischer Entwicklung) wurden von Frostig folgende Bewegungsmerkmale/**Bewegungsdimensionen** aufgestellt (vgl. Bratfisch 1985, 10):
- (Augen-Hand-) Koordination
- Beweglichkeit
- Gelenkigkeit
- Kraft
- Gleichgewicht

Die einzelnen Bewegungsmerkmale werden nicht **definiert**. Es werden keine **Zusammenhänge** zwischen den einzelnen Bewegungsdimensionen/ Bewegungsmerkmalen deutlich gemacht.

4.2.4 Fetz (1972): „Motorische Eigenschaften"

Diese Zusammenstellung von Fetz (vgl. Fetz 1982, 32) entstand im Rahmen einer Entwicklung von Testprofilen, die unter anderem derartige sportmotorische Eigenschaften/**Bewegungsdimensionen** erheben:
- Kraft
- Schnelligkeit
- Ausdauer
- Gleichgewicht
- Gelenkigkeit

Die einzelnen motorischen Eigenschaften werden nicht **definiert**. Es werden keine **Zusammenhänge** zwischen den einzelnen Bewegungsdimensionen/motorischen Eigenschaften deutlich gemacht.

4.2.5 Eggert (1972, 1980): „Sechsfaktorielle Modell der Motorik"

Eggert entwickelte in den 70er Jahren ein phänomenologisches Modell der Motorik – das so genannte „**sechsfaktorielle Modell der Motorik**", das folgende Items bzw. **Bewegungsdimensionen** beinhaltet (vgl. Eggert/Kiphard 1980, 203):

Bewegungsmodelle

- Geschwindigkeit,
- Kraft,
- Gleichgewichtserhaltung,
- Augen – Einextremitätenkoordination,
- Doppelkoordination,
- Visuelle Kontrolle.

In diesem Modell werden einzelne Bewegungsdimensionen explizit genannt, nicht **definiert**, aber Überlegungen bzgl. deren Zusammenhänge formuliert.

Dieses **Modell** sollte in stark vereinfachter Form den Entwicklungsverlauf der Motorik beschreiben. Es wurde angenommen, dass Kraft und Geschwindigkeit die Grundlage der Gleichgewichtserhaltung sind. Auf die Gleichgewichtserhaltung aufbauend bilden sich dann höhere Koordinationsleistungen (Augen – Einextremitätenkoordination, Doppelkoordination) aus. Das Gleichgewicht sowie die Koordinationsleistungen werden dabei visuell kontrolliert. Dieses Modell konnte empirisch nicht bestätigt werden[23].

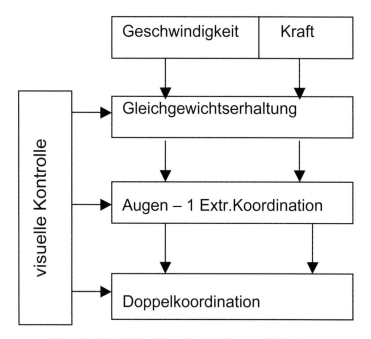

Abb. 13: Modell der Motorik (vgl. Eggert/Kiphard 1972)

---

[23] vgl. Ratschinski, 1987, 57f.

4.2.6 Meinel/Schnabel (1976): „Koordinative Fähigkeiten"

Meinel/Schnabel (1976, 215) haben ein Modell zur Struktur der allgemeinen und speziellen koordinativen Fähigkeiten aufgestellt, welches aus folgenden **Bewegungsdimensionen** besteht:
- Allgemeine koordinative Fähigkeit (Gewandtheit)
  - Motorische Steuerungsfähigkeit
  - Motorische Anpassungs- und Umstellungsfähigkeit
  - Motorische Lernfähigkeit
- Spezielle koordinative Fähigkeiten
  - Geschicklichkeit
  - Gleichgewichtsfähigkeit
  - Bewegungselastizität
  - Motorische Kombinationsfähigkeit
  - Bewegungsphantasie

(vgl. Teipel 1988, 53ff.)

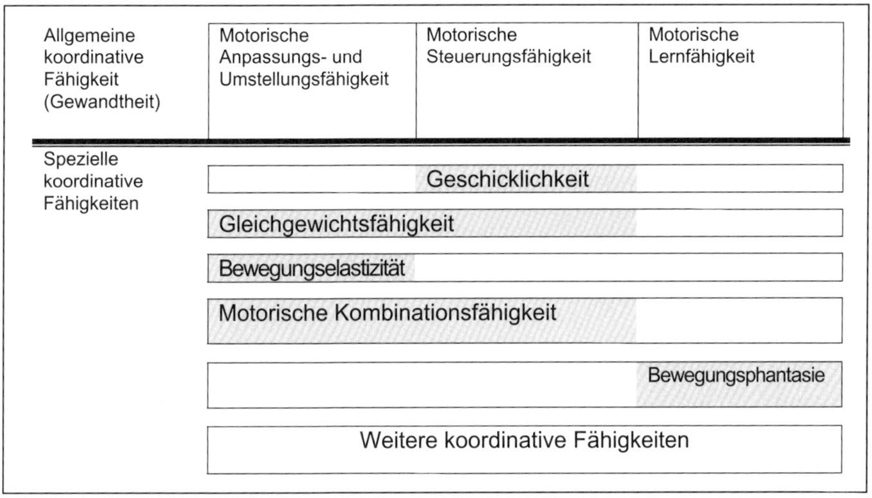

Allgemeine koordinative Fähigkeit (Gewandtheit)	Motorische Anpassungs- und Umstellungsfähigkeit	Motorische Steuerungsfähigkeit	Motorische Lernfähigkeit
Spezielle koordinative Fähigkeiten	Geschicklichkeit		
	Gleichgewichtsfähigkeit		
	Bewegungselastizität		
	Motorische Kombinationsfähigkeit		
	Bewegungsphantasie		
	Weitere koordinative Fähigkeiten		

Abb. 14: Struktur der allgemeinen und speziellen koordinativen Fähigkeiten nach Meinel/Schnabel

Die einzelnen koordinativen Fähigkeiten werden jeweils präzise **definiert**. Es werden **Zusammenhänge** zwischen den einzelnen Bewegungsdimensionen/koordinativen Fähigkeiten deutlich gemacht. Es liegt ein theoretisches Modell von Bewegungsentwicklung vor.

Dieses Modell unterscheidet, wie der Name bereits verdeutlicht, zwischen einer allgemeinen koordinativen Fähigkeit (Gewandtheit) und speziellen koordinativen Fähigkeiten. Die dem Modell zugeordneten einzelnen **Bewegungsdimensionen** werden jeweils präzise **definiert**.

In diesem **Modell** wird die Gewandtheit als allgemeine koordinative Fähigkeit, als übergeordnete Fähigkeit verstanden. Die Gewandtheit umfasst dabei drei Komponenten: die motorische Anpassungs- und Umstellungsfähigkeit, die motorische Steuerungsfähigkeit sowie die motorische Lernfähigkeit. Als übergeordnete Fähigkeit kann die Gewandtheit somit auf alle speziellen koordinativen Fähigkeiten (Geschicklichkeit, Gleichgewichtsfähigkeit, Bewegungselastizität, motorische Kombinationsfähigkeit, Bewegungsphantasie und weitere koordinative Fähigkeiten) bezogen werden.

Die oben genannten drei Komponenten der Gewandtheit weisen inhaltliche Bezüge zu den speziellen koordinativen Fähigkeiten auf. „Die motorische Anpassungs- und Umstellungsfähigkeit macht einen Bestandteil der Gleichgewichtsfähigkeit, Bewegungselastizität und motorischen Kombinationsfähigkeit aus. Die motorische Steuerungsfähigkeit determiniert die Geschicklichkeit und wirkt als Teil der Gleichgewichtsfähigkeit und motorischen Kombinationsfähigkeit. Die motorische Lernfähigkeit bestimmt nachdrücklich die Bewegungsphantasie" (Teipel 1988, 57).

Anhand dieses Modells werden Wechselbeziehungen zwischen einzelnen allgemeinen und speziellen koordinativen Fähigkeiten aufgezeigt.

4.2.7 Kiphard (1977): „Koordinative Grundqualitäten"

Kiphard stellte für seine Arbeit folgende „koordinative Grundqualitäten"/ **Bewegungsdimensionen** zusammen:
- Bewegungspräzision
- Bewegungsökonomie
- Bewegungsfluss
- Bewegungselastizität
- Spannungsregulation
- Bewegungsisolation
- Bewegungsadaption

Die Bewegungsdimensionen werden hier **definiert** und unterschieden hinsichtlich „guter Bewegungskoordination" und „Koordinationsschwäche" (vgl. Kiphard 1977, 19f.). Ein Modell bzgl. einzelner **Zusammenhänge** der koordinativen Grundqualitäten/Bewegungsdimensionen liegt nicht vor.

4.2.8 Blume (1978): „Koordinative Fähigkeiten"

Blume stellt nach Teipel (vgl. 1988, 53ff.) folgende koordinative Fähigkeiten/**Bewegungsdimensionen** als wesentlich heraus:

- Orientierungsfähigkeit
- Kopplungsfähigkeit
- Differenzierungsfähigkeit
- Gleichgewichtsfähigkeit
- Rhythmisierungsfähigkeit

- Reaktionsfähigkeit
- Umstellungsfähigkeit

Die einzelnen koordinativen Fähigkeiten werden jeweils präzise **definiert**. Es werden keine **Zusammenhänge** zwischen den einzelnen Bewegungsdimensionen/koordinativen Fähigkeiten deutlich gemacht. Es liegt ein theoretisches Modell von Bewegungsentwicklung vor, jedoch betrifft dies die Entwicklung einzelner Bewegungsdimensionen und nicht deren Zusammenhänge.

4.2.9 Bruininks (1987): „Motorische Fertigkeiten"

Im Rahmen des Bruininks-Oseretzky-Tests (1978, 12) wurden folgende motorischen Fertigkeiten/**Bewegungsdimensionen** genannt:
- Grobmotorische Fertigkeiten:
  - Laufgeschwindigkeit und Beweglichkeit
  - Gleichgewicht
  - Bilaterale Koordination
  - Kraft
- Koordination der oberen Extremitäten (Hände)
- Feinmotorische Fertigkeiten
  - Reaktionsschnelligkeit
  - Visuomotorische Kontrolle
  - Hand- und Fingerschnelligkeit und Geschicklichkeit

Die einzelnen motorischen Fertigkeiten werden nicht **definiert**. Es werden keine **Zusammenhänge** zwischen den einzelnen Bewegungsdimensionen/ motorischen Fertigkeiten deutlich gemacht. In einer Weiterentwicklung von Werder und Bruininks (1988) entstand ein Curriculum der motorischen Entwicklung (Body Skills), welches sich auf eine Entwicklungstheorie motorischer Fertigkeiten bei Kindern bezieht (vgl. Eggert 1990).

4.2.10 Eggert/Ratschinski (1984, 1993): „Motorische Basiskompetenzen"

Eggert/Ratschinski (1993, 36f.) stellten innerhalb ihrer Forschungsarbeiten folgende motorische Basiskompetenzen/**Bewegungsdimensionen** zusammen:
- Gelenkigkeit
- Kraft/Ausdauer
- Schnelligkeit
- Gleichgewicht
- Optische Wahrnehmung
- Taktile Wahrnehmung
- Akustische Wahrnehmung

Bewegungsmodelle

Die einzelnen motorischen Basiskompetenzen werden jeweils präzise **definiert** (vgl. Ratschinski 1987, 61ff.). Es werden **Zusammenhänge** zwischen den einzelnen Bewegungsdimensionen/motorischen Basiskompetenzen deutlich gemacht. Es liegt ein theoretisches Modell von Bewegungsentwicklung vor.

Das Modell von Eggert/Ratschinski stellt einen möglichen Zusammenhang zwischen Bewegungsdimensionen fest, welche als motorische Basiskompetenzen bezeichnet werden.

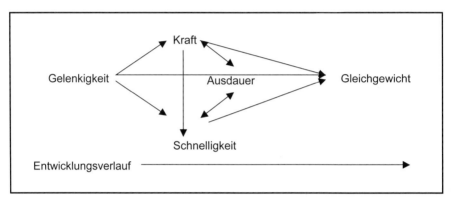

Abb.15: Hypothetisches Entwicklungsmodell psychomotorischer Basisfaktoren

Das „Hypothetische Entwicklungsmodell psychomotorischer Basisfaktoren" formuliert, „daß ausgehend vom Faktor Gelenkigkeit eine Fortentwicklung zur Gleichgewichtserhaltung und Gesamtkoordination führt" (Eggert/Ratschinski 1993, 37). Die Gelenkigkeit ist nach diesem Modell eine Voraussetzung für die Kraft- und die Schnelligkeitsentwicklung. „Kraft und Schnelligkeit wiederum werden als entwicklungspsychologische Voraussetzungen für den Faktor Ausdauer angesehen..." (Eggert/Ratschinski 1993). Somit bilden Kraft, Schnelligkeit und Ausdauer die entwicklungspsychologischen Voraussetzungen für eine Gleichgewichtserhaltung. Die Ausprägung aller psychomotorischen Basisfaktoren führt im Laufe der Zeit zur Ausbildung der Gesamtkörperkoordination (vgl. Eggert/Ratschinski, 1993, 37 f.). Die Festlegungen dieses **Modell**s betreffen in erster Linie die Zahl und Art der Faktoren, aber nicht unbedingt ihre Reihenfolge und Wechselwirkung.

Dieses Modell wurde aufgrund von multivariaten Analysen empirisch revalidiert, wobei es geringfügigen Veränderungen unterlag (vgl. Eggert/Lütje-Klose 1994). Das revidierte motorische Modell gilt dabei als „ ... Versuch, Verhaltensbeobachtungen zu ordnen, in (Entwicklungs-)Beziehung zu setzen und als Grundlage zur Strukturierung einer Förderung zu nutzen" (ebd. 1994, 30).

Bewegungsmodelle

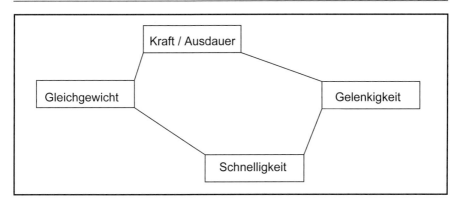

Abb. 16: Revalidiertes theoretisches Modell zur Entwicklung der Motorik

Das revalidierte theoretische Modell zur Entwicklung der Motorik teilt der Fähigkeit zur Gleichgewichtserhaltung eine elementare Funktion zu. „Vom Gleichgewicht führt eine Entwicklungslinie über konditionelle Faktoren (Kraft/ Ausdauer) zu Schnelligkeit, die andere über Gelenkigkeit ebenfalls zu Schnelligkeit. Schnelligkeit ist der Endpunkt der motorischen Entwicklung im zeitlichen Intervall von 7-12 Jahren" (nach diesem Modell) (Eggert 1994, 30).

4.2.11 Bös (1987): „Motorische Fähigkeiten"

Bös schlug ein Modell vor, bei dem der motorische Fähigkeitsbereich in 10 Komponenten differenziert wurde (vgl. Bös 1994, 239). Es stellt sich wie folgt dar:

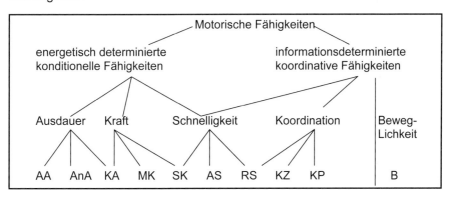

Abb. 17: Motorische Fähigkeiten

Die dazu gehörigen Fähigkeitsbereiche sind:
- aerobe Ausdauer (AA)
- anaerobe Ausdauer (AnA)
- Kraftausdauer (KA)
- Maximalkraft (MK)

111

Bewegungsmodelle

- Schnellkraft (SK)
- Aktionsschnelligkeit (AS)
- Reaktionsschnelligkeit (RS)
- Koordination-Zeitdruck (KZ)
- Koordination-Präzision (KP)
- Beweglichkeit (B)

Die einzelnen Fähigkeitsbereiche bzw. Bewegungsdimensionen wurden in diesem Zusammenhang nicht ausdrücklich definiert. Es kann jedoch angenommen werden, dass die in vorherigen Kapiteln des gleichen Buches vorgenommenen ausführlichen Begriffsbestimmungen bzw. **Definitionen einzelner Bewegungsdimensionen** auch hier ihre Geltung haben.

Das Modell betrifft ausschließlich die Differenzierung motorischer Fähigkeiten. Es zeigt dabei keine Zusammenhänge in Bezug zu Entwicklungsverläufen bzw. hinsichtlich des Zusammenwirkens einzelner Fähigkeiten auf, das heißt, es liegt explizit kein **Entwicklungsmodell** vor.

Im Rahmen der Benennung und Definition einzelner Bewegungsdimensionen wurden im selben Band (vgl. Baur/Bös/Singer 1994) einzig folgende Ausführungen zur Entwicklung bzw. zu Entwicklungszusammenhängen einzelner Bewegungsdimensionen gefunden:

Schnelligkeit: Wird Schnelligkeit (Aktions- oder Bewegungsschnelligkeit) als Produkt von Kräften gesehen, die auf den Körper einwirken, so ist sie während der motorischen Entwicklung weitgehend kraftabhängig (vgl. Schmidtbleicher 1994, 129). Das heißt zum einen, dass Schnelligkeit nur in Zusammenhang mit Kraft gesehen werden kann und, dass die Entwicklung von Kraft und Schnelligkeit parallel verläuft (ebd. 131).

Beweglichkeit: Beweglichkeit kann, anlehnend an Frey, als Dachbegriff verstanden werden, der die beiden Komponenten Gelenkigkeit (Bezug zu Gelenken) und Dehnfähigkeit (Bezug zu Muskeln, Sehnen, Bändern, Gelenkkapseln) beinhaltet (vgl. Gaschler 1994, 181).

Die Dehnfähigkeit dient dabei der Gelenkstabilisation und der Kraftübertragung (vgl. ebd. 182).

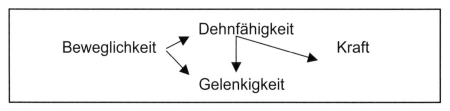

Abb. 18: *Bewegungsdimensionen*

Es lässt sich festhalten, dass im sportwissenschaftlichen Bereich einzelne motorische Fähigkeiten und Fertigkeiten sowohl definiert als auch in ihrer jeweiligen Entwicklung differenziert von verschiedenen Autoren beschrieben werden (vgl. Baur/Bös/Singer 1994, 129ff.). Dabei fällt auf, dass alle Autoren zahlreiche Studien anführen, die Veränderungen bzgl. bestimmter Bewegungsdimensionen aufzeigen. Erklärungen erfolgen punktuell in verschiedener Hinsicht, z.B. neuronal-, physiologisch-, geschlechtlich-, umweltbedingt, d.h. dass sowohl exogene als auch endogene Beeinflussungsfaktoren herangezogen werden.

Des Weiteren ist anzumerken, dass die Darstellung einzelner Bewegungsdimensionen hinsichtlich ihrer Entwicklung in lebensalterbezogenen Entwicklungsreihen (Studien) erfolgt, das heißt, es existieren Vergleiche für ausgewählte motorische Fähigkeiten (vgl. Bös 1994, 238).

4.2.12 Zimmer/Volkamer (1987): „Motorische Dimensionen"

Innerhalb des von Zimmer/Volkamer entwickelten Testverfahren MOT4-6 stellten die Autoren folgende motorische Dimensionen/**Bewegungsdimensionen** auf:
- Gesamtkörperliche Gewandtheit und Koordinationsfähigkeit
- Feinmotorische Geschicklichkeit
- Gleichgewichtsvermögen
- Reaktionsfähigkeit
- Sprungkraft
- Bewegungsgeschwindigkeit
- Bewegungssteuerung

Die einzelnen koordinativen Fähigkeiten werden jeweils global bezüglich ihrer Inhalte **definiert**. Es werden keine **Zusammenhänge** zwischen den einzelnen Bewegungsdimensionen/motorischen Dimensionen deutlich gemacht. Es liegt kein theoretisches Modell von Bewegungsentwicklung vor.

4.2.13 Adam/Klissouras/Ravazzolo/ Renson/Tuxworth (1988): „Motorische Dimensionen"

Das Testverfahren Eurofit beinhaltet folgende motorische Dimensionen/ **Bewegungsdimensionen**:
- Cardio-respiratory endurance (Herz-Atmungs-Ausdauer)
- Strength (Kraft)
  - Static (statisch)
  - Explosive (dynamisch)
  - Trunk strength (Kraft des Rumpfes; muskuläre Ausdauer des Unterleibs)
  - Functional strength (funktionelle Kraft; Arm und Schulter betreffende muskuläre Ausdauer)
- Muscular endurance (Muskelausdauer)
- Speed (Schnelligkeit)
  - Of limb movement (Schnelligkeit einzelner Körpergliederbewegungen)
  - Running, agility (Schnelligkeit beim Laufen)

Bewegungsmodelle

- Flexibility (Beweglichkeit)
- Balance (Gleichgewicht)

Die einzelnen motorischen Dimensionen werden nicht **definiert**. Es werden keine **Zusammenhänge** zwischen den einzelnen Bewegungsdimensionen/motorischen Dimensionen deutlich gemacht. Es liegt ein theoretisches Modell von Bewegungsentwicklung vor.

4.2.14 Henderson/Sugden (1992): „Motorische Bereiche"

Das M-ABC als Testverfahren untersucht folgende motorischen Bereiche/**Bewegungsdimensionen:**
- „Manual Dexterity" – Manuelle Gewandtheit/Geschicklichkeit
- „Ball Skills" – Ballfertigkeiten/Ballgeschick
- „Static and Dynamic Balance" – Statisches und dynamisches Gleichgewicht

Die einzelnen motorischen Bereiche werden nicht **definiert**. Es werden keine **Zusammenhänge** zwischen den einzelnen Bewegungsdimensionen/motorischen Bereichen deutlich gemacht. Es liegt kein theoretisches Modell von Bewegungsentwicklung vor.

4.2.15 Cárdenas (1992, 2000): „Beobachtungsmerkmale"

In dem von Cardenas entwickelten diagnostischen Verfahren „Diagnostik mit Pfiffigunde" werden folgende Beobachtungsmerkmale/**Bewegungsdimensionen** genannt:
- Grobmotorische Leistungen/***Grobmotorik*** (Muskelspannung/Tonusanomalien, Mitbewegungen/assoziierte tonische Reaktionen, nicht-integrierte Reaktionen, Gleichgewicht, grobmotorische Koordination, Seitendifferenz/Asymmetrien)
- Feinmotorische Leistungen/***Feinmotorik*** (Augenmotorik, Handmotorik/Graphomotorik, Auge-Hand-Koordination/feinmotorische Koordination, Mundmotorik, Fußmotorik)
- ***Bilateralintegration*** (Körpermittellinie, simultane Bewegungsmuster, Kreuzkoordination, Bilateralintegration)
- ***Leistungs-/Präferenzdominanz*** (Hand-Leistungsdominanz, Hand-Präferenzdominanz, Auge-Präferenzdominanz, Bein-Leistungsdominanz, Fuß-Präferenzdominanz, Ohr-Präferenzdominanz)
- Wahrnehmung (visuell, auditiv, taktil, vestibulär)
- Gedächtnis (auditiv, visuell)
- Körperschema

Die einzelnen Beobachtungsmerkmale werden global inhaltlich **definiert**. Es werden keine **Zusammenhänge** zwischen den einzelnen Bewegungsdimensionen/Beobachtungsmerkmalen deutlich gemacht. Es liegt ein theoretisches Modell von Bewegungsentwicklung vor, jedoch betrifft dies ausschließlich die Entwicklung in Bezug auf neurophysiologische Vorgänge und nicht die Zusammenhänge einzelner Beobachtungsmerkmale.

4.2.16 Pütz/Schönrade (1998): „Motorische Dimensionen"

Pütz/Schönrade erachten folgende motorische Dimensionen/**Bewegungsdimensionen** als wesentlich:
- Kraft
- Schnelligkeit
- Gleichgewicht
- Ausdauer
- Beweglichkeit
- Koordination

Die einzelnen motorischen Dimensionen werden nicht **definiert**. Es werden keine **Zusammenhänge** zwischen den einzelnen Bewegungsdimensionen/motorischen Dimensionen deutlich gemacht. Es liegt kein theoretisches Modell von Bewegungsentwicklung vor.

4.3 Zusammenfassung: Bewegungsdimensionen, Bewegungsdefinitionen, Bewegungsmodelle

Nach der Darlegung einzelner Bewegungsmodelle und deren darin enthaltenen Vorstellungen zu Bewegungsdimensionen, deren Definitionen und möglichen Inhalte, erfolgt nun eine kritische Zusammenfassung und Reflexion der Ausführungen.

Nennung von Bewegungsdimensionen

Bei der Auswertung zur Nennung von Bewegungsdimensionen wird sich im weiteren Verlauf zusammenfassend sowohl auf die Modelle zur Bewegungsentwicklung als auch zur Bewegungsdiagnostik bezogen.
Es handelt sich dabei um insgesamt **55 genannte Bewegungsdimensionen**. Zur Vereinfachung und im Sinne einer besseren Übersicht wurden diese Bewegungsdimensionen neu kategorisiert[24] (s. Tabelle 18). Um die Art der Zusammenfassung für den Leser transparenter zu machen, erfolgt nun eine Übersicht der Ordnungskriterien:

---

[24] Es wird darauf hingewiesen, dass es sich bei der Zusammenfügung um eine subjektive Zusammenstellung der Autorin handelt, da eine Objektivierung aufgrund mangelnder Definitionen von Bewegungsdimensionen in den genutzten Quellen nicht möglich ist.

Bewegungsmodelle

Übergeordnete Bewegungsdimension	hinzugefügte Bewegungsdimensionen
Gleichgewicht	Koordination statisch *(anlehnend an Oseretzky)*
Koordination	gesamt, dynamisch, grobmotorisch, bilateral, motorische Kombinationsfähigkeit, Kopplungsfähigkeit
Bewegungsgeschwindigkeit	Tempo, Schnelligkeit
Reaktionsfähigkeit	Reaktionsschnelligkeit
Tonus	Spannungsregulation
Kraft	Sprungkraft, Stoßvermögen
Beweglichkeit	Gelenkigkeit, Bewegungselastizität
Rhythmus	Rhythmisierungsfähigkeit
Orientierungsfähigkeit	Rechts-Links-Orientierung
Bewegungspräzision	Bewegungssteuerung, Bewegungsrichtung
Fußmotorik	Ballgeschick *(anlehnend an Sugden & Henderson)*
Feinkoordination	Handgeschick, Grafomotorik, Koordination Auge Hand, obere Extremitäten, Hand- und Fingerschnelligkeit/Geschicklichkeit
Ausdauer	Atemhalten
visuomotorische Kontrolle	Augenmotorik
Anpassungsfähigkeit	Umstellungsfähigkeit, Angemessenheit
Seitendifferenz	Mitbewegungen

Tab. 18: Zusammenfassung Bewegungsdimensionen

Nach der Verbindung spezieller Bewegungsdimensionen können somit insgesamt **27 verschiedenen Bewegungsdimensionen** unterschieden werden (s. Tab. 19). Bei der Überprüfung der Häufigkeit der Nennungen spezieller Bewegungsdimensionen in der Literatur zeigt sich, dass fünf Bewegungsdimensionen von über der Hälfte der Autoren genannt werden. Dabei handelt es sich um:

- Gleichgewicht
- Bewegungsgeschwindigkeit
- Kraft
- Koordination
- Beweglichkeit

Definition von Bewegungsdimensionen

In den tabellarisch aufgeführten bewegungsdiagnostischen Verfahren sowie in den dargelegten Bewegungsmodellen werden die Bewegungsdimensionen bei 7 von 18 Autoren definiert. Von den sieben Autoren definieren vier die Bewegungsdimensionen präzise und drei eher in einer globalen Form.

Eine quantitative Beurteilung von Bewegungsdimensionen erfolgt mittels physikalischer oder mathematischer Formeln. Bei einer qualitativen Einschätzung von Bewegungsdimensionen bestehen allerdings Schwierigkeiten diese sprachlich zu beschreiben.

Die Darlegung der **Begriffsdefinitionen** erscheint nach der Analyse der bewegungsdiagnostischen Verfahren notwendig, um den Gebrauch und verschiedenartige Verständnisse der verwendeten Begrifflichkeiten für Leser transparent zu machen und, um einer breiten Interpretation entgegenzuwirken.

Aufgrund dessen werden im Anschluss an diesen Abschnitt Definitionen von einzelnen Bewegungsdimensionen aufgezeigt. Im Rahmen dieses Buches werden für den Vergleich von Definitionen exemplarisch die am häufigsten genannten fünf Bewegungsdimensionen herausgegriffen und näher betrachtet (vgl. Reichenbach 1998):

- Gleichgewicht
- Bewegungsgeschwindigkeit
- Kraft
- Koordination
- Beweglichkeit

Zum einen soll dadurch ein Einblick in die Vielfalt der möglichen Begriffsverständnisse gegeben werden. Zum anderen können diese auf Literaturquellen basierenden Definitionen mit denen der Interviewpersonen im Kapitel 5 verglichen werden.

Modell zur Bewegungsentwicklung

Die nähere Betrachtung der untersuchten Modelle zur Bewegungsdiagnostik und zu einzelnen Bewegungsdimensionen zeigt, dass 3 von 18 Modellen ein Modell zur Bewegungsentwicklung konzipiert haben. Bei 15 Autoren liegen keine Ausführungen bezüglich möglicher Zusammenhänge der einzelnen Bewegungsdimensionen vor.

Inwiefern bei Praktikern Modelle zur Bewegungsentwicklung vorliegen und/oder ob diese sich an vorhandene Modelle anlehnen, wird in Kapitel 5 weiterführend betrachtet.

Bewegungsmodelle

Bewegungsdimension	Oseretzky (1925)	Oseretzky II	Bruininks (1978)	Zimmer & Volkamer (1987)	Adam et al (1988)	Eggert & Ratschinski (1984, 1993)	Henderson & Sudgen (1992)	Cardenas (1992)	Pütz & Schönrade (1998)	Blume (1978)	Kiphard (1977)	Eggert (1980)	Meinel & Schnabel (1976)	Fetz (1972)	Bös (1987)	Frostig (1972)	Picq & Vayer (1965)	Guilford (1957)	Anzahl der Nennungen

1. Gleichgewicht — 14
2. Bewegungsgeschwindigkeit — 12
3. Kraft, Energie der Bewegung — 12
4. Koordination — 11
5. Beweglichkeit — 10
6. Feinkoordination — 8
7. Bewegungspräzision — 6
8. Ausdauer — 6
9. Tonus — 4
10. Anpassungs- + Umstellungsfähigkeit — 4
11. Reaktionsfähigkeit — 3
12. Rhythmus — 3
13. gleichzeitige Bewegungen — 2
14. Fußmotorik — 2
15. Orientierungsfähigkeit — 2
16. Seitendominanz — 2
17. visuomotorische Kontrolle — 2
18. Seitendifferenz / Asymmetrien — 1
19. Geschicklichkeit — 1
20. Bewegungsfluss — 1
21. Mundmotorik — 1
22. Motorische Lernfähigkeit — 1
23. automatisierte Bewegungen — 1
24. Bewegungsphantasie — 1
25. Bewegungsisolation — 1
26. Bewegungsökonomie — 1
27. Differenzierungsfähigkeit — 1

Tab. 19: Bewegungsdimensionen

Gleichgewicht

Gleichgewicht:
(vgl. Schnabel/Thieß 1993, 344)
- Zustand eines Körpers oder Systems, in dem keine äußerlich erkennbaren Veränderungen mehr ablaufen
- es werden statisches und dynamisches G. unterschieden
  a) statisch: Zustand eines einzelnen starren Körpers oder eines gekoppelten Systems, bei dem sich Wirkungen aller angreifenden Kräfte und Momente gegenseitig aufheben
  b) dynamisch: stationärer Zustand, bei dem sich zwei entgegen gesetzte Prozesse in ihrer Wirkung gerade aufheben

arthromuskuläres Gleichgewicht:
(vgl. Schnabel/Thieß 1993, 345)
- optimale Relation zwischen Agonisten und Antagonisten eines Gelenks hinsichtlich Kraftfähigkeit und Dehnfähigkeit
- G. ist Voraussetzung für eine Körperhaltung und für Bewegungen, die keine Fehlbelastungen des Stütz- und Bewegungssystems induzieren, ebenso für eine ungehinderte, auch ästhetischen Maßstäben genügende Bewegungsausführung
- muskuläre Dysbalancen stellen eine Störung des G. dar und treten infolge von einseitiger Beanspruchung des Stütz- und Bewegungssystems auf

Gleichgewichtsfähigkeit:
(vgl. Schnabel/Thieß 1993, 345)
- koordinative Fähigkeit
- relativ verfestigte und generalisierte Leistungsvoraussetzung für das Halten bzw. Wiederherstellen des Körpergleichgewichts bei wechselnden Umweltbedingungen, bes. zur zweckmäßigen und schnellen Lösung motorischer Aufgaben auf kleinen Unterstützungsflächen oder bei sehr labilen Gleichgewichtsverhältnissen
- wesentliche Grundlage ist das effektive Zusammenspiel des statikodynamischen mit dem optischen, taktilen und kinästhetischen Analysator bei der Informationsaufnahme und -verarbeitung
- die Funktionen des Vestibulärapparates haben eine Art Grundlagenbedeutung, da die Stützmotorik direkt an sie gebunden ist
- der G. kommt bei allen Bewegungshandlungen Bedeutung zu, bei denen durch Lageveränderung des Körperschwerpunktes im Verhältnis zur Stützfläche das Körpergleichgewicht gestört wird (Balancieren, Drehungen, Sprünge, Stände u.a.)

Bewegungsmodelle

Gleichgewichtsstörung:
(vgl.: Psychrembel 1994, 548)
- Störungen der Kontrolle der Körperstellung im Raum inf. Ausfall des Labyrinths, gestörter Funktion des Vestibulär-apparates oder Erkrankung des Kleinhirns

Gleichgewicht:
(vgl. Brockhaus 1989, 578)
- Zustand eines Körpers oder eines Systems, bei dem maßgebende Zustandsgrößen zeitlich konstant sind und/oder Wirkungen und Gegenwirkungen sich aufheben

Gleichgewicht:
- Fähigkeit, einen intendierten Gleichgewichtszustand in Haltung oder Bewegung zu erreichen und aufrechtzuerhalten

Gleichgewicht:
(vgl: Ratschinski 1987, 75ff.)
- Fähigkeit zur Erhaltung des Gleichgewichts kann:
  a) als Voraussetzung jeder Motorik aufgefasst werden oder
  b) als eine hoch entwickelte motorische Fähigkeit begriffen werden, die sich erst auf der Grundlage anderer Fähigkeiten herausbildet

Gleichgewichtswahrnehmung:
(vgl.: Ledl 1994, 44)
- zur Aufrechterhaltung der Haltung im Stehen (statisches Gleichgewicht) oder in Bewegung (dynamisches Gleichgewicht) ist ständig Muskelarbeit notwendig, die über das ZNS koordiniert wird
- insbesondere das dynamische Gleichgewicht ist in einem stärkeren Ausmaß von der optischen Steuerung abhängig als das statische
- das vestibuläre System (Propriozeptoren im Labyrinth des inneren Ohres) hingegen erfasst Informationen über die Lageveränderung des Kopfes im Raum
- das Gleichgewichtsorgan im Innenohr hat drei Hauptfunktionen:
  a) Regelung der Körperstellung
  b) Blickregelung
  c) bewusste Raumorientierung
- ⇒ vestibuläre System grundlegend für motorische Entwicklung sowie für die Entwicklung der Raumwahrnehmung und Raumorientierung
- es werden 3 Störungsbilder bei Gleichgewichtswahrnehmung unterschieden (in Anlehnung an Ayres):
  1) Schwerkraftverunsicherung ⇒ das Kind spürt Schwerkraft zu wenig
  2) Unterfunktion ⇒ zu geringe Gleichgewichtsreizaufnahme
  3) Überfunktion ⇒ zu hohe Gleichgewichtsreizaufnahme
- Beobachtungskategorien: allgemeine Gleichgewichtssicherheit; statisches Gleichgewicht; dynamisches Gleichgewicht; Glieder- und Rumpfstärke

Gleichgewichtsfähigkeit
(vgl. Anrich, 2001, 40)
- „Die Gleichgewichtsfähigkeit ermöglicht es, den Körper in Ruhe oder während einer Bewegung soweit zu kontrollieren, dass eine stabile Körperposition hergestellt bzw. aufrechterhalten werden kann. Eine gute Gleichgewichtsfähigkeit liegt immer dann vor, wenn trotz rascher Bewegungen oder Aktionen auf ungünstigem Untergrund ein stabiles Gleichgewicht gehalten oder hergestellt werden kann."

Gleichgewichtsfähigkeit

Gleichgewichtsfähigkeit **stellt eine koordinative Fähigkeit dar, welche bei allen Bewegungshandlungen von Bedeutung ist. Durch Lageveränderungen des Körperschwerpunktes im Verhältnis zur Stützfläche wird das Körpergleichgewicht beeinflusst.**

Unterschieden wird zwischen statischer und dynamischer *Gleichgewichtsfähigkeit*: Die statische *Gleichgewichtsfähigkeit* ist für die Beibehaltung der Körperhaltung im Stehen erforderlich, und die dynamische *Gleichgewichtsfähigkeit* ist für die Aufrechterhaltung der Körperhaltung in Bewegung notwendig.

Bewegungsmodelle

Bewegungsgeschwindigkeit/Schnelligkeit/Tempo

Geschwindigkeit:
(vgl. Schnabel/Thieß 1993, 333ff.)
- es wird unterschieden bei gleichförmiger und ungleichförmiger Bewegung
- *Geschwindigkeitsdynamik*: Veränderung der Geschwindigkeit (Beschleunigung, Verzögerung) innerhalb eines definierten Zeit- und Streckenabschnitts, besonders bei zyklischen Disziplinen

Geschwindigkeit:
(vgl. Beckers/Deckers 1997, 7)
- „zurückgelegter Weg pro Zeiteinheit", wird in m/s gemessen

Tempo:
(vgl. Brockhaus 1989, 722)
- Zeit, Zeitmaß, Zeitraum

Bewegungstempo:
(vgl. Scbnabel/Thieß 1993, 167)
- Bewegungsmerkmal, das zeitliche und räumlich-zeitliche Dimensionen von Bewegungen bzw. Teilbewegungen erfasst (Dauer, Beginn/Ende u. zeitliche Reihenfolge von Bewegungen/Teilbewegungen; translatorische und rotatorische Geschwindigkeiten; Geschwindigkeitsveränderungen; Bewegungsfrequenzen)

Schnelligkeit:
(vgl. Fetz 1969, 82)
- ist gerichtet auf ein *zeitliches Minimum* an Bewegung
- Hauptfunktionen sind:
   a) *Reaktionsschnelligkeit*: wird bestimmt durch die Zeitspanne zwischen Reizsetzung und motorischer Aktion (Reaktionszeit)
   b) *Aktionsschnelligkeit*: Ablaufschnelligkeit motorischer Aktionen
   c) *Kraftschnelligkeit*: Schnelligkeit von Bewegungsausführungen, bei der *größere Widerstände überwunden* werden müssen

Schnelligkeit:
(vgl. Ratschinski 1987, 71ff.)
- entwicklungsabhängiger motorischer Faktor, der durch mehrere funktionale Ebenen beeinflusst und gesteuert wird
- Schnelligkeit einer Bewegungsausführung setzt voraus, dass die Komponenten der Bewegung sicher beherrscht werden
- Bewegungskonstanz muss erreicht sein, die durch die häufige Wiederholung der Bewegung (Konsistenz) entsteht
- insofern ist S. ein in der Entwicklung nach geordneter Faktor
- Faktoren: Aktionsschnelligkeit, Reaktionsschnelligkeit, Bewegungstempo, Reaktionsfähigkeit, Bewegungsfrequenz u.a.

Schnelligkeit:
(vgl. Schnabel/Thieß 1993, 696ff.)
- Konditionelle Fähigkeit;
- Leistungsvoraussetzung, um motorische Aktionen unter den gegebenen Bedingungen (Bewegungsaufgabe, äußere Faktoren, individuelle Voraussetzungen) mit hoher und höchster Intensität in kürzester Zeit zu realisieren
- S. ist i.d.R. an solche Bewegungshandlungen gebunden, bei denen keine ermüdungsbedingte Leistungsminderung eintritt
- azyklisch = *Schnellkraftfähigkeit* (= konditionelle Fähigkeit, die bei willkürlicher Muskelkontraktion ein schnelles Mobilisieren der Kraft bewirkt und dadurch das Erreichen des Kraftmaximums in optimal kurzer Zeit ermöglicht)
- zyklisch = *Beschleunigungsfähigkeit* (= Fähigkeit, bei lokomotorischen Bewegungen aus der Ruhe oder einem relativ langsamen Tempo maximal hoch und max. lange zu beschleunigen, so dass daraus eine hohe Maximalgeschwindigkeit resultiert; Voraussetzung: Schnellkraftfähigkeit in Verbindung mit guter Technik) und *lokomotorische Schnelligkeit* (= durch zyklische Bewegungen mit höchstmöglicher Geschwindigkeit fortzubewegen)
- komplexere Betrachtungsweisen: Aktions-, Grund- und Handlungsschnelligkeit
    ⇒ *Aktionsschnelligkeit*: Fähigkeit, einzelne Bewegungshandlungen schnell auszuführen (= Bewegungsschnelligkeit); schließt einen Reaktionsabschnitt aus; damit ist i.d.R. die Schnelligkeit azyklischer Bewegungen gemeint
    ⇒ *Grundschnelligkeit*: Leistungsvoraussetzung zur allgemein schnellen Ausführung vielfältiger Bewegungsaufgaben; in Abhängigkeit von der gewählten Streckenlänge bzw. Zeitdauer beinhaltet die G. die Beschleunigungs- und die lokomotorische Schnelligkeit und auch die glykolytische Mobilisationsfähigkeit
    ⇒ *Handlungsschnelligkeit*: komplexe Schnelligkeitsfähigkeit, welche sich auf Handlungen und Handlungsketten mit einem hohen Anteil von kognitiven und Entscheidungsprozessen bezieht
- Schnelligkeitsleistungen hängen in starkem Maße von der Art und dem Ausprägungsgrad der sportlichen Technik, von der Beweglichkeit und der Entspannungsfähigkeit der Muskulatur ab und bedürfen max. Willensanspannungen
- aufgrund unterschiedlicher Stimulation und Motivation können erhebliche Unterschiede zwischen der Trainings-, Test- und Wettkampfintensität entstehen

Schnelligkeit
(vgl. Sportjugend NW, Abschnitt 2.4.1, 14)
- ist die Fähigkeit, sich mit höchstmöglicher Geschwindigkeit fortzubewegen (= Grundschnelligkeit).
- die Reaktionsschnelligkeit ist die Fähigkeit, sehr schnell auf einen Sinnesreiz mit Bewegung zu reagieren

Bewegungsschnelligkeit

Unter *„Bewegungsschnelligkeit"* wird hier das Vermögen verstanden, einzelne Bewegungshandlungen zeitlich und rhythmisch angemessen auszuführen.

Da *Bewegungsschnelligkeit* qualitativ nicht präzise beschrieben werden kann und unterschiedlichen Einflussfaktoren (Alter, Geschlecht, konditionelle Voraussetzungen sowie individuelle Voraussetzungen zur Beherrschung der „motorischen Grunddimensionen" allgemein) unterliegt, erhält die qualitative Beurteilung der *Bewegungsschnelligkeit* einen hypothetischen Charakter, wobei nicht genau bestimmt werden kann, welcher Faktor ausschlaggebend ist (Bsp.: Jungen oder Mädchen zeigen in bestimmten Altersstufen unterschiedliche motorische Leistungen).

Die Veränderung der *Bewegungsschnelligkeit* wird in Form von positiver Beschleunigung (Steigerung) oder negativer Beschleunigung (Verzögerung) beschrieben.

Unterschiede ergeben sich darüber hinaus durch die jeweils gestellte Bewegungsaufgabe: Ist die *Bewegungsschnelligkeit* der motorischen Aktion von einem zuvor gesetzten Reiz abhängig, so wird von der sog. „Reaktionsschnelligkeit" gesprochen. Werden indes bei der Bewegungsausführung größere Widerstände überwunden, wird dies der „Kraftschnelligkeit" zugeordnet (Rapp/Schoder 1977, 82).

Der Begriff „Geschwindigkeit" beinhaltet stets eine quantitative, messende Komponente: zurückgelegter Weg pro Zeiteinheit.

Gesamtablauf/ Koordination

intermuskuläre Koordination:
(vgl. Schnabel/Thieß 1993, 471f.)
- abgestimmte Organisation des Zusammenwirkens der verschiedenen an einer motorischen Aktion beteiligten Muskeln hinsichtlich Zeitpunkt, Dauer und Stärke ihrer Kontraktion oder Relaxation

intramuskuläre Koordination:
- Organisation des Zusammenwirkens der einzelnen Muskelfasern innerhalb eines Muskels

koordinative Fähigkeit:
- Klasse der motorischen (körperlichen) Fähigkeiten, die vorrangig durch die Funktionen und Prozesse der Bewegungskoordination und der Handlungsregulation bestimmt sind
- F. sind relativ verfestigte und generalisierte Verlaufsqualitäten spezifischer Bewegungssteuerungs- und -regelungsprozesse sowie Leistungsvoraussetzungen zur Bewältigung dominant koordinativer Anforderungen
- inhaltlich sind sie durch verschiedene Operationen der Informationsbehandlung [perzeptive, kognitive, mnemische (= gedächtnisfähig) Operationen] sowie durch bestimmte Verlaufsqualitäten (Geschwindigkeit, Exaktheit, Differenziertheit, Ökonomie u.a.) gekennzeichnet

Bewegungskoordination:
- Prozess der abgestimmten Organisation von sportlichen Bewegungen, eingeordnet in ein auf ein bestimmtes Ziel gerichtetes übergeordnetes *Handlungsprogramm* (= Konzept bei Handlungsregulation)
- sie kommt in der Abgestimmtheit aller *Bewegungsparameter*, in der unmittelbar sichtbaren Abstimmung der Bewegungsphasen, Einzel- oder Teilbewegungen und in der Ausprägung der allgemeinen Bewegungsmerkmale (Bewegungsstruktur, Bewegungsrhythmus, Bewegungskopplung, Bewegungspräzision u.a.) zum Ausdruck
- die B. ist wesentlicher Bestandteil der *Handlungsregulation* (= komplexer psychischer Prozess, in dessen Verlauf ein Handlungsziel durch aktives, eigenständiges Handeln realisiert und der dafür notwendige, den jeweiligen Anforderungen entsprechende Zustand hergestellt wird) und muss im sportlichen Training zu hoher Vollkommenheit ausgebildet werden
- Grundlage der B. sind sensomotorische Prozesse der *Bewegungssteuerung und -regelung* (= Führung des Bewegungsablaufs auf der Grundlage eines Bewegungsentwurfs, der in übergeordnete Handlungsprogramme integriert ist)

Bewegungsmodelle

Koordination:
(vgl. Fetz 1969, 79ff)
- Zusammenwirken des ZNS innerhalb einer gezielten Bewegungsaufgabe;
- die Entwicklung der motorischen Grundeigenschaft K. ist direkt an die Entwicklung der motorischen Fertigkeiten gebunden und umgekehrt
- eine Präzisierung und Differenzierung des Komplexbegriffes können die motorischen Eigenschaften Gleichgewicht, Gelenkigkeit (Beweglichkeit), Geschicklichkeit, Gewandtheit, Elastizität, Bewegungsgefühl und Bewegungsphantasie herangezogen werden)

Koordination:
(vgl. Ratschinski 1987, 84ff.)
- für eine Differenzierung und Präzisierung des Komplexbegriffes K. können die motorischen Eigenschaften Gleichgewicht, Gelenkigkeit (Beweglichkeit), Geschicklichkeit, Gewandtheit, Elastizität, Bewegungsgefühl und Bewegungsphantasie herangezogen werden
- K. ist das Zusammenwirken aller Basisfaktoren, sowohl der motorischen als auch der sensorischen

Koordination:
(vgl. Psychrembel 1994, 815f.)
- Abstimmung und Zusammenwirken von Funktionen, neurolog. Insbes. als Synergie (Zusammenwirken) der Muskulatur bei Bewegungsabläufen

Koordination
(vgl. Sportjugend NW, Abschnitt 2.4.1, 12)
- ist das Zusammenwirken von Zentralnervensystem und Skelettmuskulatur innerhalb eines gezielten Bewegungsablaufes

---

Bewegungskoordination

Unter *Bewegungskoordination* – als Komplexbegriff – wird hier das Zusammenwirken aller „motorischen Grunddimensionen" und deren allgemeiner Bewegungsmerkmale (u.a. Gewandtheit, Bewegungsharmonie) verstanden.
Bewegungskoordination ist der Prozess des Zusammenwirkens von Bewegungen, eingeordnet in ein zielgerichtetes übergeordnetes Handlungsprogramm. Sie kommt im harmonischen Verhältnis aller motorischen Grunddimensionen in den Bewegungsphasen zum Ausdruck.

Kraft(-maß)

Kraft

(vgl. Fetz 1969, 84)
- Fähigkeit, einen Widerstand (Gerät oder eigenen Körper) zu überwinden
- allgemein: Leistungsfähigkeit aller wesentlichen Muskelgruppen eines Individuums
- speziell: Sprung-, Stoß-, Wurf-, Zug- oder Stemmkraft (dynamische Kräfte)
- Kraft tritt auf als
  a) Schnellkraft (s. Kraftschnelligkeit)
  b) Grundkraft (Stärke): diejenige Kraft, die ein Muskel oder eine Muskelgruppe gegen einen fixierten Widerstand auszuüben vermag (statische Kraft)

Kraft

(vgl. Brockhaus 1989, 416f.)
- Zusammenziehung (der Muskeln)
- allgemein: Energie, Vermögen, Fähigkeit zu wirken
- Kraft = Einfluss im Raum auf einen Körper, der beschleunigt wird

Kraft

(vgl. Beckers/Deckers 1997, 8ff.)
- eine Kraft wirkt auf einen Körper ein, wenn dich der Bewegungszustand des Körpers verändert; wenn z.B. ein Körper vom Ruhezustand in Bewegung kommt oder abgebremst wird bzw. Veränderungen der Geschwindigkeit oder Richtung eintreten
- eine Kraft ha: eine Größe, eine Richtung und einen Angriffspunkt
- verschiedene Kräfte:
  a) Schwerkraft u. Gravitationskraft: die Kraft, mit der sich 2 Körper gegenseitig anziehen
  b) Reaktionskräfte: Kräfte, die an der Grenzfläche von einem mechanischen System und seiner Umgebung an den sog. Kontaktpunkten und Kontaktflächen auftreten
  c) Normalkräfte: Kräfte, die senkrecht auf die Oberfläche einwirken
  d) Reibungskräfte: Kräfte, die parallel auf eine Oberfläche einwirken; verlaufen entgegengesetzt zur Bewegungsrichtung

Kraft:

(vgl. Schnabel/Thieß 1993, 483ff.)
- = **Kraftfähigkeit** ⇒ Fähigkeit, äußere Widerstände durch Muskeltätigkeit zu überwinden bzw. äußeren Kräften entgegenwirken zu können
- bei sportlichen Bewegungen steht die Kraftfähigkeit in Beziehung zu den konditionellen Fähigkeiten Schnelligkeit und Ausdauer
- = **Physikalische Kraft** ⇒ Ursache der Beschleunigung (dynamische Wirkung der Kraft) und Deformation (statische Wirkung der Kraft) von Körpern

Bewegungsmodelle

- Kraft lässt sich nach unterschiedlichen Kriterien einteilen:
  ⇒ *innere Kraft*: innerhalb des Menschen wirkende Kraft
  ⇒ *äußere Kraft:* außerhalb des Menschen wirkende Kraft (u.a. Schwerkräfte)
  ⇒ *aktive Kraft*: primär wirkende Kraft, die entsprechende Gegenkräfte verursacht und mit ihnen im Gleichgewicht steht; im Bezug zur menschlichen Selbstbewegung durch Muskelkontraktionen im Zusammenwirken mit passiven inneren Widerständen hervorgerufene Antriebskraft
  ⇒ *passive Kraft*:

motorische Kraft:
(vgl. Psychrembel 1994, 822)
- hier (neurolog.): Einteilung in fünf Kraftgrade zur Beurteilung der verbliebenen Muskelkraft bei Lähmung => neurologische Einteilung in Kraftgrade zur Beurteilung von Paresen
  (0) keine Muskelaktivität
  (1) sichtbare Muskelkontraktion ohne Bewegungseffekt
  (2) Bewegung bei Ausschaltung der Schwerkraft
  (3) Bewegung gegen die Schwerkraft
  (4) Bewegung gegen Widerstand
  (5) normale Muskelkraft

Kraft:
(vgl. Ratschinski 1987, 61ff.)
- Fähigkeit der Muskulatur, externen Druck auszuüben, um den eigenen Körper anzuheben oder später Gewichte zu heben, zu werfen oder allgemein zu bewegen
- der motorische Basisfaktor K. scheint ebenso „körperregionsspezifisch" zu sein
- hier wird K. als kognitiv-sensorisch-motorische Funktionseinheit gesehen, die weit über Muskelstärke hinaus auch Prozesse der Kraftdosierung, also der Feinabstimmung des Krafteinsatzes, einschließt

Kraft
(vgl. Sportjugend NW, Abschnitt 2.4.1, 8)
- ist die Fähigkeit, einen äußeren Widerstand zu überwinden oder ihm entgegenzuwirken

Kraft

Unter *Kraft* wird hier die Fähigkeit der Muskulatur, äußere Widerstände zu überwinden bzw. äußeren Kräften entgegenzuwirken, aufgefasst.
Eine *Kraft* wirkt auf einen Körper ein, wenn sich der Bewegungszustand des Körpers verändert.
Eine qualitative Einschätzung der Kraft bezieht sich auf die Höhe des Muskeltonus.
Des Weiteren wird differenziert zwischen dynamischer und statischer *Kraft*:
Dynamische *Kräfte* wirken v.a. bei Sprung-, Wurf-, Stoß-, Zug-, oder Stemmaufgaben (vgl. Rapp/Schoder 1977, 86), welche den Faktor der Beschleunigung beinhalten (vgl. Schnabel 1993). Statische *Kräfte* treten gegen einen fixierten Widerstand auf (vgl. Rapp/Schoder 1977, 86) und haben Deformation zum Ziel.
Sie ist durch eine unterschiedliche Bewegungsintensität (s. Glossar) gekennzeichnet und steht u.a. in Beziehung zu der konditionellen Fähigkeit Ausdauer.
Über die Muskelstärke hinaus sind Prozesse der Kraftdosierung, also der Feinabstimmung des Krafteinsatzes, von Bedeutung (vgl. Ratschinski 1987, 66).

Gelenkigkeit/Beweglichkeit

Beweglichkeit:
(vgl. Fetz 1977, 86)
- hohe Funktionsfähigkeit der anatomisch-physiologischen Bewegungsanlagen /Gelenke, Bänder, Muskeln, Sehnen)

Beweglichkeit:
(vgl. Schnabel/Thieß 1993, 147ff.)
- motorische Fähigkeit
- Voraussetzung zum Erreichen hinreichend großer Amplituden in der Exkursion der Gelenke bei der Ausführung von Bewegungen oder der Einnahme bestimmter Haltungen
- die B. hat eine konstitutionelle (= anatomischer Bau), eine energetisch-konditionelle (= Kraftfähigkeit der bewegenden Muskeln) und eine koordinative (= erforderliche Feinregulation der Tätigkeit von Agonisten, Antagonisten und Synergisten in ihrem Zusammenspiel und durch die damit verbundene Regulation der Muskeln) Grundlage
- Gelenkigkeit kann damit nicht gleichgesetzt werden (‡ G. beinhaltet Konstitution und Koordination)

Gelenkigkeit:
(vgl. Ratschinski 1987, 61ff.)
- in den Sportwissenschaften wird unter G. gewöhnlich die „Schwingungsweite der Gelenke" verstanden oder einfach die (relative) Länge der Muskeln, die für das Beugen, Drehen, Strecken und Spreizen des Körpers und seiner Gelenke notwendig ist
- meist wird der Begriff G. eingeschränkt als Beweglichkeit der Gelenksysteme Arm/Schulter, Beine/Hüften und Rumpf aufgefasst
- hier wird über eine operationale Definition der Gelenkigkeit als Schwingungsweite der Gelenke hinaus gegangen und es wird der gesamte kognitiv-sensorisch-motorische Funktionskreis in das Konstrukt G. mit einbezogen
- Versagen bei Aufgaben, die nach Expertenmeinung G. erfordern, heißt Nichtverfügbarkeit über entsprechende motorische Programme oder Unzulänglichkeit des Informationssystems

Beweglichkeit:
(vgl. Gaschler 1994, 181)
- Beweglichkeit kann anlehnend an Frey als Dachbegriff verstanden werden, welcher die beiden Komponenten Gelenkigkeit (Bezug zu Gelenken) und Dehnfähigkeit (Bezug zu Muskeln, Sehnen, Bändern, Gelenkkapseln) beinhaltet
- Die Dehnfähigkeit dient dabei der Gelenkstabilisation und der Kraftübertragung (vgl. ebd. 182).

Gelenkigkeit

(vgl. Sportjugend NW, Abschnitt 2.4.1, 16)
- ist die Fähigkeit, Bewegungen mit einer großen Bewegungsweite in den Gelenken auszuführen

Gelenkigkeit
Unter *Gelenkigkeit* wird die „Schwingungsweite der Gelenke" verstanden. **Dies umschreibt, in welchem Umfang, welcher Größe und welcher Weite die Muskeln in der Lage sind, den Körper und seine Gelenke zu beugen, zu drehen, zu strecken und zu spreizen** (vgl. Ratschinski 1987, 61). Die *Gelenkigkeit* hat eine konstitutionelle und koordinative Grundlage (vgl. Schnabel 1993).

In den vorgestellten **Bewegungsmodellen**, unabhängig davon ob diese für entwicklungspsychologische Erklärungen oder/und für diagnostische Fragestellungen aufgestellt wurden, liegt der **Fokus** primär auf Bewegung und den jeweiligen Bewegungsdimensionen. Nur vereinzelt existieren Definitionen von Bewegungsdimensionen, wobei die inhaltlichen Vorstellungen von Autor zu Autor schwanken.

In der Literatur sind nur geringfügig Modellvorstellungen in Bezug auf **Bewegungsentwicklung** und/oder Bewegungsdiagnostik zu finden. Das Zusammenspiel bzw. Zusammenwirken einzelner Bewegungsdimensionen und ihre voneinander abhängige Entwicklung wird allein angerissen. Kein Modell wird ausschließlich in Bezug auf Bewegungsdimensionen und deren Zusammenspiel dargelegt.

Weiterhin ist festzuhalten, dass die **Altersvariable** nicht zur Erklärung von Entwicklungsverläufen herangezogen werden kann, vor allem, da es keine kausale Abhängigkeit zwischen der Leistungsfähigkeit und dem chronologischen Alter gibt (vgl. Conzelmann 1994, 162). Dies wird jedoch in den heutzutage noch angewendeten bewegungsdiagnostischen Verfahren häufig getan und schränkt somit deren Interpretation ein.

Der ausschließliche Fokus auf „Bewegung" sagt nichts über die **individuelle „Bewegung"** (das Zustandekommen, das Ziel, die Qualität usw.) aus. Im Rahmen entwicklungspsychologischer Erkenntnisse können einzelne Entwicklungsbereiche nicht isoliert betrachtet werden, auch nicht aus pragmatischen oder ökonomischen Gründen. Seit Anfang der 90er Jahre spiegelt sich dieses Denken der Individualisierung auch in einzelnen bewegungsdiagnostischen Verfahren wieder (z.B. DMB). Es erfolgte eine Erweiterung des Blickwinkels, unter anderem zunächst unter Einbezug weiterer Entwicklungsbereiche, wie Wahrnehmung oder Kognition (z.B. Frostig 1980). In neueren Verfahren werden Aspekte des Lebenslaufs und die Sicht der zu untersuchenden Person selbst mit herangezogen, um „Bewegungsphänomene" zu erklären (z.B. Eggert 1993, 1994).

Abgesehen von einem veränderten Erklärungsvorgehen, wird seit Anfang der 90er Jahre – auch im Hinblick auf einen Paradigmenwandel – in der Theorie zunehmend Abstand genommen von quantifizierten Verfahren zur Bewegungsbeschreibung. Es werden **qualitative Vorgehensweisen** in den Vordergrund gestellt. Problematisch erweist sich dabei bisher, dass den Anwendern aufgrund freier Bewegungsbeschreibungen sowie mangelnder Erklärung von Begriffsverständnissen ein hoher möglicher Interpretationsspielraum zur Verfügung steht. Eine Schwierigkeit ist zudem, dass die meisten Anwender eine unterschiedliche **berufliche Qualifikation** und unterschiedliche Erfahrungshintergründe aufweisen.

5. Bedeutsamkeit von Bewegungsdimensionen, Bewegungsdefinitionen und Bewegungsmodellen für Experten[25] in der Bewegungsbeobachtung

Anknüpfend an die theoretische Ausarbeitung zu Bewegungsmodellen im vorherigen Kapitel wird in diesem Abschnitt den Fragen nachgegangen:
- Welche Bewegungsmodelle liegen Praktikern ihrer alltäglichen Arbeit in Förderung und Diagnostik zugrunde?
- Inwiefern sind die zuvor vorgestellten theoretischen Modelle in der Praxis existent?

Zur Überprüfung dieser Fragestellungen wurden Experten/Praktiker mittels eines qualitativen Interviews befragt (vgl. Reichenbach 2005b). Im Konkreten standen dabei folgende Ziele im Vordergrund:
- das **Feststellen/Nennen** von **Bewegungsdimensionen**, welche jeweils für die alltägliche Beobachtungspraxis als relevant angesehen werden
- eine jeweilige **Definition** der genannten Bewegungsdimensionen
- eine **Kategorisierung** der genannten Bewegungsdimensionen bzw. die Erstellung eines **Bewegungsmodells** anhand der genannten Bewegungsdimensionen
- eine eigenständige **Orientierung** an einem Bewegungsmodell aus der **Literatur**

Weitergehende Fragestellungen befassen sich mit den Vorstellungen des Praktikers von einer *optimalen Bewegungsbeobachtungssituation*. Es wurde nach folgenden Aspekten gefragt:
- Alltagssituationen zur Bewegungsbeobachtung
- bewegungsbeeinflussende Aspekte
- Eignung von Methoden zur Bewegungsbeobachtung
- Bedeutung der Untersuchungssituation
- Beziehungsgestaltung

5.1 Nennung von Bewegungsdimensionen

Ein Überblick, welche Bewegungsdimensionen für Experten/Interviewpersonen (IP 1 bis IP 17) individuell in ihrem Arbeitsalltag bedeutend sind, wird in Tabelle Nr. 20 gegeben.
Wie sich zeigt, werden von 17 Experten 29 unterschiedliche Bewegungsdimensionen genannt und später im weiteren Verlauf in ein Modell integriert. Die Anzahl der individuell bedeutenden und somit genannten Bewegungs-

---

[25] Als Experten gelten Fachpersonen, die eine Ausbildung im Bereich Bewegung und/oder Psychomotorik absolviert haben sowie im Rahmen einer Förderung mit dem Medium Bewegung arbeiten.

dimensionen lag zwischen 7 bis 13 pro Experte. In der Literatur schwankt die Zahl zwischen 3 und 10 genannten Bewegungsdimensionen. Das heißt, dass die befragten Experten im Vergleich zu den Autoren in der Literatur in der Regel mehr Bewegungsdimensionen in ihre Überlegungen einbeziehen.

Bedeutsamkeit Experten

Bewegungsdimensionen	IP 1	IP 2	IP 3	IP 4	IP 5	IP 6	IP 7	IP 8	IP 9	IP 10	IP 11	IP 12	IP 13	IP 14	IP 15	IP 16	IP 17	Gesamt
1. Gleichgewicht																		17
2. Kraft																		16
3. Bewegungsgeschwindigkeit																		15
4. Koordination																		12
5. Ausdauer																		11
6. Feinmotorik																		9
7. Rhythmus																		8
8. Gelenkigkeit / Beweglichkeit																		8
9. Grobmotorik																		7
10. Gewandtheit / Geschicklichkeit																		6
11. Genauigkeit / Präzision																		5
12. Körperspannung																		5
13. Auge-Hand-Koordination																		4
14. Bewegungsfluss																		4
15. Wahrnehmung																		4
16. Tonus																		4
17. Raum																		4
18. Gesamteindruck / Harmonie																		3
19. Reaktion																		3
20. Steuerung																		2
21. Graphomotorik																		2
22. Haltung																		2
23. Körperschema																		2
24. Lateralität / Seitendominanz																		2
25. Orientierungsfähigkeit																		1
26. Planung																		1
27. Umfang																		1
28. Handgeschick																		1
29. Differenzierungsfähigkeit																		1
Anzahl der Gesamtnennungen	11	11	8	8	10	8	10	12	9	13	13	8	9	7	8	7	8	

Tab. 20: Genannte Bewegungsdimensionen Experten

Die fünf am meisten und von mindestens der Hälfte der Experten genannten Bewegungsdimensionen sind:

- Gleichgewicht
- Kraft
- Bewegungsgeschwindigkeit
- Koordination
- Ausdauer

Bei einer näheren Betrachtung der Bewegungsdimensionen im Vergleich zwischen Literatur und Experten zeigt sich, dass eine 60%ige Übereinstimmung bzgl. der Nennung spezieller Bewegungsdimensionen existiert. Die vier ersten der am häufigsten genannten Bewegungsdimensionen sind zwischen beiden Gruppen (Experten und Autoren/Literatur) identisch.

Dass es eine Vielfalt von Bewegungsdimensionen gibt, war bereits aus der Literatur (vgl. Kap. 4) bekannt. Inwiefern diese Dimensionen auch in der Praxis eine Rolle spielen, wird mittels der Befragung deutlich.

Bei der Analyse der Interviews zeigt sich, dass jedem Experten unterschiedliche Bewegungsdimensionen wichtig sind. Allein acht der 29 genannten Bewegungsdimensionen werden von über der Hälfte der Autoren einbezogen. Interessanterweise wird allein eine Bewegungsdimension von allen Experten gleichermaßen genannt und für bedeutend erachtet: das Gleichgewicht.

Die Frage, warum welcher Experte welche Dimension genannt hat, bleibt nur in Form verschiedener Vermutungen bestehen:

1. es wird sich an bestimmte theoretische Modelle angelehnt, die in der Literatur wieder zu finden sind

In Bezug zu Kapitel 4 kann gesagt werden, dass ein Großteil der von den Experten genannten Bewegungsdimensionen denen verschiedener Autoren ähnlich sind. Allerdings hat kein Experte sich explizit auf einen oder mehrere Autoren bezogen. Außerdem ist bei keinem der Experten eine absolute Übereinstimmung mit einem der ausgewählten Modelle aus der Literatur zu erkennen. Es erscheint ein „individueller Mix" anlehnend an verschiedene Autoren zu sein.

2. es wird sich an bestimmte Modelle angelehnt, die in der Ausbildung vermittelt wurden

Die Vermutung, dass die Auswahl der Bewegungsdimensionen mit dem beruflichen Hintergrund oder der derzeit ausgeübten beruflichen Tätigkeit in Verbindung steht, kann insofern untermauert werden, dass anhand eines Vergleichs drei Gruppen von Experten unterschieden werden konnten:

a) Experten, die ein Sportstudium absolviert hatten, sehen Dimensionen wie Kraft, Ausdauer, Schnelligkeit und Koordination als sehr bedeutend und grundlegend an.
b) Experten, in deren Ausbildung Körpererfahrung bzw. Körperlichkeit (z.B. Tanztherapie) eine wichtige Rolle einnahm, legten mehr Wert auf Dimensionen wie Rhythmus, Raum und Tempo.
c) Experten, welche von unterschiedlichen Ausbildungsrichtungen geprägt sind und dementsprechend eine noch breitere Streuung ihrer für sie bedeutenden Bewegungsdimensionen aufzeigen, nannten z.B. neben o.g. Aspekten weitere Bereiche wie Bewegungsumfang, Augen-Hand-Koordination, Graphomotorik.

3. es besteht eine unwillkürliche spontane Auswahl von Bewegungsdimensionen
4. es besteht eine eigene begründete Auswahl von Bewegungsdimensionen, die einer praxisnahen Vorstellung des Experten entsprechen

In den Interviews erschien es bei ca. 75% der Befragten, als würden diese sich spontan ein Modell von Bewegungsdimensionen erstellen. Ein näheres Nachfragen ging dann häufig in die Richtung „alles ist wichtig", ohne dabei argumentativ zu begründen. Eine argumentative Begründung der ausgewählten Bewegungsdimensionen erfolgte subjektiv betrachtet bei ca. 25% der Befragten. Diese zeichneten sich durch eine präzise Nennung bestimmter Bewegungsdimensionen sowie deren Hervorhebung aus.

> Zusammengefasst können folgende Ergebnisse in Bezug auf Bewegungsdimensionen festgehalten werden:
> - Jeder Experte nennt unterschiedliche Bewegungsdimensionen (**Unterschiede, Vielfalt**).
> - Die am häufigsten genannten vier Bewegungsdimensionen stimmen zwischen Experten und Literaturrecherche überein (**Übereinstimmung**).
> - Es ist kein ausdrücklicher Bezug von Experten auf Literatur bekannt (**Theoriebezug**).
> - Die individuelle Auswahl einzelner Bewegungsdimensionen hängt eng mit dem beruflichen Hintergrund zusammen (**Berufsgruppenspezifität**).

5.2 Definition von Bewegungsdimensionen

Auf die Problematik bezüglich der Definitionen von Bewegungsdimensionen wurde in Kapitel 4 hingewiesen.

Aufgrund der Literaturrecherche ließe sich vermuten, dass die befragten Experten entweder sehr unterschiedliche Begriffsdefinitionen verwenden oder aber über keine Definitionen verfügen. Diese Vermutung kann durch eigene Erfahrungen gestützt werden: Hier zeigt sich im Austausch mit Experten, dass im Rahmen von Gutachten oder Entwicklungsberichten tagtäglich Begriffe genutzt werden und diese bei genauer Nachfrage nicht definiert oder beschrieben werden können.

Anhand der Dimension „Gleichgewicht" wird exemplarisch die Frage nach der Definition bzw. dem **Verständnis von den jeweiligen Dimensionen**, kurz aufzeigt.

Die Beantwortung dieser Frage scheint für einige der Experten eine Herausforderung darzustellen:
- Wie definiere ich Gleichgewicht?
- Was ist Gleichgewicht?
- Wie sieht Gleichgewicht aus?
- Woran erkenne ich Gleichgewicht?
- Wie beschreibe ich Gleichgewicht?
- Finde ich beschreibende Aussagen, ohne dass ich ein Beispiel anführe, wie „auf einem Bein stehen können", welches auf eigener Erfahrung beruht?

Versetzt man sich in die Lage, ein Gutachten zu lesen, in dem geschrieben steht: *„Das Kind kann sein Gleichgewicht (nicht) aufrecht erhalten. Das zeigt sich beim Balancieren vorwärts."*

Anhand dieser Aussage ist es schwer möglich, sich vorzustellen, wie das Kind balanciert, ob es nie/immer sein Gleichgewicht aufrecht erhalten kann, ob es auch Situationen gibt, wo es sehr gut/weniger gut sein Gleichgewicht aufrecht erhalten kann, was erforderlich ist, damit ein Kind sein Gleichgewicht in welchen Situationen findet, ... u.v.a.?

Dies ist allein ein Ausschnitt von Fragen, die sich ein Praktiker/Experte stellen kann und sollte, wenn er solche Aussagen liest oder hört, aber natürlich auch wenn er beobachtet. Es wird oft eine scheinbare „Tatsache" anhand *einer* oder auch *mehrerer* Beobachtungen festgehalten, wobei die **Qualität** und auch das **Zustandekommen von der Bewegungsausführung** zumeist vernachlässigt werden.

Im Theorieteil wurden verschiedene Definitionen der fünf am meisten genannten Bewegungsdimensionen dargelegt. Dieses Kapitel zeigt nun im Vergleich exemplarisch auf, welche Verständnisse Experten von diesen Definitionen haben.

Hierzu werden die am häufigsten genannten fünf Bewegungsdimensionen aus der Literatur herausgegriffen und näher betrachtet.

Bewegungsdimension	Beispiele für Definitionen/Erklärungen		
	1. Beispiel	2. Beispiel	3. Beispiel
Gleichgewicht	Balancieren; Abweichungen von gerader Haltung	Einbeinstand; schwere Trennung von Gleichgewicht und Koordination;	Unterscheidung zwischen dynamisch und statisch; verbunden mit Sicherheit;
Bewegungsgeschwindigkeit	Fähigkeit, so schnell wie möglich von einem Ort zum anderen zu kommen;	physikalisch = Weg pro Zeit	ist das Ergebnis eines motorischen Zusammenspiels von verschiedenen Bereichen der Motorik
Koordination	harmonisches Zusammenspielen aller Bewegungsdimensionen	Fähigkeit, seine Gliedmaßen für die entsprechende Aufgabe bereit zu machen und diese durchzuführen im Zusammenspiel mit Sinnen	Oberbegriff für Motorik, des motorischen Zusammenspiels (Körper, Muskeln, Sehnen, Extremitäten)
Kraft	Kraft geht mit Tonus einher, d.h. hypoton = Unterversorgung an Körperspannung oder hyperton = erhöhtes Maß an Kraft;	Kraft ist Stärke, Muskelstärke	das, was ich an Muskelbewegungen aufbringen muss; sehbar an Ganzkörperspannung
Beweglichkeit	Flexibilität in den Gelenken	Fähigkeit, seine Sehnen und Muskeln zu drehen	körperliche Gegebenheit, welche durch wenig Bewegung verstärkt werden kann (unbeweglich)

Tab. 21: Definitionen Bewegungsdimensionen Experten

Bedeutsamkeit Experten

> Der exemplarische Überblick bzgl. der Vorstellungen von Experten sowie der Vergleich mit den in Kapitel 4.3 aufgeführten Definitionen zeigt, dass:
> - unterschiedliche Definitionsverständnisse und -anwendungen vorliegen (**Unterschiede**),
> - sich Experten nicht explizit auf vorhandene Definitionen beziehen (**Theoriebezug**),
> - sich die aufgestellten Definitionen teilweise an Definitionsvorschläge aus der Literatur anlehnen (**Mix-Definitionen**),
> - es auch Definitionsvorschläge gibt, die nicht in der Literatur zu finden sind (**Eigenerstellung**),
> - Bewegungsdimensionen häufig mit anderen „Schlagworten" erklärt werden, welche wiederum ebenso einer Erklärung bedürfen (**Schlagworte**)
> - Bewegungsdimensionen des Öfteren anhand von Beispielen verdeutlicht, aber nicht erklärt bzw. definiert werden (können) (**Beispiele**)

Es stellt sich insgesamt heraus, dass ein Großteil der Experten, die über eine langjährige Berufserfahrung verfügen, die Bewegungsdimensionen, mit denen sie tagtäglich im Sprachgebrauch hantieren, nicht oder nicht klar definieren können, auch nicht in Bezug auf Literaturquellen.

Weiterhin zeigt sich, dass sich mehr als 50% der Experten bei einer Befragung zum ersten Mal mit Begrifflichkeiten auseinandersetzen bzw. diese für sich aufstellen.

Es wird in jedem Fall deutlich, dass nicht jeder Experte das Gleiche unter den Begrifflichkeiten – und das betrifft nicht allein motorische Aspekte - versteht. **Es werden häufig gleiche Begrifflichkeiten mit unterschiedlichen Inhalten gefüllt und gleiche Inhalte mit unterschiedlichen Begrifflichkeiten versehen** (vgl. Reichenbach 2005b).

Das kann und wird in der Praxis oft zu (**Verständnis-)Problemen** führen, da Menschen mit gleichen Begriffen hantieren, aber etwas Unterschiedliches darunter verstehen bzw. diese unterschiedlich interpretieren.

Dies macht ein Nachfragen und auch ein Absprechen untereinander erforderlich, vor allem wenn mit dem gleichen Klienten gearbeitet wird. Und es erfordert, dass der Beobachter das Verhalten der beobachteten Person präzise beschreibt, so dass ein Fremder sich die Handlungsausführungen entsprechend bildlich vorstellen kann.

5.3 Erstellung von Modellen zur Bewegung

Im Rahmen eigener Untersuchungen/Interviews (vgl. Reichenbach 2005b) wurden Praktiker/Experten gebeten, ihr Modell von Bewegung zu verdeutlichen. Es stellte sich heraus, dass hierzu ein eigens erstelltes Modell in Form einer Zeichnung oder Skizze zur Veranschaulichung sehr sinnvoll ist. Diese Bewegungsmodelle werden im Folgenden vorgestellt, so dass sich der Leser einen Überblick über die Vielfalt verschiedener Bewegungsmodelle von Praktikern machen kann und eventuell Anregungen für die Konstruktion eines eigenen Bewegungsmodells erhält.

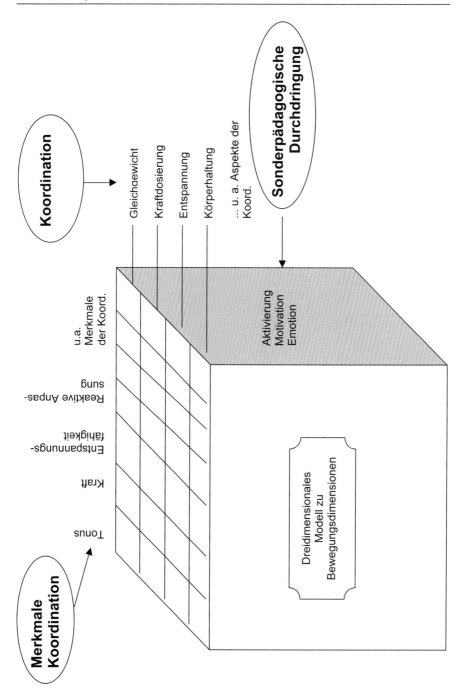

Abb. 19: Bewegungsmodell Interviewperson 1

Bedeutsamkeit Experten

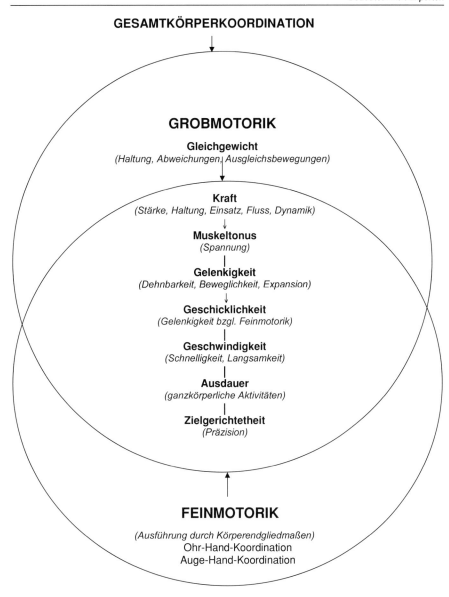

Abb. 20: Bewegungsmodell Interviewperson 2

Bedeutsamkeit Experten

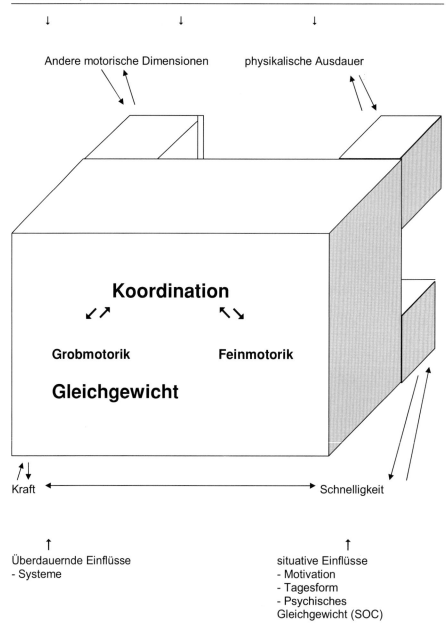

Abb. 21: Bewegungsmodell Interviewperson 3

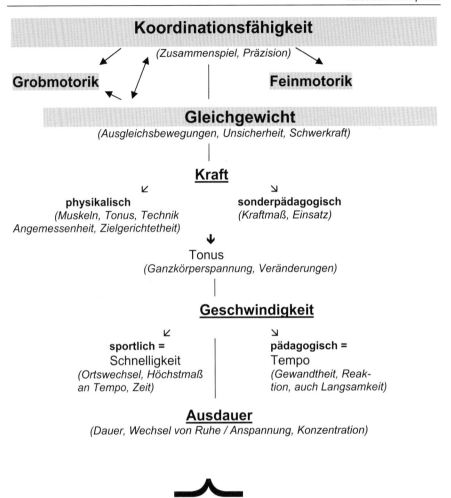

Abb. 22: Bewegungsmodell Interviewperson 3

Koordination
(Zusammenspiel von gesamten Körper, Harmonie)

Kraft
(Muskeleinsatz, Tonus, Dosierung, Einsatz)
Ausdauer
(psychisch als auch physiologisch)
Geschwindigkeit
(Fluss, Rhythmus, Zeit)
Gelenkigkeit

Wahrnehmung
(Aufnahme und Verarbeitung von Reizen)

Gleichgewicht
(Standfestigkeit)

Kraft
Koordination
Ausdauer

Feinmotorik

Handmotorik, Graphomotorik, Mundmotorik, Fußmotorik, Kopf
(Präzision, Genauigkeit, Harmonie)

Kraft
Ausdauer
Geschwindigkeit
Gelenkigkeit

- Kategorisierung der Dimensionen scheint nicht möglich →
  Reihenfolge daher hier nicht ausschlaggebend

Abb. 23: Bewegungsmodell Interviewperson 4

Bedeutsamkeit Experten

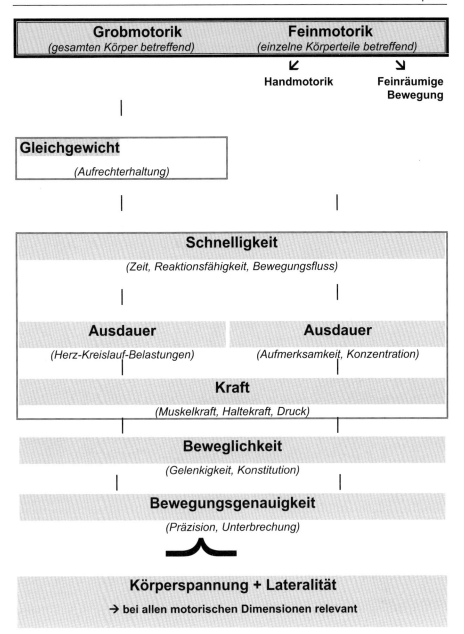

Abb. 24: Bewegungsmodell Interviewperson 5

Raum
(Raumebenen, Raumwege, Kontakte)

Motorische Basiskompetenzen
↓

Gesamterscheinungsbild

Körperspannung ⇔ **Gleichgewicht**
(Tonus, Extremitäten, Kopf, Rumpf) *(statisch, dynamisch,*
Körpermittellinie,
Zusammenspiel re.+li.)

↓ ↓

Rhythmus
(Lateralität, Anpassung, Pausen)

⇩

Kraft
(Einsatz, Dosierung, Kraftaufbau)

Gelenkigkeit
(Dehnung, Wendigkeit)

Reaktion
(Einstellen, Aufmerksamkeit)

Erst Grobmotorik und dann Feinmotorik beobachten

Abb. 25: Bewegungsmodell Interviewperson 6

Alternativmodell

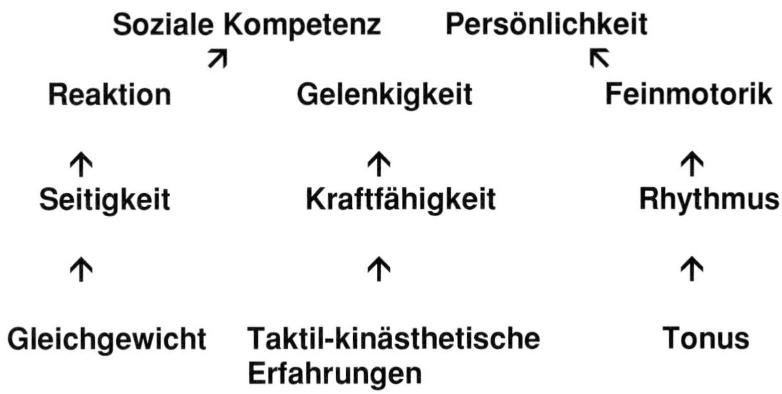

Soziale Kompetenz	Persönlichkeit	
↗		↖
Reaktion	Gelenkigkeit	Feinmotorik
↑	↑	↑
Seitigkeit	Kraftfähigkeit	Rhythmus
↑	↑	↑
Gleichgewicht	Taktil-kinästhetische Erfahrungen	Tonus

Abb. 26: Bewegungsmodell Interviewperson 6

Bedeutsamkeit Experten

Bewegungskoordination
(Überbegriff, harmonische Zusammenspiel aller motorischen Dimensionen, Bewegungssicherheit, Umgang mit Körper)

⇓

Gleichgewicht
(Sicherheit, Standfestigkeit)

↓

Gelenkigkeit
(grobmotorisch, akrobatisch)

|

Handlungsplanung, Bewegungsumsetzung
(kognitive Vorstellung, Aufgabenverständnis, Sprachverständnis)

|

Kraft
(Muskelkraft, Steuerung, Dosierung, Einsatz)

↓

Tonus
(Haltung, Körperspannung)

|

Schnelligkeit
(Zeit-Raum, Konzentration, Sicherheit, Bewegungsfluss)

|

Feinmotorik
(Hand- und Fußbewegungen, Steuerung von Bewegungen mit Hand + Fuß, Gewandtheit)

↓

Graphomotorik

↓

Genauigkeit
(in Verbindung mit Gelenkigkeit)

Alles hängt zusammen und darf nicht losgelöst gesehen werden - auch nicht Fein- und Grobmotorik -, auch wenn oft künstliche Trennung erfolgt.

Abb. 27: Bewegungsmodell Interviewperson 7

Bedeutsamkeit Experten

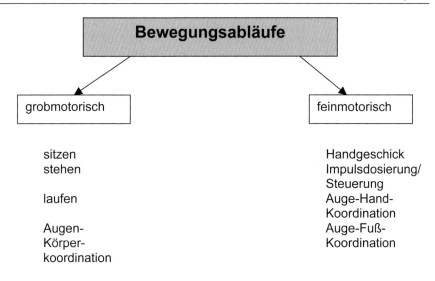

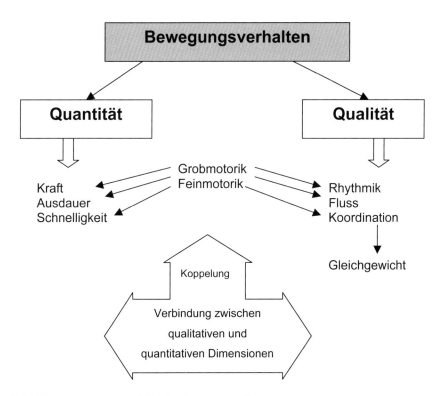

Abb. 28: Bewegungsmodell Interviewperson 8

Bedeutsamkeit Experten

Koordination

(zielgerichtete Anwendung von Bewegung)

Gleichgewicht

(Seitigkeit, Haltung)

Bewegungssteuerung

(alle Bereiche, die das ZNS betreffen)

Kraft

(Tonus, Intensität, Muskulatur, Kraftausdauer)

↙   ↘

Dynamik   **Zeit**

(Schnelligkeit)

Gewandtheit / Geschicklichkeit

Bewegungsrhythmus

Tempo

Raum

(Entfernungen, Bewegungsradius, Ebenen, Dimensionalität)

Fluss

(Zielgerichtetheit, Ästhetik)

Abb. 29: Bewegungsmodell Interviewperson 9

Bedeutsamkeit Experten

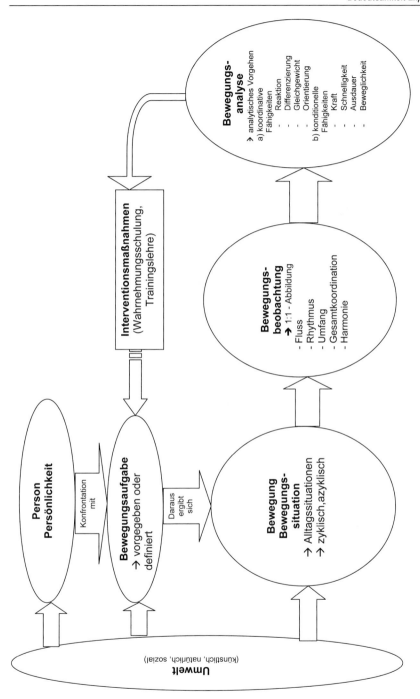

Abb. 30: Bewegungsmodell Interviewperson 10

Bedeutsamkeit Experten

	Bewegungsverhalten
qualitative 1:1 – Abbildung von Bewegungsverhalten; durch individuelle **Wahrnehmung** und Einstellungen beeinflusst	**Bewegungsfluss** *(zyklisch)* **Bewegungsrhythmus** *(innerer und äußerer Rhythmus, Synchronität, An- und Entspannung)* **Bewegungsumfang** *(räumliche Erstreckung, Ausdehnung)* **Gesamtkoordination** *(Zusammenspiel, äußere Koordination)* ⇓ **Harmonie**
	⇩
	Koordinative Fähigkeiten
äußeres Erscheinungsbild; eigentlich operationalisierbar; Fähigkeiten sind (quantitativ) erschließbar	**Reaktionsfähigkeit** *(Fluss, Wahrnehmung, Zeit, Bewegungsstärke, Bewegungsökonomie)* **Differenzierungsfähigkeit** *(Wahrnehmung)* **Gleichgewichtsfähigkeit** *(aktives u. passives Gleichgewicht; Harmonie, Rhythmus, Wahrnehmung)* **Orientierungsfähigkeit** *(Raum, Raumebenen, Wahrnehmung, Seitigkeit)*
	Konditionelle Fähigkeiten
Operationalisierbar; nicht mit bloßem Auge seh- sondern nur mess- oder vergleichbar (quantitativ)	**Kraft** *(Dosierung)* **Schnelligkeit** *(Schnelligkeit, Hektik, Langsamkeit, Behutsamkeit)* **Ausdauer** **Beweglichkeit**

Abb. 31: Bewegungsmodell Interviewperson 10

Bedeutsamkeit Experten

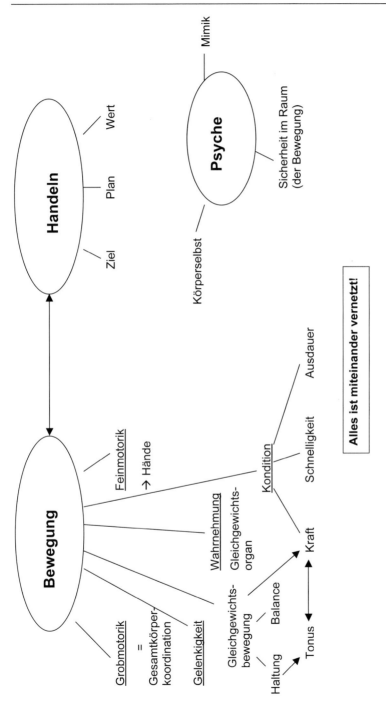

Abb. 32: Bewegungsmodell Interviewperson 11

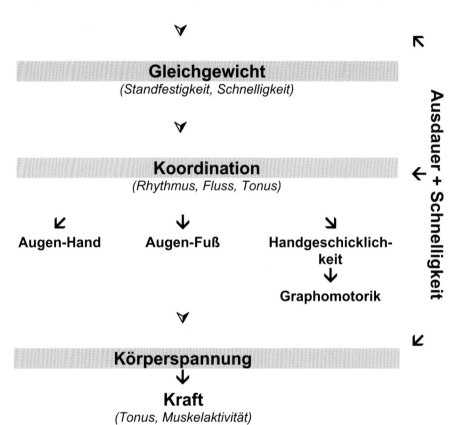

Abb. 33: Bewegungsmodell Interviewperson 12

Raum *(Raumwege, Raumebenen, Zugang zu Personen u. / o. Materialien)* ↑ **Rhythmus** *(regelmäßig, wiederkehrend, Sequenzen)* ↓ **Zeit** *(Dauer einer Tätigkeit, Geschwindigkeit, Beschleunigung, Wechsel,)*	motorische Grundaktivität	
Koordinationsfähigkeit ⇩ **Integration beider Körperhälften** *(Hirnreifung, Körpermittellinie, Händigkeit, Flexibilität, Spontaneität)* | **Gleichgewicht** *(Basisfunktion, Unterstützungsfläche, Labilität, Sicherheit)* | **Wahrnehmungsfähigkeit** *(visuell, akustisch, taktil → Erkennen, Unterscheidung, Orientierung bzgl. Signalen, Orientierung, Rituale, Auge-Hand-Koordination, Körperkontakt)*	Motorische Fertigkeiten	Grobmotorik + Feinmotorik

Abb. 34: Bewegungsmodell Interviewperson 13

Gleichgewicht
(Balance, Ausgleich, innere und äußere Ausgeglichenheit,
Abstoppen, Umgang mit Unsicherheiten)

Kraft
(Transport von Gegenständen,
Kraftaufwand, Streckung)
↓
Muskeltonus ↘
(hypoton, hyperton, verspannt)

Ausdauer
(Konzentration, Aufmerksamkeit,
Lustfaktor)

Auge-Hand-Koordination
(Abschätzung Abstand, Ausweichen,
Zielgerichtetheit, Reaktionsfähigkeit)

Körperschema
(Vorstellung vom Körper,
Benennung Körperteile,
Raum-Lage-Differenzierungen)

↖ ↑ ↗

Feinmotorik
(kleine Bewegungen,
Nutzung begrenzter Flächen)

Grobmotorik
(große Bewegungen)

Abb. 35: Bewegungsmodell Interviewperson 14

Koordination
(Zusammenspiel des ZNS und der Muskulatur bei der Bewegung)
⇩
Schnelligkeit, Reaktionsfähigkeit
(Wahrnehmung + Zeit + Reaktion)
Rhythmusfähigkeit
(Bewegungsfluss)
Gleichgewichtsfähigkeit / Balancefähigkeit
(statisch, dynamisch, Ruhe, Ausgleichsbewegungen, Körperspannung)
Geschick / Gewandtheit
(v. a. feinmotorisch)

Ausdauer
(Widerstand leisten gegen Ermüdung der Muskulatur)

↙   ↘
physiologisch   psychologisch
↓   ↓
Kondition   Frustrationstoleranz
(Ermüdung,
Kraft,
Schnelligkeit) ↙

⇕

Kraft
(Fähigkeit der Muskulatur)
↓   ↓
Körperspannung   **Dosierbarkeit**
(Aufrechterhaltung Kraftpotential)
→ Muskeltonus (hoch / niedrig)

⇕

Flexibilität
(Beweglichkeit in den Gelenken + Vorstellung von der Beweglichkeit)

Abb. 36: Bewegungsmodell Interviewperson 15

Bedeutsamkeit Experten

Gesamteindruck
(Harmonie von Gestik, Mimik, Haltung)

⇩

Geschicklichkeit
↙   ↘

Feinmotorik   +   Herangehensweisen an Aufgaben
↓   ↓
Haltung   Körpereinsatz, Körperbild,
Druckausübung   Körperverständnis

⇧

Schnelligkeit

Kraft
↙   ↘

Muskeltonus   +   Einsatz / Krafteinsatz

Gleichgewicht
(Balance)

Ausdauer
↙   ↘

sportlich   *kognitiv*
(Zeit, äußere Merkmale)   (Dauer, Aufmerksamkeit)

Rhythmusgefühl
(Tempo, Takt, Gleichmäßigkeit, Harmonie bzgl. Bewegung)

Abb. 37: Bewegungsmodell Interviewperson 16

Koordination
(Gleichzeitigkeit, Zusammenwirken / Zusammenspiel einzelner Körperteile, Reihenfolge der Bewegungsabfolge; Bewegungsabstimmung, Stimmigkeit)

Hand-Augen-Koordination
(Sehen, Abschätzung)

⇩

Bewegungsgenauigkeit
(feinmotorisch, Zielgenauigkeit, Präzision)
↓

Geschicklichkeit
(Augen-Hand-Koordination, Präzision + Zeitfaktor)

↑

Bewegungstempo
(Schnelligkeit, Dynamik, Gleichmäßigkeit)

↓

Gleichgewicht
(statisch, dynamisch, Ausgleichsbewegungen)

↑

Körperspannung
(Tonus, Spannungszustand, Gleichmäßigkeit, Dynamik)

⇕

Kraft
(Dosierung, Einsatz, Kräftigkeit / Stärke, Spannungsaufbau)

Abb. 38: Bewegungsmodell Interviewperson 17

Das **Ziel** der durchgeführten Expertenbefragung war es einerseits herauszufinden, ob es eventuell **ein Modell** von Motorik gibt, welchem sich die Experten global zuordnen. Ein weiterer Gedanke war, dass anhand der Interviews eventuell ein **neues Modell** bzgl. motorischer Basiskompetenzen konstruiert werden kann.

Wie aus den Modellen **der Praktiker** deutlich wird, werden die genannten einzelnen Bewegungsdimensionen individuell geordnet. Bei einer näheren Betrachtung zeigt sich, dass der jeweils aufgezeigte Zusammenhang dieser Bewegungsdimensionen sehr verschieden ist. Die **Unterschiedlichkeit** hängt von den individuellen Vorstellungen der Experten ab und vor allem davon, welche Bedeutung diese individuell einzelnen Bewegungsdimensionen zuschreiben.

Es wird erkennbar, dass es nicht ein Modell von Bewegung gibt, sondern, **dass jeder Experte sein eigenes Bewegungsmodell hat**, an welches er sich anlehnt oder welches er entwickelt hat. Auf ähnliche Ergebnisse verweisen Göbel/Panten, welche sich auf eine Aussage von Michaelis beziehen, wonach es kein einheitliches Entwicklungskonzept für die Beurteilung von Motorik gibt (vgl. Göbel/Panten 2002, 14). Insgesamt sind die hier aufgezeigten einzelnen Bewegungsmodelle von 17 Experten so verschieden, dass kein übergeordnetes Bewegungsmodell konstruiert werden kann. Selbst wenn einige inhaltliche Überschneidungen in Bezug auf bestimmte Berufsgruppen existieren, so sind diese Bewegungsdimensionen in den jeweiligen Bewegungsmodellen verschiedenartig gewichtet und angeordnet.

Weiterhin ist zu vermerken, dass vier von 17 Experten bei ihren Überlegungen zu einem Bewegungsmodell vorhandene Modelle aus der Literatur mit einbezogen haben. Allerdings ist kein erstelltes Bewegungsmodell mit einem Modell aus der Literatur identisch (**Literaturbezug**).

> Zusammengefasst kann festgehalten werden:
> - es existieren sehr verschiedenartige individuelle Bewegungsmodelle (Unterschiede)
> - der Bezug auf Literaturquellen bzw. vorhandene Bewegungsmodelle ist nicht gegeben (Theoriebezug)
> - jeder Experte konstruiert sich sein eigenes Bewegungsmodell (Eigenerstellung)
> - es existieren keine berufsgruppenspezifischen kategorisierten Bewegungsmodelle (Berufsgruppenunspezifität)

Letztlich kann gesagt werden, dass jeder Experte (Diagnostiker, Psychomotoriker) bewusst oder unbewusst über ein eigenes Bewegungsmodell verfügt. Dieses Bewegungsmodell beinhaltet verschiedene Bewegungsdimensionen, die somit den **Beobachtungsfokus** bestimmen. Das bedeutet, dass in gewisser Weise stets bereits eine Beobachtungserwartung vorhanden ist. Göbel und Panten beschreiben dies als „innere Normierung" (2002, 15). Diese „innere Normierung" transparent zu machen, kann eine wesentliche Aufgabe von Ausbildungen sein, worauf in Kapitel 6 eingegangen wird.

Ein Mensch, der beobachtet, kann nie unabhängig von seinem Wissen, seinen individuellen **Erfahrungen** und/oder seinem (Arbeits-)Kontext beobachten (vgl. Walthes 2003, 30ff.). Erfahrungen nehmen großen Einfluss auf die Beobachtung und die Wahrnehmung und auch auf die damit verbundenen **Erwartungen** an die Beobachtungssituation und die zu beobachtende Person.

Aufgrund dessen ist es unabdinglich, dass der Beobachter sich über diese Prozesse der Beobachtung, des Sehens als Wahrnehmungsform, Gedanken macht und diese in seiner Reflexion mit einbezieht.

Zu diesem Thema gibt es einen anschaulichen Film von BBC (British Brodcasting Company), welcher die Prozesse der visuellen Wahrnehmung und deren Individualität exemplarisch sehr gut verdeutlicht. Ein Beispiel aus dem Film soll hier zur Veranschaulichung beschrieben werden, um die „Eingeschränktheit" des Sehens zu verdeutlichen:

Einer Probandengruppe wird ein Film von ca. 1 Minute gezeigt. In diesem Filmausschnitt trainieren zwei Basketballmannschaften, eine Mannschaft mit schwarzen Trikots und eine Mannschaft mit gelben Trikots. Die Aufgabe für die Probanden besteht darin, auf ein Startzeichen die Anzahl der Ballkontakte der gelben Mannschaft zu zählen. In der kurzen Sequenz des Trainings läuft plötzlich

Abb. 39: Experiment kostümierter Gorilla

eine als Gorilla kostümierte Person über das Spielfeld; bleibt in der Bildmitte stehen, blickt frontal in die Kamera, schlägt sich auf die Brust und geht aus dem Bild heraus. Das Video wird kurz danach gestoppt. Der Versuchsleiter fragt dann zunächst nach der Anzahl der Ballkontakte der gelben Spieler. Anschließend fragt er, ob jemand etwas „Ungewöhnliches" bemerkt habe. Von den 20-25 Probanden melden sich fünf. Fünf Probanden haben die als Gorilla kostümierte Person bemerkt, alle anderen nicht. Anschließend schauen sich die Probanden das Video wie einen „ganz normalen Film" ohne Beobachtungsaufgabe an und sind sehr überrascht, was sie übersehen haben.

Bedeutsamkeit Experten

Dieses Beispiel zeigt mehr als deutlich, dass jeder Beobachter einen Beobachtungsfokus hat, der bewusst (bei Vorgabe einer Aufgabe bzw. systematischer Beobachtung) oder unbewusst (bei freier Beobachtung) gewählt sein kann. Ein individueller Beobachtungsschwerpunkt wird gelegt, der das individuelle Interesse anspricht oder aber als Auftrag (z.B. von Kostenträgern) formuliert wurde.

5.4 Aspekte einer optimalen Beobachtungssituation

Wie eingangs angeführt, befassten sich weitergehende Fragestellungen mit den Vorstellungen des Praktikers von einer *optimalen Bewegungsbeobachtungssituation*. Es wurde nach folgenden Aspekten gefragt:
- Alltagssituationen zur Bewegungsbeobachtung
- bewegungsbeeinflussende Aspekte
- Eignung von Methoden zur Bewegungsbeobachtung
- Bedeutung der Untersuchungssituation
- Beziehungsgestaltung

Typische Alltagssituationen zur guten Beobachtung von Bewegungsverhalten

In einer Befragung von Experten zeigt sich, dass die Interviewten in etwa ausgewogen auf vier mögliche Orte für **Alltagsbeobachtungen** Wert legen: der Spielplatz, die Schule, der Kindergarten, das freie Spiel auf der Straße, im Garten oder an anderen Orten sowie zu Hause (s. Tab. 22).
Die zu beobachtenden motorischen Aktionen reichen dabei von sehr alltagsnahen und alltäglichen Situationen (z.B. anziehen) bis hin zu speziellen Fertigkeiten, die bereits erworben sein müssen (z.B. Inline-Skating).

Rahmen	Situationen
Spielplatz	schaukeln, klettern, rutschen, laufen, Umgang mit Förmchen, Sandburgen bauen, Gummitwist, Hinkelkästchen
Schule/Kiga	gehen, rennen, laufen, anziehen, essen, hüpfen, balancieren auf Bordstein, Inliner, Treppen steigen, Stecker einstecken, Fangspiele, klettern, bestimmte Aufgaben im Sportunterricht, Tischtennis
freies Spiel (Garten, Straße)	Fußball, Inliner, Kickboard, Mandalas ausmalen, springen, Auseinandersetzung mit jeglichem Material, Fingerspiele, Berge erklimmen, Umgang mit Bällen, klettern, Basteln, ausschneiden
zu Hause	essen, Besteckhandhabung, An- und Ausziehen, Schleife binden, zuknöpfen, Glas aufschrauben, Wasser einschütten, Gegenstände tragen, Hose anziehen oder Schuh auf einem Bein anziehen, Zähne putzen, spülen, Gegenstände transportieren

Tab. 22: Alltagsbeobachtungen

Die Experten haben vielfältige Ideen und sehen gute Möglichkeiten, **Bewegungshandlungen alltagsnah** zu **beobachten**. Mit den großen Feldern Spielplatz, Schule/Kindergarten, freies Spiel oder zu Hause werden die Hauptlebensbereiche der Kinder abgedeckt.

Bewegungsbeeinflussende Faktoren

Welche **Einflussfaktoren** auf das **Bewegungsverhalten** aus Sicht der Experten vorhanden sein können, ergibt ein sehr breites Spektrum von Überlegungen, wobei alle Experten jeweils mehrere Faktoren nennen. Um die erwähnten Einflussfaktoren etwas deutlicher darzustellen, werden sie zur besseren Übersicht in **sechs** grobe **Bereiche** unterteilt und in der folgenden Tabelle aufgezeigt[26].

Bereich	Einflussfaktor
emotional	Motivation (3), psychisch bedingte Beeinflussungen (3), Ängste/Unsicherheiten (3), Emotionen (3), Interessenbedingtheit (2), Stimmungen, Eingehen auf Wünsche, Profilierungsdrang, momentanes Empfinden, traumatische Erlebnisse, emotionale Probleme, Ego, Selbstbild, Selbstwert, Stimmung, Grundbedürfnisse, Kaspern, Individualität, individuelle Bedeutsamkeit von Handlungen
Umwelt	Vorbilder (3), Bewegungserfahrung (3), familiärer Hintergrund (2), mangelndes Üben, Umfeld, Familiensituation (2), Erziehung, Lebensvorerfahrung, Bewegungsräume, Elternverhalten, Verinselung, schulische Sachverhalte, Ruhe, Anregungen
körperlich	Konstitution (2), Übergewicht, vorhandene Behinderungen (2), Tagesform (2), organische Ursachen, körperlicher Umgang, Körperkontakt, neurologische Aspekte, Körperfunktionsstörungen, Ermüdung, Befindlichkeit, Alter, Individualität
kognitiv	Kognition (2), Aufmerksamkeitsfähigkeit/Konzentration (2), Intellekt, Intentionen, Aufgabenverständnis, spielerische Aspekte
perzeptiv	Wahrnehmungsfähigkeit (4), Körpererleben,
sozial	Kontaktverhalten (2), Sozialverhalten, Stand in der Gruppe, Kontakt zu anderen Kindern, Clique,

Tab. 23: Einflussfaktoren Bewegungsverhalten

Wie sichtbar wird, ergeben sich die meisten Einflussfaktoren aus dem emotionalen, körperlichen und/oder umweltbedingten Bereich.

Praktikern ist demnach sehr wohl bewusst, durch welche Faktoren das Bewegungsverhalten beeinträchtigt sein kann. Fraglich bleibt, ob dies auch tagtäglich in der Praxis berücksichtigt wird, so dass mögliche Fehlinterpretationen hinsichtlich „Bewegungsdefizite" vermieden oder gemildert und ein besseres Verständnis des Kindes möglich wird.

---

[26] Die Zahl in Klammern zeigt dabei die Häufigkeit der Nennungen durch die Experten.

Eignung von Methoden

Experten wurden zum einen gefragt, welche Methoden sie für sich selbst am geeigneten ansehen, um Bewegungsmerkmale zu erfassen und zum anderen, welche Methoden aus ihrer Sicht für Laien am geeigneten sind?

Es stellt sich heraus, dass die Mehrzahl der interviewten Experten selbst eine **freie Beobachtung** bevorzugt. Diese freie Beobachtung sollte, wenn möglich, in Alltagssituationen stattfinden, kann aber auch in der Institution stattfinden. Die freie Beobachtung kann völlig „frei" erfolgen, so dass das Kind sich allein bewegt und handelt oder aber es werden dem Kind bestimmte Angebote unterbreitet, die es dann frei ausführen kann (z.B. spezielle Bewegungssituationen). **Testverfahren** finden ebenso Anwendung, wobei als Begründung entweder ein „Muss" der Kostenträger[27], die Institution oder der eigene Wunsch ist, sich an Maßstäben/Normen zu orientieren.

Für **Laien** schlägt ein großer Teil der Experten **strukturierte Beobachtungssituationen** vor. Die Strukturierung betrifft hier sowohl die Durchführung (z.B. spezielle Situationen) sowie die Beobachtung (z.B. anhand Schemata). Einige Experten merken ausdrücklich an, dass die Beobachtungen unter **Anleitung** erfolgen sollten.

Die Frage nach Methoden ist höchst interessant und ganz sicher auch nach wie vor für Diskussionen offen.
Die Betrachtung erscheint vor allem auch vor dem Hintergrund der Beantwortung der vorherigen Fragen nach den eigenen Modellen und Definitionen als sehr spannend.
Besteht eine mangelnde Kenntnis von Definitionen bzgl. Bewegungsdimensionen, so stellt sich die Frage, WIE und WAS beobachtet werden soll und kann. Wenn selbst Experten Schwierigkeiten bei der Begriffsfindung und -kenntnis von Bewegungsdimensionen haben, wie sollen dann Laien geschult werden? Welche empfohlenen und/oder gewünschten Strukturierungen liegen zugrunde?

Der weit verbreitete **Wunsch** ist eine freie Beobachtung, nur fragt sich, nach welchen Kriterien beobachtet wird bzw. werden soll (Theorie, Modell)? Hier gibt es unterschiedliche Angaben von jedem Experten.

Ein wichtiges Ergebnis ist, dass Laien aus Sicht der Experten unter **Anleitung** lernen und reflektiert werden sollen. Dazu ist eine Nutzung einer Videokamera sicherlich sehr sinnvoll, um das selbst durchgeführte diagnostische Geschehen präzise nachvollziehen zu können.

---

[27] Hier sei darauf hingewiesen, dass kein Kostenträger explizit ein testdiagnostisches Verfahren verlangt. Es muss lediglich das Untersuchungsverfahren benannt werden und dies können auch Screenings oder Diagnostische Inventare sein.

Warum in der heutigen Zeit nach wie vor testdiagnostische Verfahren angewendet und zum Teil bevorzugt werden, kann nur unzureichend geklärt werden. Das Argument des Erfordernisses durch Kostenträger kann durch eigene Gespräche mit Kostenträgern nicht bestätigt werden.

Der Wunsch nach einer **„numerischen" Orientierung** und das damit verbundene Einordnen in ein Zeitraster von Entwicklung kann in Ansätzen nachvollzogen werden. Jedoch ist auch dies nicht absolut nachvollziehbar, da sich die Normen gerade im Bewegungsbereich auf veraltete Untersuchungen beziehen und jeglicher Aktualität entbehren. Außerdem sollten heute eher individuelle anstatt altersorientierte Bezugsnormen im Mittelpunkt stehen.

Der Wunsch nach **Strukturierung** ist für Laien sehr gut nachvollziehbar. Hier erscheint es sinnvoll, seinen Fokus der Beobachtung zunächst auf spezielle Aspekte zu lenken.

Eine **Ökonomisierung** (v.a. hinsichtlich Zeit) von Diagnostik kann hingegen wieder weniger nachvollzogen werden, da es zu einem „Erkenntnisgewinn" mehr als einer Stunde oder einer begrenzten Auswahl von alltagsfernen Aufgaben bedarf.

Wie aus den Ausführungen deutlich wird, ist für jeden Experten eine **unterschiedliche** Art von **Diagnostik** bedeutsam. Es gibt **keine allgemeingültigen Konzepte**, geschweige denn „Rezepte" für ein diagnostisches Vorgehen im Rahmen einer (psychomotorischen) Förderung. Die angewendeten Methoden sind dabei zahlreich und umfassen Tests, Screenings, Inventare, Interviews, Rollenspiele etc. zur Erfassung bestimmter einzelner oder vielfältiger Entwicklungskompetenzen/Entwicklungsbereiche.

Bedeutung der Untersuchungssituation

Die Bedeutung der Untersuchungssituation wird von Experten unterschiedlich beurteilt. Zum einen wird die Bedeutung in Form eines **Zwecks** verstanden:
- stellt gezielte Beobachtungen von Teilfertigkeiten aufgrund von gezielten Aufgaben in den Vordergrund
- dem Kind sollte signalisiert werden, was das Ziel dieser Situation ist
- als standardisierte Situation betrachten, die einen groben Überblick ermöglicht

Andererseits wird die Bedeutung auf der **emotionalen Ebene** begriffen und in dieser Hinsicht werden folgende **Blickwinkel** deutlich:
- die Situation wird als schwierig eingeschätzt, vor allem, da sich die Personen noch nicht kennen
- eine klare Rollenverteilung wird als Entlastung für eine derart strukturierte Situation empfunden

- bereits hier findet Beziehungsaufbau statt; eine hohe Bedeutung ist gegeben
- Testsituationen/der Einstieg stellen den Anfang von Beziehungsaufbau dar und sollten daher positiv/angenehm gestaltet werden
- es ist anstrengend für das Kind, da es gefordert wird und daher wichtig, wie das Ganze „rüber kommt"
- es sollte keine Überbewertung stattfinden und es kommt darauf an, wie sich der Therapeut mit dem Kind beschäftigt

Bei dieser Fragestellung wird die Spannbreite der verschiedenen Blickpunkte sehr deutlich: zweckgebunden oder persönlichkeitsorientiert.
Alles in allem wird klar, dass die **Untersuchungssituation** eine „besondere" Situation darstellt und, dass diese **Besonderheit** berücksichtigt werden sollte und zwar insofern, in dem man entweder die Person darüber aufklärt oder aber das eigene Wissen um die Situation mit in die eigene **Be-Wertung** einfließen lässt. Allerdings stellt sich bei der zweiten Möglichkeit wiederum die Frage der Spannbreite, das heißt, inwiefern jeder Untersucher die „Besonderheit" in seine Be-Wertung einbringt. Das kann und wird sehr unterschiedlich sein, was wiederum die Frage aufwirft, warum ein Beobachter eine derartige Situation wählt, wenn er im Nachhinein doch eigene Be-Wertungs-Regeln oder -maßstäbe aufstellt.

Beziehungsgestaltung

Die Fragestellung hier ist, welche **Beziehung** zwischen dem Experten und der Klientel besteht. Dabei ist es interessant, ob aus Sicht der Befragten **Unterschiede** im Hinblick auf die Diagnostik und andere **Situationen** festgemacht werden.

In Bezug auf die Beziehungsgestaltung in der **Diagnostik** gibt es insofern unterschiedliche Sichtweisen, dass zum einen deutlich wird, dass jeder Kontakt etwas mit Beziehungsgestaltung zu tun hat und somit auch die Diagnostik. Andererseits wird Diagnostik als Instrument der Datenermittlung gesehen, in dem Beziehung eine untergeordnete Rolle spielt.
Die Frage nach der generellen Beziehungsgestaltung wird von Experten verschieden beantwortet: einerseits wird auf Abhängigkeitsfaktoren eingegangen, andererseits auf Eigenschaften/Qualitäten oder auf prozessbedingte Verständnisse.

Es kann festgehalten werden, dass bei Experten/Praktikern ein unterschiedliches **Verständnis von „Beziehung"** besteht. Für einige fängt Beziehung erst mit Beginn des pädagogischen oder therapeutischen Prozesses an. Bei dieser Sichtweise erscheint die Diagnostik bzw. der diagnostische Prozess ein separates Anliegen zu sein, welches nichts mit der eigentlichen Förderung zu tun hat. Für andere Praktiker fängt die Beziehung zum Kind mit dem ersten Kontakt an. Hier wird jeglicher Prozess im Rahmen von

Diagnostik und/oder Förderung als Prozess einer Beziehungsgestaltung gesehen. Somit ist jede diagnostische Handlung auch eine Beziehungshandlung und diese sollte entsprechend den Bedürfnissen der beteiligten Personen ausgerichtet werden.

Wie die Beziehungsgestaltung im Allgemeinen aussehen soll, wird selten konkret beantwortet, was vielleicht auch nicht immer möglich ist, weil es vom „Typ des Kindes" abhängt. Jedoch gibt es einige grundsätzliche „Haltungen" bzw. Verhaltensweisen von Seiten des Praktikers, die die Voraussetzung für eine positive Beziehungs- und auch Interaktionsgestaltung bilden. Nähere Ausführungen hierzu sind bei Eggert (1994, 2003) zu finden.

Resümee in Bezug auf die Ergebnisse

Es kann herausgestellt werden, dass einzelne **Bewegungsdimensionen** grundsätzlich für Experten im Rahmen der Bewegungsbeobachtung eine bedeutende Rolle einnehmen.

Die **Definition** dieser Bewegungsdimensionen scheint hingegen zunächst erst einmal eine geringere Bedeutung für Experten zu haben. Anders lässt es sich schwer erklären, dass zu einem Großteil keine oder sehr undifferenzierte Begriffsvorstellungen genannt wurden.

Ähnlich ist die Bedeutung von **Bewegungsmodellen** einzuschätzen. Diese werden zumeist ad hoc konstruiert. Allerdings lässt sich hierbei annehmen, dass die Konstruktion eines Bewegungsmodells vor Ort den Experten leichter fällt als die Definition von darin enthaltenen Bewegungsdimensionen. Es ist nochmals darauf hinzuweisen, dass die von den Experten erstellten Modelle eine subjektive Schilderung einer Zusammengehörigkeit einzelner Bewegungsdimensionen darstellen und nicht theoretisch begründet sind.

> Die durch die Experteninterviews ermittelten Ergebnisse decken sich in gewisser Weise mit den in der Literatur recherchierten Resultaten:
> - Es gibt eine Vielzahl von begrifflich verwendeten **Bewegungsdimensionen.**
> - Es gibt wenige **Definitionen** der Bewegungsdimensionen.
> - Es gibt **Bewegungsmodelle** in der Theorie und in der Praxis. Diese Bewegungsmodelle unterscheiden sich bzgl. des Zwecks:
>   - die theoretischen Modelle aus der Literatur versuchen sich auf *Entwicklungsverläufe* zu beziehen und
>   - die Experten-Modelle versuchen einzelne Bewegungsdimensionen ihrer *Gewichtung* nach zu kategorisieren.

Weiterhin kann festgehalten werden, dass es weder in der Literatur noch bei den Experten in keinem der schwerpunktmäßig thematisierten Bereiche (Bewegungsdimensionen, Definitionen, Bewegungsmodell) einheitliche Vorstellungen gibt.

Im Hinblick auf die Durchführung von Bewegungsbeobachtungen können folgende Aspekte zusammengefasst werden:
- Experten können sich eine Vielzahl von Alltagssituationen zur Bewegungsbeobachtung vorstellen.
- Beeinflussungsfaktoren im Rahmen einer Bewegungsbeobachtungssituation können emotional, umweltbedingt, körperlich, kognitiv, perzeptiv und oder sozial vorhanden sein.
- Bevorzugte Methoden sind freie Beobachtungen für den Experten und Tests als „Absicherung" für eigene Einschätzungen und/oder Institutionen.
- Empfohlene Methoden für Laien sind strukturierte Situationen sowie Reflexionen nach der Bewegungsbeobachtung.
- Untersuchungssituationen werden als besondere Situationen betrachtet, wobei zwischen zweckgebunden und emotional unterschieden werden kann.
- Das Thema Beziehungsgestaltung wird sehr unterschiedlich betrachtet. Die Spannbreite der Funktion von Beziehungsgestaltung reicht von Instrumentalisierung bis Kontakt.

Die erzielten Ergebnisse ermöglichen insgesamt einerseits einen Einblick betreffend vorhandener Vorstellungen von Experten in Bezug auf Bewegungsbeobachtung in Theorie und Praxis. Andererseits eröffnet diese „Bestandsaufnahme" die Möglichkeit, Ausbildungsinhalte zu überdenken und entsprechend den Bedürfnissen von Experten im Hinblick auf Theorie und Praxis miteinander zu verknüpfen.

Das folgende Kapitel befasst sich nun mit Überlegungen zu einem „Ausbildungskonzept Bewegungsdiagnostik".

6. Darstellung eines allgemeinen Konzeptes zur Ausbildung im Bereich Bewegungsdiagnostik

Untersuchungen (vgl. Reichenbach 2005b) zeigen, dass im Bereich der Bewegungsdiagnostik sehr unterschiedliche Betrachtungsweisen existieren. Diese betreffen:
1. die zugrunde liegenden Bewegungsmodelle (inklusive Bewegungsdimensionen) sowie
2. die diagnostischen Vorstellungen und Methoden.

Ein Faktor ist dabei die individuelle **Qualifikation des Experten**, das heißt, dass die Ausbildung eine entscheidende Rolle spielt.
Im Rahmen von psychomotorisch-orientierten Ausbildungsgängen sind die Schwerpunkte mehr auf einer allgemeinen Vermittlung von bewegungsdiagnostischen Verfahren gerichtet[28]. Detaillierte **Kenntnisse** und vor allem ein aktiv-eigenständiges **Lernen** im Bereich Bewegungsdiagnostik werden hingegen weniger präzise vermittelt und/oder initiiert.

Im Folgenden wird ein **Konzept zur Ausbildung** im Bereich Bewegungsbewegungsbeobachtung und zur Qualifizierung in Bewegungsdiagnostik dargestellt.

Die praktische Arbeit mit Hilfen zur Bewegungsbeobachtung und/oder konkreten Verfahren setzt voraus, dass zunächst eine intensive theoretische Auseinandersetzung mit Bewegungsentwicklung, -dimensionen, -modellen sowie diagnostischen Methoden und Verfahren stattfindet.

Die Notwendigkeit einer fundierten **Ausbildung** im Bereich der **Bewegungsdiagnostik** ist gegeben. Ihre Bedeutung ist offensichtlich, da erst durch eine fundierte Ausbildung eine **Handlungskompetenz** zur Bewegungsbeobachtung ermöglicht wird.

Dementsprechend kann ein **Qualifikationsbedarf** bezüglich folgender Inhalte festgehalten werden:

---

[28] Untersuchungen zur Ausbildungssituation und zu Ausbildungsinhalten finden sich in Reichenbach (2005b).

Wissensvermittlung hinsichtlich	➡ Erarbeitung und Transfer bezüglich
Methoden	➡ Einsatz von Methoden
bewegungsdiagnostischer Verfahren (Vielfalt)	➡ theoretische Bezüge und zugrunde liegende Menschenbilder von bewegungsdiagnostischen Verfahren (Unterschiedlichkeit)
Bewegungsmodellen und deren dahinter stehenden theoretischen Überlegungen	➡ Erstellung individueller Bewegungsmodelle
Definitionen von Bewegungsdimensionen	➡ Eigenüberlegungen und -definitionen von Bewegungsdimensionen
Gesamtkonzeptionen zur Diagnostik	➡ Erstellung eines eigenen individuell praxisorientierten diagnostischen Konzeptes

Das bedeutet, dass ein **Lernen** im Hinblick auf folgende Bereiche initiiert werden sollte:
- Anwendung von Methoden (einzeln und/oder kombiniert)
- Anwendung und Auswertung bewegungsdiagnostischer Verfahren
- Verknüpfung und Reflexion theoretischer Ausführungen
- Präsentation individueller konzeptioneller Überlegungen zur Diagnostik

Um dieses Ziel der Handlungskompetenz zur Bewegungsbeobachtung als Voraussetzung einer verantwortungsvollen Bewegungsdiagnostik zu ermöglichen, wurde die Konzeption eines Ausbildungsschwerpunktes Bewegungsdiagnostik entwickelt.

Der **Prozess der Entwicklung** der Ausbildungskonzeption spiegelt sich im Aufbau dieses Kapitels wieder. Zunächst wurden Ziele formuliert, dann Inhalte bestimmt und abschließend überlegt, inwiefern die Ziele und entsprechenden Inhalte in bestehende curriculare Vorgaben involviert werden können.

Darüber hinaus wird in diesem Rahmen mittels konkreter Beispiele bzw. spezieller Inhalte eine **Umsetzungsmöglichkeit** des entworfenen Ausbildungskonzepts veranschaulicht und aufgezeigt. Diese Inhalte sind seit dem Jahr 2001 in eigener Lehrkraft-Tätigkeit am Ernst-Kiphard-Berufskolleg/ Fachschule für Motopädie in Dortmund entstanden und erarbeitet worden.

6.1 Allgemeine Ziele und Elemente eines Ausbildungskonzeptes

In einer Vielzahl von pädagogisch-therapeutischen Berufsfeldern wird mit dem Medium Bewegung gearbeitet (z.B. Motopäden, Motologen, Ergotherapeuten, Physiotherapeuten, Erzieher, Diplompädagogen). Bei der Sicht einzelner Curricula verschiedener Berufsausbildungen wird deutlich, dass der Fokus sich nicht allein auf Bewegung richtet. Das ist zuerst einmal auch als sehr positiv anzusehen. Wird jedoch bedacht, dass die in den Berufsgruppen tätigen Fachleute in ihren Berichten und Dokumentationen sehr häufig einen Fokus auf Bewegung oder Bewegungsentwicklung legen, dann ist es wichtig, dass hier im Rahmen der Ausbildung spezifischere Kenntnisse vermittelt und konkrete Praxiserfahrungen gemacht werden können.

Ziele einer Ausbildung

Übergreifendes Ziel einer derartigen Spezialisierung ist die Entwicklung einer Sensibilität. Eine Feinfühligkeit und damit Wertschätzung soll entfaltet werden für:
- die Entwicklung von Bewegung
- die Beobachtung von Bewegung
- die Beschreibung von Bewegung
- die hypothesengeleitete Erklärung von Bewegung.

Dies ermöglicht der pädagogisch-therapeutischen Fachkraft im Rahmen ihrer Tätigkeit einen bewussten und theoretisch fundierten Umgang mit Bewegung und Bewegungsdimensionen sowie ihrer Zusammenhänge. Dazu gehört eine andauernde und konstante **Reflexion** des eigenen Tuns, vor allem im Hinblick auf das eigene Beobachten, Beschreiben, Erklären und Intervenieren.

Wesentliche Elemente einer Ausbildung

Grundlegende Elemente tragen zu der Umsetzung der oben genannten allgemeinen Ziele bei. Dazu zählt zum einen die Vermittlung von **Kenntnissen** bezüglich:
- diagnostischer Methodenkompetenz,
- Bewegungsentwicklung,
- Anatomie,
- Physiologie sowie
- spezieller Bewegungsbeeinträchtigungen.

In der Ausbildung soll ein Einblick in Theorien zur (Bewegungs-) Entwicklung, deren Weiterentwicklung und Aktualität in Bezug auf die Praxis gegeben werden.

Der Erwerb von **praktischer Handlungskompetenz** wird als zweiter großer Schwerpunkt angesehen. Hierbei geht es um:
- das Anwenden von speziellen verschiedenen Methoden,
- das Ermitteln von Befunden sowie
- die Deutung der Befunde.

Während des gesamten Ausbildungsprozesses ist eine kontinuierliche Analyse und **Reflexion** der eigenen Sichtweise in Bezug auf:
- Einstellungen,
- Normen,
- Werte und
- das eigene Menschenbild

erforderlich.

6.2 Inhalte eines Ausbildungsschwerpunktes Bewegungsdiagnostik

Zur Umsetzung dieser voran genannten Ziele ist die Erstellung einer Konzeption zur Qualifikation im Bereich Bewegungsdiagnostik notwendig. Durch ein spezialisiertes Ausbildungskonzept, welches konkrete ausgewählte Inhalte vermittelt, kann eine weiterführende fachspezifische Qualifikation erreicht werden.

Es folgen nun die ausgewählten übergeordneten Inhalte, die hier bestimmten Lernbereichen zugeordnet werden. Sie stellen Oberbereiche dar, die nicht als nacheinander abzuarbeitende Teilbereiche anzusehen sind, sondern als fortlaufende, übergreifende und stetig wiederkehrende Elemente im Rahmen der Ausbildung. Durch die Berücksichtigung dieser Lernbereiche innerhalb der Ausbildung soll eine spezialisierte Qualifikation in Bewegungsdiagnostik gewährleistet werden.

Zur Übersicht werden den Lernbereichen grob bestimmte Inhalte zugeordnet. Diese Inhalte werden folgend zunächst genannt und im weiteren Verlauf:
- in **Theorie** (6.2.1-6.2.14) hinsichtlich Lernzielen sowie
- in **Praxis** (6.3.1-6.3.13) hinsichtlich möglicher methodischer Überlegungen

ausgeführt und präzisiert.

Methodenverständnis und -vermittlung
Begriffsverständnis Diagnostik
Methodenkenntnis Theorie
Bewegungsbeobachtung als spezielle Methode der Beobachtung
Spezielle bewegungsdiagnostische Verfahren

Bewegungsdiagnostische Praxis
Erprobung bewegungsdiagnostischer Verfahren
Eigenentwicklung bewegungsdiagnostischer Sequenzen

Bewegungsmodelle
Entwicklung von Bewegungsmodellen

> Diagnostik als Prozess
> Beobachtungskompetenz
> Beschreibungskompetenz
> Hypothesenbildung
> Interpretation von Bewegungsverhalten
> Überlegungen zu einer Förderplanerstellung
> Dokumentation von Förderprozessen
> Erstellung eines diagnostischen Handlungskonzeptes
> Entwurf eines eigenen Handlungs-Konzeptes zur Bewegungsdiagnostik

6.2.1 Begriffsverständnis Diagnostik

Jede pädagogisch-therapeutische Fachkraft befindet sich in einem Prozess der durch diagnostische und förderungsorientierte Elemente gekennzeichnet ist. Werden Experten nach ihrem Verständnis von „Diagnostik" gefragt, so ist das Spektrum der Antworten sehr groß. Aufgrund dessen ist zunächst das **Bewusstmachen des eigenen Verständnisses** von Diagnostik erforderlich.

6.2.2 Methodenvermittlung in Theorie

Allgemeine Kenntnisse in Bezug auf verschiedene Methoden pädagogisch-psychologischer Diagnostik sind auf einer theoretischen Ebene erforderlich, um überhaupt praktisch diagnostisch tätig werden zu können.
Dazu gehören Einblicke und das **Verständnis** bezüglich folgender **Methoden**:
- Beobachtung
- Gespräch, Befragung, Interview
- Test
- Arbeitsprodukt
- Fehleranalyse.

Bei der Vermittlung der Methoden können folgende Fragen im Vordergrund stehen:
1. Welche Ziele können mit einzelnen Methoden verfolgt werden?
2. Welche Voraussetzungen müssen zur Anwendung der Methode gegeben sein?
3. Welche Kompetenzen erfordert die Anwendung welcher Methoden?
4. Wie erfolgt die Auswertung und wie kann ich die Befunde nutzen?

6.2.3 Bewegungsbeobachtung als spezielle Methode der Beobachtung

Neben der Betrachtung allgemeiner Aspekte von Beobachtung liegt der Schwerpunkt im Rahmen dieses Ausbildungskonzeptes auf der Bewegungsbeobachtung. Um einzelne Methoden besser zuordnen und ihre Ergebnisse einschätzen zu können, ist es erforderlich, die einzelnen Erfassungstechniken Motoskopie, Motometrie und Motographie zu unterscheiden (vgl. Kap. 3.1).

Weiterhin wird bei der Bewegungsbeobachtung deutlich, dass es verschiedene zu erfassende **Bewegungsdimensionen** gibt, welche in Zusammenhang mit Bewegungsmodellen (s. Kap. 4 und 5) näher betrachtet werden.

6.2.4 Vermittlung spezieller bewegungsdiagnostischer Verfahren

Liegt ein grundlegendes Verständnis bezüglich der Nutzung und Anwendung einzelner diagnostischer Methoden vor (vgl. Kap. 6.2.2), können **spezielle Methoden** für den **bewegungsdiagnostischen Bereich** vermittelt werden. Dazu zählen:
- Testverfahren
- Checklisten
- Screenings
- Diagnostische Inventare

Jedes diagnostische Verfahren verfolgt einen bestimmten **Zweck** und jedem Verfahren liegen bestimmte theoretische Annahmen zugrunde (vgl. Jackson 1999, 24). Aufgrund dessen sollte die Vorstellung spezieller bewegungsdiagnostischer Verfahren in dem Rahmen erfolgen, dass die **theoretischen Bezüge** des Verfahrens aufgezeigt und besprochen werden (vgl. Kap. 3).

> Dementsprechend müssen sich Fragen zu folgenden Aspekten gestellt werden:
>
> - Welches Verständnis von allgemeiner **Entwicklung** liegt dem Verfahren zugrunde?
> - Welches Verständnis von **Bewegungsentwicklung** liegt dem Verfahren zugrunde?
> - Was wird wie als „**Störung**" definiert?
> - Welche weiteren **theoretischen Bezüge** liegen dem Verfahren zugrunde und werden kenntlich gemacht?
> - Für welche **Klientel** ist das Verfahren konzipiert?
> - Welche **Ziele** verfolgt das Verfahren? Was soll ermittelt werden?
> - Für welche **Anwender** ist das Verfahren verfasst?
> - Wie ist das spezielle **Vorgehen** dieses Verfahrens?

Anhand dieser Fragen lassen sich eine Vielfalt von **Ansätzen diagnostischen Handelns** inhaltlich beleuchten sowie anschließend vergleichen und kritisch betrachten.

6.2.5 Erprobung bewegungsdiagnostischer Verfahren

Neben der o.g. theoretischen Vermittlung bewegungsdiagnostischer Verfahren hat sich gezeigt, dass die beispielhafte **Erprobung** unterschiedlicher diagnostischer Methoden und Verfahren von besonderer Relevanz ist.
Werden die jeweiligen Verfahren selbst als **Proband** und als Leiter durchgeführt, kann ein **praxisorientiertes Verständnis** und damit verbunden ein Kennenlernen durch Selbsterfahrung der Aufgaben ermöglicht werden.
Das Durchführen eines Verfahrens als Leiter ermöglicht Einblicke in die **Handhabung** des jeweiligen Verfahrens sowie in die Rolle des Pädagogen. Insgesamt ist in diesem Bereich eine andauernde **Reflexion** erforderlich. Die Reflexion kann in Bezug auf das bewegungsdiagnostische Verfahren selbst, d.h. dessen Nützlichkeit, oder aber auf die eigene Durchführung erfolgen.

6.2.6 Eigenentwicklung bewegungsdiagnostischer Sequenzen

Dieser Bereich kann im ursprünglichen Sinn dem Bereich „Erprobung diagnostischer Verfahren" zugeordnet werden. Hier soll er dennoch extra aufgeführt werden, da diese spezielle Erprobung insbesondere auf die Arbeit mit **Diagnostischen Inventaren** zutrifft und nicht ohne weiteres auf alle bewegungsdiagnostischen Verfahren übertragen werden kann.
Die Arbeit mit Diagnostischen Inventaren, hier speziell das Diagnostische Inventar motorischer Basiskompetenzen (DMB), ermöglicht es dem Anwender selbständig **diagnostische Sequenzen** zu erstellen. Das heißt, er ist nicht an einen vorgegebenen Ablauf oder eine bestimmte Reihenfolge gebunden, sondern kann sich eine diagnostische Sequenz entsprechend seinen Überlegungen zusammenstellen. Die Auswahl kann dabei abgestimmt sein auf seine Vorgehensweise, auf bestimmte Ziele (z.B. Bewegungsdimensionen) und vor allem auf die Individualität des zu beobachtenden Menschen.
Hierbei ist eine **Durchführung** in der eigenen praktischen Arbeit sehr empfehlenswert, wobei dies dann anhand von **Videoaufnahmen dokumentiert** und im Rahmen der Ausbildung **reflektiert** werden kann (hinsichtlich Klientel, Anwendung, Durchführung etc.).
Aufgrund der Komplexität und hohen Praxisrelevanz kommt diesem Bereich im Rahmen der Ausbildung eine besondere Bedeutung zu. Dieser Teil kann ausschließlich unter präziser Anleitung und Begleitung erlernt und verinnerlicht werden und zählt somit zu den Hauptargumenten einer spezifischen Qualifikation.

6.2.7 Entwicklung von Bewegungsmodellen

In diesem Bereich der Ausbildung geht es darum **Zusammenhänge** von einzelnen **Bewegungsdimensionen** aufzuzeigen und zu diskutieren.

Dazu ist zunächst eine spezielle **Auseinandersetzung** mit einzelnen **Bewegungsdimensionen** erforderlich. Diese ermöglicht es im weiteren Verlauf, Bewegungsbeobachtung konkret zu vermitteln und Bewegungen zu analysieren (vgl. Kap. 4). Die **Vielfalt** verschiedener Bewegungsdimensionen soll verdeutlicht und die Notwendigkeit der Auseinandersetzung mit eigenen Vorstellungen hervorgehoben werden.

Der Schwerpunkt dieses Bereiches liegt hier in der **Erarbeitung** eines eigenen **Bewegungsmodells**. Es soll der Frage nachgegangen werden, welche Bewegungsdimensionen für jeden Einzelnen in der praktischen Arbeit von Bedeutung sind. Wo legt jeder die **Schwerpunkte** seiner Bewegungsbeobachtung? Weiterhin ist es hier immens wichtig festzuhalten, was unter den jeweiligen **Begriffen** der Bewegungsdimensionen verstanden wird. Wie sich sowohl in der Literatur als auch in der Praxis zeigt, wird häufig mit gleichen Begrifflichkeiten, aber mit unterschiedlichen Verständnissen der Begrifflichkeiten gearbeitet. Daher sollte sich jeder über seine Begriffsverständnisse im Klaren sein und dies am Ende einer Ausbildung präzise benennen bzw. aufzeigen sowie begründen können.

Sind einzelne Bewegungsdimensionen und deren Verständnisse bzw. Definitionen herausgearbeitet, kann der Frage nachgegangen werden, in welchem Zusammenhang diese stehen. Das heißt, dass Überlegungen zur **Erstellung eines Bewegungsmodells** getroffen werden (vgl. Kap. 6.3.6).

Die Herausarbeitung eines eigenen Bewegungsmodells ist ein wesentlicher Teil dieses Ausbildungskonzeptes. Es trägt zur Bewusstmachung und/oder zur Herausbildung des eigenen Verständnisses von Bewegungsdimensionen bei.

6.2.8 Aneignung von Beobachtungskompetenz

Dieser Bereich erstreckt sich konstant durch die gesamte Ausbildung. Die **Unterscheidung** zwischen **Beobachtung** („was sehe ich?") und **Interpretation** („was interpretiere ich?") steht am Anfang. Im Rahmen einer Ausbildung wird deutlich, wie schnell ein Vermischen beider Aspekte vor allem in alltäglichen Beobachtungen zustande kommt. Theoriegeleitet kann dieses Gebiet durch Ausführungen zu Wahrnehmungsprozessen, insbesondere der visuellen Wahrnehmung, bearbeitet werden.

Die **Beobachtungskompetenz** soll dann vor allem an ausgewählten Praxisbeispielen verdeutlicht werden, die unter verschiedenen Fragestellungen stehen:
- Was sehe ich?
- Was sehen andere?
- Liegt der Fokus meiner Beobachtungen auf dem Können oder dem Nichtkönnen von Bewegung?
- u.a. Fragestellungen.

Weiterhin ist hier das Erkennen von **Fehlerquellen** im Rahmen von Beobachtungen wichtig.

6.2.9 Aneignung von Beschreibungskompetenz

Beobachtung und Beschreibung gehen oft nahtlos ineinander über. Die Trennung dieser beiden Bereiche macht deutlich, dass es ein aufeinander aufbauender Prozess ist, bei dem die Beschreibung den zweiten Schritt innerhalb einer Diagnostik nach der Beobachtung darstellt. Es geht um die **Frage, wie das Gesehene beschrieben werden kann**. Dabei ist es notwendig, das Gesehene (die Bewegungen) so zu beschreiben, das heißt Worte zu finden, dass sich ein anderer Leser/Zuhörer die beschriebene Person genau vorstellen kann. Um sich ein Bild von der beschriebenen Person machen zu können, ist eine hohe **Präzision der Beschreibung** erforderlich. Neben der **Technik des Beschreibens** soll deutlich gemacht werden, warum eine wertfreie und präzise Beschreibung für die weiteren diagnostischen Schritte notwendig ist.

Erfahrungsgemäß ist auch dieser Bereich ein wesentliches Argument für eine spezialisierte Ausbildung. Eine Beschreibungskompetenz kann allein unter zielorientierter Begleitung und **Reflexion** erlernt und als Kompetenz herausgebildet werden.

6.2.10 Aneignung von Hypothesenbildung

Der dritte explizite Schritt diagnostischen Vorgehens ist das **Bilden von Hypothesen** auf der Grundlage von Beobachtungen und deren Beschreibungen. Hypothesen sind Vermutungen und stellen die Voraussetzung für nachfolgende Interpretationen dar. Um eine Hypothese nicht gleich zur Interpretation zu machen, ist es unabdinglich stets Alternativhypothesen zu ein und dergleichen Beobachtung aufzustellen. Beim Aufstellen von verschiedenartigen alternativen Hypothesen wird schnell deutlich, dass die Hypothesenbildung sehr stark theoriegeleitet ist. Das heißt, dass Hypothesen immer in **Abhängigkeit** vom eigenen theoretischen Wissen bzw. zugrunde liegenden **Theorien** in Bezug auf menschliche Entwicklung aufgestellt werden. Diese theoretischen Annahmen gilt es gegenüberzustellen und zu vergleichen. So werden beispielsweise ein Ergotherapeut und ein Diplompädagoge eine unterschiedliche erste Hypothese aufstellen, wenn sie eine Schaukelbewegung eines Kindes beobachtet haben. Das ist auch so lange angemessen, so lange es alternative Hypothesen gibt.

Sind **Hypothesen** gebildet, ist es erforderlich diese zu **überprüfen**. Da es in der Praxis nicht immer sofort möglich ist, Hypothesen zu bestätigen oder zu widerlegen, ist eine vorläufige Festlegung auf eine Hypothese erforderlich, womit die Hypothese dann zu einer ersten Interpretation wird.

Dass Hypothesen nie als fest angesehen werden dürfen, macht unter anderem folgendes Zitat von Bruno Metzmacher deutlich: „Mit Hypothesen soll man flirten, man soll sie nicht heiraten" (vgl. Passolt/Pinter-Theiss 2003, 206).

6.2.11 Interpretation von Bewegungsverhalten

Aufgrund vielfältiger Beobachtungen unter Einbezug verschiedener Informationsquellen (z.B.: Befunde von anderen Fachkräften, Berichte von Bezugspersonen) sowie einer Überprüfung von Hypothesen werden erste **Interpretationen** in Bezug auf Bewegungen und das damit verbundene Bewegungsverhalten getroffen.

Mittels Interpretationen wird versucht, das **Gesehene** zu **erklären**. Eine Erklärung erfordert explizit das **Zurückgreifen auf Theorien** oder theoretische Erklärungsmodelle. An dieser Stelle kann bereits eine **kritische Auseinandersetzung** im Hinblick auf die möglichen Konsequenzen von Interpretationen erfolgen.

6.2.12 Überlegungen zu einer Förderplanerstellung

Auf der Basis der Hypothesen und der daraus ermittelten Interpretationen können Überlegungen hinsichtlich eines **Förderplans** gemacht werden. Es gibt vielfältige theoretische und praxiserprobte **Konzepte**, die im Rahmen der Ausbildung **vorgestellt und erprobt** werden können. Zusammen mit den theoriegeleiteten Hypothesen und Interpretationen bilden sie die Grundlage für die einzelnen Förderziele, Interventionsformen und -möglichkeiten.

Im Rahmen der Ausbildung ist es herauszustellen, dass die Förderziele durch die beobachtende Person vorgegeben oder aber in Absprache mit der beobachteten Person und/oder anderen Bezugspersonen erfolgen und formuliert werden können. Ein Förderansatz kann, entsprechend der vertretenen Konzeption, direkt an den Beeinträchtigungen oder aber an den Kompetenzen im Bewegungsbereich ansetzen.

Wichtig ist weiter herauszustellen, dass analog der Beobachtungen und Hypothesen auch die Förderpläne stets neu zu formulieren sind. Eine Förderung stellt einen fortlaufenden Prozess von Beobachtung, Beschreibung, Hypothesenbildung und Interpretation dar und dies soll auch in der Praxis deutlich werden, in dem die **Förderziele** neu **formuliert** und/oder überarbeitet werden.

6.2.13 Dokumentation von Förderprozessen

Wenn eine Intervention zur Förderung eines Menschen eingeleitet ist, dann gilt es diesen **Förderprozess** fortlaufend zu **dokumentieren**. Dabei können verschiedene **Möglichkeiten der Dokumentation** vermittelt und erprobt werden, z.B.:
- Protokolle,
- Entwicklungsberichte,

- Gutachten,
- Individuelle Entwicklungs- und Förderpläne.

Im Rahmen der Dokumentation von Förderprozessen, unabhängig von der Form der Dokumentation, ist auf die Formulierungen bzw. die gewählte Wortwahl zu achten. Hier geht es wiederum um die Beschreibungen und die Verschriftlichung der Beobachtungen, Hypothesen und Interpretationen sowie Zielen.

6.2.14 Entwurf eines individuellen Handlungs-Konzeptes zur Bewegungsdiagnostik

Erfahrungsgemäß gestaltet es sich am Ende von pädagogisch-therapeutischen Ausbildungen für das Groß der Pädagogen/Therapeuten als sehr schwierig, ihr erworbenes Wissen eigenständig in ein Konzept zu integrieren. Ein selbständig erarbeitetes Konzept erleichtert jedoch ungemein einen zielgerichteten Einstieg in die neue Praxis. Mit Hilfe eines **individuellen diagnostischen Konzeptes** können das eigene Verständnis von Diagnostik sowie die persönlichen Vorstellungen in Bezug auf Bewegungsdiagnostik klar strukturiert werden. Zudem kann es anderen Mitarbeitern bzw. zukünftigen Kollegen präsentiert werden. Im Rahmen des Konzeptes werden eigene theoretische und praktische **Bezugspunkte** kenntlich gemacht und die eigene **Vorgehensweise**, inklusive **Methodenauswahl**, begründet. Dabei sollten die Praxis der Durchführung diagnostischer Verfahren und die damit einhergehenden theoretisch begründeten Interpretationen stimmig sein.
Bei der Aufstellung eines persönlichen Konzeptes sollte neben den eigenen Vorstellungen berücksichtigt werden, für welches **Arbeitsfeld** und welche **Klientel** die konzeptionellen Überlegungen getroffen werden.

6.3 Spezielle beispielhafte methodische Überlegungen zur Umsetzung von Inhalten eines Ausbildungsschwerpunktes Bewegungsdiagnostik

Im Folgenden werden die inhaltlichen Ziele eines Ausbildungsschwerpunktes Bewegungsdiagnostik (Kap. 6.2) nochmals aufgegriffen und mit spezifischen Ideen bezüglich einer Umsetzung veranschaulicht. Die speziellen methodischen Überlegungen sollen verdeutlichen, dass ein praxis- und handlungsorientiertes sowie facettenreiches Lernen für eine Qualifizierung in Bewegungsdiagnostik erforderlich ist. Diese Art des Lernens in Theorie und Praxis kann allein mit Hilfe eines spezifischen Konzeptes erfolgen, dessen Ziele somit präzise verfolgt und umgesetzt werden können. Die beispielhaft ausgewählten und auf eigenen Erfahrungen beruhenden In-

halte sind dabei anlehnend an die bereits aufgestellten Lernbereiche gegliedert (s. Kap. 6.2).
Am Ende des Kapitels erfolgt eine Grafik (Abb. 53), welche die Inhalte der Zusatzqualifikation Bewegungsdiagnostik im Überblick aufzeigt. Sie soll deren Zusammenwirken sowie die Komplexität veranschaulichen.

6.3.1 Begriffsverständnis Diagnostik

Auf der Grundlage ihrer praktischen Arbeit sowie anhand sprachlicher Herleitungen werden die Studierenden zu einem Begriff von „Diagnostik" geführt. Dazu können Fragen gestellt werden, wie zum Beispiel:
- Was bedeutet Diagnostik im ursprünglichen Sprachgebrauch?
- Was bedeutet es für mich?
- Welche Ziele und Aufgaben hat Diagnostik?
- Welche Ziele und Aufgaben verfolge ich mit Diagnostik in meinem Arbeitsfeld?

Dazu kann zunächst in der Gruppe ein Brainstorming bezüglich des eigenen Verständnisses von „Diagnostik" sowie der impliziten Kriterien von Diagnostik erfolgen. Daran anschließend kann der Begriff ausgehend vom Ursprung des Wortes Diagnostik (griech.: dia und gnosis) erklärt werden. Danach kann eine Diskussion eingeleitet werden, welche thematisiert, ob ein Pädagoge/Therapeut allein Diagnostik betreiben kann. Weiterhin können Voraussetzungen für eine Diagnostik mündlich herausgestellt und individuelle Ziele und Aufgaben diagnostischen Handelns festgehalten werden.
Empfehlenswert ist es, darauf aufmerksam zu machen, dass Diagnostik:
- einen fortlaufenden Prozess der Informationssammlung,
- Befunderhebung und
- Interpretation

darstellt.

Nach einer mündlichen aktiven Auseinandersetzung mit diesen grundlegenden Fragen, kann eine Zusammenfassung der Erkenntnisse erfolgen, wobei diese dann durch theoretische Ausführungen untermauert werden kann. Diese literaturbezogenen Quellen sollten bereits ein prozessdiagnostisches Verständnis beinhalten.

6.3.2 Methodenvermittlung in Theorie

Die methodenspezifischen allgemeinen Grundlagen einer pädagogisch-psychologischen Diagnostik sollten präzise und zusammengefasst vorgestellt werden. Dabei können die speziellen Methoden hinsichtlich ihrer Ziele und Anwendung entweder beschrieben und/oder in kurzen Sequenzen praktisch deutlich veranschaulicht werden. Im Folgenden werden mögliche Beispiele für die jeweiligen Methoden genannt:

Beobachtung	Gespräch	Test	Arbeits-produkt	Fehler-analyse
Abb. 40: Beobachten	Abb. 41: im Gesprächskreis austauschen	Abb. 42: Maße ermitteln	Abb. 43: Zeichnungen erstellen	Abb. 44: Fehler suchen

Beobachtung: Hier kann zunächst eine Differenzierung von naiver und systematischer Beobachtung deutlich gemacht werden, in dem zwei Beobachtungsgruppen mit entsprechender Aufgabenstellung gebildet und mit einem Beobachtungsbogen ausgestattet werden. Zur Unterscheidung verschiedener systematischer Beobachtungen (teilnehmend/nicht teilnehmend und verdeckt/offen) können z.B. vier Gruppen beauftragt werden, die Art der Beobachtung in einem kleinen Rollenspiel darzustellen. Wichtig ist es hierbei deutlich zu machen, dass Beobachtung _die_ Methode überhaupt ist, da sie immer vorhanden ist, unabhängig von der weiteren Methodenauswahl. Ein Verhalten wird beobachtet, egal ob es in einer speziellen Beobachtungssituation, einem Gespräch, einem Test oder einer Fehleranalyse (visuell und/oder auditiv) betrachtet wird. Für den Bereich einer Bewegungsdiagnostik stellt die Beobachtung ein alltägliches Instrument dar.

Gespräch, Befragung, Interview: Nach einer theoretischen Differenzierung und Abgrenzung dieser drei ähnlichen Methoden (vgl. Eggert/Reichenbach/Bode 2003), kann gemeinsam überlegt werden, in welchem Rahmen welche Methode am ehesten angebracht ist. Auch diese Methoden können zur Verdeutlichung anhand eines Rollenspiels dargestellt werden. Eventuell ermöglicht ein Rollenspiel auch das Herausfinden der Angemessenheit einer Methode. In Bezug auf die Praxis heißt das, dass bestimmte Situationen vorgegeben werden (z.B. Gespräch mit einem Kind im Anfangskreis einer Bewegungsstunde; Befragung eines Lehrers zu einem Kind; Interview einer Person zu Umweltbedingungen von Kindern) und alle drei Situationen der jeweiligen mündlichen Situation „ausgesetzt" werden, das heißt, dass es dann insgesamt neun kurze Rollenspielsequenzen zur Veranschaulichung gibt. Diese Methode kann im bewegungsdiagnostischen Bereich Aufschluss über Bewegungsverhalten geben, vor allem, wenn die beobachtete Person selbst befragt wird.

Test: Eine Vorstellung von Definitionen bezüglich des Verständnisses von Tests aus psychologischer Sicht, kann am Anfang stehen. Darauf folgt die Darstellung der Gütekriterien eines Tests (vgl. Lienert/Raatz 1994; Eggert 1997). Außerdem sollten im Verlauf der Ausbildung Argumente Für und Wider in Bezug auf die Anwendung von klassischen Testverfahren gesammelt und diskutiert werden. Eine praktische Sequenz kann in Form einer Erinnerung an bisher selbst erlebte Tests erfolgen (z.b. im Sportunterricht) oder es kann eine Bewegungsaufgabe gestellt werden, die es dann in ein Bezugssystem einzuordnen gilt (z.b. im Rahmen einer Schuleingangsüberprüfung). Testverfahren gibt es im bewegungsdiagnostischen Bereich in Bezug auf verschiedene Bewegungsdimensionen (vgl. Kap. 3).

Arbeitsprodukt: Nach einer Erklärung der Methode des Arbeitsproduktes und die Herausstellung der Notwendigkeit der andauernden Begleitung des Arbeitsprozesses, können Beispiele von fertigen Arbeitsprodukten und/ oder ein Video von der Erstellung eines Arbeitsproduktes gezeigt werden. Die Erstellung von Arbeitsprodukten kann insbesondere bei der Beobachtung von Bewegungsausführungen der Hände sehr aufschlussreich sein.

Fehleranalyse: Das Wissen um Fehleranalysen kann am günstigsten anhand eines Beispiels aus der Schule oder dem Leistungssport verdeutlicht werden. Fehleranalysen bilden eine Voraussetzung zum Erlernen von Bewegungen bzw. Bewegungsabläufen. Ein Erkennen und die Analyse von Fehlern ermöglicht hier eine Veränderung der Bewegungen. Mittels einer Videosequenz kann diese Methode anschaulich erklärt werden.

Diagnostische Inventare werden hier nicht als gesonderte Methode aufgeführt, da sie von der Anwendung her die Möglichkeit bieten, die zuvor erwähnten Methoden (abgesehen von Tests) in sich zu vereinen. Auf die besonderen Aspekte von Diagnostischen Inventaren wird speziell bei der Vermittlung der dazugehörigen Verfahren eingegangen.

Wie bereits erwähnt, ist eine **Reflexion** der vorgestellten Methoden im Hinblick auf Anwendung, Ziele, Kompetenzen und Auswertung konstant erforderlich und kann mündlich innerhalb der Gruppe erfolgen.

Die spezifische Bearbeitung der Methoden innerhalb eines Ausbildungskonzeptes zur Bewegungsdiagnostik ist höchst praxisrelevant. Nur derjenige Praktiker wird eine Vielfalt von Methoden einsetzen und/oder vereinzelt ablehnen, wenn er sie kennt und sie selbst erfahren, diskutiert und praktisch erprobt hat.

6.3.3 Bewegungsbeobachtung als spezielle Methode der Beobachtung

Die Vermittlung der Erfassungstechniken kann insofern erfolgen, als dass die Teilnehmer zunächst erarbeiten, was sie unter den Begriffen Motoskopie, Motometrie und Motographie verstehen. Die Begriffe können so anhand ihrer sprachlichen Wurzeln hergeleitet werden. Eine Präzisierung schließt sich in der Form an, dass Oseretzkys Verständnis dargelegt und mit konkreten inhaltlichen Beispielen veranschaulicht wird (vgl. Kap. 3.1). Hier können auch verschiedene Beispiele in einer offenen Runde gesammelt werden.

6.3.4 Kenntnis und Erprobung spezieller bewegungsdiagnostischer Verfahren

Nach der Beschäftigung mit Grundlagenkenntnissen zu einzelnen Methoden geht es um eine spezifische Kenntnis von bewegungsdiagnostischen Verfahren.

Zunächst werden die Ziele (z.B. Erfassung von ...; Erkennung von ...), die Zielgruppe (z.B. Kinder) und die theoretischen Grundannahmen (z.B. Entwicklungsverständnis; vertretene theoretische Annahmen bzw. Positionen) des jeweiligen Verfahrens vorgestellt. Anschließend erfolgt ein Vorführen der enthaltenen Aufgaben mit jeweiligen Durchführungsbesonderheiten bzw. -hinweisen. Unter Durchführungsbesonderheiten sind zum Beispiel genaue Testanweisungen und/oder anwendungsbezogene Inhalte (z.B. das Erstellen von Diagnostischen Menüs bei Diagnostischen Inventaren) gemeint. Des Weiteren werden die Art der Auswertung bzw. Beobachtungskriterien deutlich gemacht, z.B. das Zählen von Werten oder die Beobachtung und das Beschreiben von einzelnen Bewegungsdimensionen.

Nach dieser **praxisorientierten Erklärung** folgt eine Durchführung des jeweiligen Aufgabenkomplexes in Form einer **Partnerarbeit**. Hierbei tauschen die Partner die Rollen, so dass jeder einmal die Rolle des Leiters und die Rolle der beobachteten Person einnimmt.

Sind alle Aufgaben selbst ausprobiert worden, wird die **Auswertung** der erhobenen Daten bzw. Befunde erklärt. Abhängig vom Verfahren und der damit verbundenen Methoden kann es hierbei um die Einordnung in ein quantitatives Bezugssystem oder um das qualitative Beschreiben der erzielten Beobachtungen gehen.

Am Abschluss jeder Vermittlung eines bewegungsdiagnostischen Verfahrens steht eine **kritische Auseinandersetzung** im Hinblick auf:
- die formulierten **Ziele**: Welche Ziele verfolgt das Verfahren? Können diese Ziele erreicht werden? Unter welchen Bedingungen können die formulierten Ziele erreicht werden?
- die **Anwendung**: Ist das Verfahren praktikabel? Wie ist das eigene Empfinden als Diagnostiker und als Beobachteter?
- das **Konzept**: Sind die zugrunde liegenden theoretischen Annahmen nachvollziehbar und aktuell gültig? Welches Störungsverständnis liegt dem Verfahren zugrunde? Welches Entwicklungsverständnis vertreten die Autoren?

- das **Klientel**: Ist das Verfahren für das vorgeschriebene zu untersuchende Klientel brauchbar? Sind besondere Kompetenzen für eine bestimmte Klientel erforderlich?

Vielen Anwendern werden hier erst die Notwendigkeit der **Kompetenz** und die damit verbundene Verantwortung an den Anwender diagnostischer Verfahren bewusst. Die Selbsterfahrung als „Proband", der die diagnostischen Aufgaben durchführt, ermöglicht ein eigenes Ausprobieren und eine **Einschätzung** der Anforderungen der Aufgabe. Außerdem kann hier sehr gut erfahrbar gemacht werden, dass Bewegungsausführungen nicht unabhängig von anderen Entwicklungsaspekten betrachtet werden können (z.B. Kognition, Emotion, Wahrnehmung).

Es ist zu empfehlen, einen Teil der kennen gelernten bewegungsdiagnostischen Verfahren selbständig im eigenen praktischen Arbeitsfeld mit Probanden durchzuführen.

Dazu wird der Einsatz einer Videokamera empfohlen, so dass die entsprechende diagnostische Situation im Nachhinein im Hinblick auf die Durchführung und Auswertung besprochen und reflektiert werden kann.

Aufgrund der Vielzahl von bewegungsdiagnostischen Verfahren sollte eine spezielle Auswahl von der Lehrkraft in Abstimmung mit den Studierenden der Zusatzqualifikation getroffen werden. Diese Auswahl sollte sich an der Lebensnähe der Studierenden orientieren. Empfehlenswert ist es, spezifische Verfahren zu jeweiligen methodischen Ansätzen zu vermitteln. Da im zeitlichen Rahmen dieser Zusatzqualifikation nicht alle bewegungsdiagnostischen Verfahren vermittelt werden können, sollte eine gezielte und individuell begründete Auswahl erfolgen.

6.3.5 Eigenentwicklung bewegungsdiagnostischer Sequenzen

Die nur im Rahmen einer spezialisierten Ausbildung mögliche Eigenentwicklung bewegungsdiagnostischer Sequenzen kann mit Hilfe der Arbeit mit Diagnostischen Inventaren verdeutlicht werden. Aufbauend auf **theoretischen Überlegungen** zu Diagnostischen Inventaren können anlehnend an „Menü-Fragen" (vgl. Kap. 3.8) zunächst in gemeinsamer Gruppenarbeit **Diagnostische Menüs** erstellt werden. Dabei kann sich die Gruppe so zusammenstellen, dass alle Mitwirkenden aus dem gleichen Arbeitsfeld (ähnliche Klientel, gleiche Altersgruppe) kommen. In diesem Prozess sind vor allem der Austausch und die **Diskussion** der Teilnehmer wichtig und gewinnbringend für die Erstellung eines diagnostischen Menüs. Abgesehen von der Aufgabenzusammenstellung (gewählte Reihenfolge, vorgeschlagene Einbettung, z.B. in eine Geschichte), kann hier gemeinsam überlegt werden, wie welche Aufgaben so differenziert werden können, dass alle beobachteten Personen eine Lösung finden. Es hat sich herausgestellt, dass gerade die Differenzierung von Aufgaben in verschiedene

Schwierigkeitsgrade ein Bereich ist, der sehr viel Überlegung und Erprobung bedarf.

Nach der gemeinsamen Fertigstellung des Diagnostischen Menüs stellen alle Gruppen ihre Überlegungen vor. Am gewinnbringendsten geschieht dies, wenn dies selbst im Rahmen der Ausbildung praktisch durchgeführt und erprobt wird. Eine anschließende **Reflexionsmöglichkeit** hinsichtlich der Durchführung sowie der Aufgabenauswahl wird gegeben.

Wurde das Vorgehen mehrfach in gemeinsamen Situationen erprobt, so kann sich eine Einzelerstellung anschließen. Das heißt, dass jeder die Aufgabe hat, ein eigenes Diagnostisches Menü zu erstellen und dies anhand der Menü-Fragen zu begründen. Dieses Diagnostische Menü sollte dann in der eigenen Praxis erprobt und auf einem Video dokumentiert werden. Im Rahmen der Ausbildung kann das Video dann unter folgenden Fragestellungen betrachtet werden:

- Wie können Aufgaben noch differenziert werden, so dass mehr Durchführungsmöglichkeiten bestehen?
- Welche Beobachtungen können in Bezug auf die motorische Basiskompetenzen gemacht werden?
- Wie ist mein Verhalten als Leiter der Situation?

6.3.6 Entwicklung von Bewegungsmodellen

Das Aufzeigen von Zusammenhängen einzelner Bewegungsdimensionen kann zunächst anhand von in der Literatur existierenden Modellen stattfinden (s. Kap. 4). Ehe jedoch einzelne Modelle vorgestellt werden, sollten die Teilnehmer eigenständig überlegen, welche **Bewegungsdimensionen** sie kennen. Diese können dann gesammelt und festgehalten werden.

Um zu verdeutlichen, was einzelne Bewegungsdimensionen bedeuten und wie diese aussehen, können exemplarisch sechs Bewegungsdimensionen ausgewählt und auf einzelne Karten geschrieben werden (z.B.: Gleichgewicht, Koordination, Gelenkigkeit, Tempo, Kraft, Ausdauer). Es bilden sich dann sechs Gruppen und jede Gruppe erhält eine Karte mit einer Bewegungsdimension. Die Aufgabe besteht für die Gruppe nun darin, diese Bewegungsdimension pantomimisch darzustellen, so dass die anderen Teilnehmer erkennen, um welche Bewegungsdimension es sich handelt. Dabei kann die **Darstellung** einerseits zeigen wie es aussieht, wenn die Bewegungsdimension vorhanden ist und wie es aussieht, wenn die Bewegungsdimension nicht oder weniger vorhanden ist. Die Prozesse der Auseinandersetzung mit der Aufgabe können erfahrungsgemäß sehr unterschiedlich ablaufen. Die Gruppe kann sich in Bezug auf die Darstellung sehr schnell einig sein oder es können hier bereits umfangreiche Diskussionen in Bezug auf die Begrifflichkeit auftreten.

Ausbildungskonzept Bewegungsdiagnostik

Beweglichkeit?!	Koordination?!	Tempo?!	Gleichgewicht?!

Abb. 45: Biegsame Heike	Abb. 46: Pyramide	Abb. 47: Wettrennen	Abb. 48: Waage

Um den Prozess der **Auseinandersetzung** deutlich zu machen, sollte ein Teilnehmer der Gruppe den Prozess **dokumentieren**, das heißt, es sollte aufgeschrieben werden, wie die Gruppe zu der Idee der Darstellung gekommen ist und ob es verschiedene Überlegungen zum jeweiligen Begriffsverständnis gab.

Anschließend erfolgen die jeweiligen **Darstellungen** der Gruppen und das „Erkennen" durch die anderen Teilnehmer. In der Praxis hat sich gezeigt, dass viele Bewegungsdimensionen aufgrund der individuellen Erfahrung in Bezug auf bestimmte Aufgaben „erkannt" werden. Das heißt zum Beispiel, dass ich weiß, dass ich Kraft brauche, wenn ich etwas hoch hebe. Aufgrund dessen steht hier die Frage im Vordergrund: „Woran habe ich erkannt, dass es sich um die spezielle Bewegungsdimension handelt?", das heißt woran sehe (!) ich das?

Durch diese Praxissequenz kann den Teilnehmern verdeutlicht werden:
- dass viele Beobachtungen keine Beschreibung des Gesehenen, sondern ein Deuten aufgrund eigener *Erfahrungen* sind,
- dass bestimmte Bewegungsdimensionen anhand *spezieller Merkmale* erkennbar sind (z.B. Gleichgewicht und Abweichung der Körpersenkrechten von der Körpermittellinie),
- dass einige Bewegungsdimensionen nur messbar oder im Vergleich zu einem Bezugspunkt beschreibbar, aber *nicht beobachtbar* sind (z.B. Tempo/Geschwindigkeit),
- dass einige Bewegungsdimensionen *näher spezifiziert* werden müssen, da es unterschiedliche Aspekte dieser Dimension gibt (z.B.: Körper(teil)bezogenheit von Kraft oder Gelenkigkeit) sowie
- dass es erforderlich ist, Bewegungsdimensionen näher zu beschreiben und auch zu versuchen, die *Zusammenhänge* einzelner Bewegungsdimensionen untereinander zu erkennen.

Im Verlauf der Ausbildung sollte im Weiteren über Verstehensweisen bzw. **Definitionen** von Begrifflichkeiten nachgedacht werden. Hierzu erweist

sich eine Kleingruppenarbeit als vorteilhaft. Dabei können individuelle Begriffsverständnisse zunächst dargelegt, analysiert, diskutiert und im weiteren Verlauf neu konstruiert werden. Der Austausch zeigt ein Vorhandensein von großen Differenzen bezüglich der Begriffsverständnisse. Zugleich wird eine Notwendigkeit der Transparenz unterschiedlicher Sichtweisen deutlich, damit Gesprächspartner eine gleiche Grundlage zur besseren Verständigkeit haben.
Nach individuellen Überlegungen zum Verständnis bestimmter Begriffe (z.B. zu Bewegungsdimensionen wie Gelenkigkeit, Kraft, Gleichgewicht etc.) können verschiedene Definitionen aus der **Literatur** herangezogen werden. Anschließend können eine nochmalige Überarbeitung bzw. Ergänzungen der individuellen Vorstellungen stattfinden.

Wenn sich ein Pädagoge/Therapeut in seinem Alltag mit dem Medium Bewegung befasst und dies auch im Rahmen von Entwicklungsverläufen beschreibt, dann ist es unerlässlich, dass er sich über sein eigenes **Modell von Bewegung** und sein Verständnis der einzelnen Bewegungsdimensionen klar wird. Die gemeinsame **Erarbeitung** eines Bewegungsmodells in Kleingruppen ist nützlich. Dabei werden Bewegungsdimensionen herausgearbeitet, die ein Bewegungsmodell beinhalten sollte. Anschließend wird überlegt, wie diese einzelnen Bewegungsdimensionen verstanden werden, das heißt, wie sie definiert werden (s.o.). Ist das geschehen, geht es darum diese Bewegungsdimensionen in ein Modell zu bringen, in dem Bezüge zueinander deutlich werden.
Es hat sich gezeigt, dass diese Phase der Auseinandersetzung zu sehr intensiven **Diskussionen** und fachlichen Auseinandersetzungen führt. Dabei kommen Fachkräfte mit einer gleichen Berufsausbildung schneller auf einen gemeinsamen Nenner als Fachkräfte mit unterschiedlicher Berufsausbildung. Jedoch erscheint es für die Diskussion, das Lernen und das Überdenken in Bezug auf eigene Sichtweisen befruchtender, wenn sich Fachkräfte unterschiedlicher Berufsgruppen in einer Arbeitsgruppe sammeln.
Die entstandenen **Bewegungsmodelle** können dann **vorgestellt, diskutiert, kritisch reflektiert und ggf. verändert** werden. Auch hier darf nicht vergessen werden, dass es sich um einen Prozess der Entwicklung handelt: Modelle, Definitionen, Vorstellungen werden aufgestellt, neue Erfahrungen und Kenntnisse werden gesammelt und es erfolgt eine Überarbeitung eigener Modelle.

Abschließend kann eine Übersicht über bisher vorhandene Zusammenstellungen von Bewegungsdimensionen gezeigt und damit die legitime Vielfalt veranschaulicht werden. Als **Quintessenz** sollte festgehalten werden, dass jede pädagogisch-therapeutische Fachkraft ein anderes Bewegungsmodell haben kann, nur dass man sich dieses Bewegungsmodells und der darin enthaltenen Bewegungsdimensionen, inklusive Definitionen, bewusst sein sollte.

Ausbildungskonzept Bewegungsdiagnostik

6.3.7 Beobachtungskompetenz

Abb. 49: Bildausschnitt Geschichte W. Busch

Als einen Einstieg in die allgemeine Beobachtung und zur Bewusstmachung von schnellen Interpretationsprozessen dient eine Kurzgeschichte von Wilhelm Busch, die zeichnerisch in sechs Bildern (s. Abb. 50) dargestellt ist. Ehe die gesamte Bildsequenz gezeigt wird, wird ein Ausschnitt aus der Geschichte (s. Abb. 49 = Bild 5 von 6 der Geschichte) gewählt:

Dann kann hier die Frage gestellt werden: „Was sehen Sie?". Neben Aussagen in Bezug auf die Kleidung oder das Geschlecht werden hier oftmals erfahrungsgemäß sehr schnell Zuschreibungen in Form von „der Mann *ist* dick/fett", „der Mann *hat* Glubschaugen" oder ähnliches getroffen.

Ehe das „Rätsel" um die Geschichte gelüftet wird, können Praxissequenzen zur Unterscheidung von „Was sehe ich?" und „Was interpretiere ich?" initiiert werden (vgl. Kap. 6.2.8).

Die „Auflösung" ergibt dann folgende Geschichte:

Abb. 50: Geschichte W. Busch

190

Anhand dieser kurzen Bildgeschichte von Wilhelm Busch können folgende Aspekte bewusst gemacht werden:
- dass man als Beobachter jeweils nur *einen* Ausschnitt sieht,
- dass Beschreibungen von Interpretationen getrennt werden müssen,
- dass es erforderlich ist (Alternativ-)Hypothesen zu bilden, so dass nicht vorschnell ein Urteil gefällt wird,
- dass der gesamte Kontext einer handelnden Person betrachtet werden muss.

Diese Sequenz kann somit erstmals verdeutlichen, wie komplex der Prozess von Diagnostik ist und welche einzelnen Schritte bedacht und gegangen werden müssen. Eine Konkretisierung dieses Prozesses anhand eines Beispiels erfolgt nach der einzelnen Darlegung der dazugehörigen Teilbereiche

- Beobachtung
- Beschreibung
- Hypothesenbildung
- Interpretation
- Förderplan
- Dokumentation

Ein Erlernen der **Beobachtungskompetenz** in Bezug auf Bewegung kann damit beginnen, dass sich Paare bilden, die sich gegenseitig in Alltagssituationen (z.B. Gehen, Fangen & Werfen) naiv beobachten. Die Beobachtungen werden dann beispielhaft vorgetragen und können anschließend miteinander im Hinblick auf ihre Unterschiedlichkeiten verglichen werden. Hier stellen die Teilnehmer in der Regel fest, dass zum einen die Fokusse der Beobachtungen unterschiedlich sind und zum anderen sich die Beschreibungen hinsichtlich ihrer bereits vorhandenen Interpretation deutlich voneinander unterscheiden. Nach der Erarbeitung, dass Beschreibung und Interpretation zwei voneinander unabhängige Aspekte sind, kann eine zweite bewegungsorientierte Alltagssituation folgen. Jetzt besteht die Aufgabe für den Beobachter darin, sein Blatt in zwei Hälften zu teilen und seine schriftlichen Ausführungen in „was sehe ich?" und „was interpretiere ich?" zu unterscheiden.

Nach der Praxissequenz folgt eine **Reflexion** zum einen im Hinblick auf den Beobachter und seine Dokumentation und zum anderen Im Hinblick auf die Beobachteten und dessen Gefühle während der Beobachtungssituationen. Da jeder Teilnehmer jede Rolle eingenommen hat, können sich hier alle an der Diskussion beteiligen.

Durch Ausführungen zur Bedeutung von Wahrnehmungsprozessen, insbesondere der visuellen Wahrnehmung, kann der Prozess ergänzt werden. Besonders eindrucksvoll ist hier der Einsatz eines **Films** der BBC „Sinnesfreuden (3). Sehen & Tastsinn"/„Die Macht der Sinne" (vgl. Kap. 5.3).

Dieser Film veranschaulicht, von welchen Selektionsprozessen das Sehen beeinflusst wird, vor allem bei der Konzentration auf eine bestimmte Gegebenheit. Die Betrachtung des Films kann unter die Frage „Was lernen Sie für Ihre Arbeit" gestellt werden und es zeigt sich, dass bisher jeder Teilnehmer neue Erkenntnisse erhalten hat.

Abgesehen von gezielten Beobachtungsaufgaben anhand von **Fallbeispielen** (z.B. Videosequenzen aus Fördersituationen) kann die Beobachtungskompetenz in kleinen Beispielen praxisnah verdeutlicht werden. Was sehe ich? Was sehen andere? Wo liegt mein Fokus der Beobachtungen, auf dem Können oder dem Nichtkönnen von Bewegung?

Das Auftreten von **Fehlerquellen** sollte ebenso thematisiert werden. Welche Fehlerquellen gehen von mir, von der zu beobachtenden Person und/oder von der Aufgabe an sich aus? Das Erarbeiten und zusammenfassende Aufzeigen einer Vielzahl möglicher Fehlerquellen macht deutlich, dass sich niemand vor Fehlerquellen schützen kann und dass eine Reflexion in Bezug auf Einflüsse notwendig ist.

6.3.8 Beschreibungskompetenz

Das Beschreiben von Bewegungsbeobachtungen kann zunächst mittels kleiner **praktischer Sequenzen** veranschaulicht werden. Ein Beispiel dazu wäre, dass eine Person eine Bewegung ausführt und alle anderen Personen formulieren, was sie gesehen haben. Da alle die gleiche Situation gesehen haben, werden in der Regel alle bei den vorgestellten Bewegungsbeschreibungen zustimmen, auch wenn hier wiederum deutlich werden wird, dass jeder Beobachter einen anderen Fokus hatte und andere Formulierungen für Beschreibungen wählt.

Um deutlicher zu veranschaulichen, wie wichtig Beschreibungen für Personen sind, die nicht direkt bei der Beobachtung dabei waren, kann folgendes Beispiel sehr hilfreich sein: drei Teilnehmer erklären sich bereit, nichts sehend und nicht nachfragend, vor der gesamten Gruppe ihnen vorgelesene Beschreibungen von Bewegungen auszuführen. Diese Beschreibungen können aus tatsächlichen Berichten stammen und zum Beispiel wie folgt lauten: „X steht auf einem Bein"; „X sitzt auf dem Boden"; „X ist gelenkig" und „X. bewegt sich viel". Nach dem Vorlesen jeder Beschreibung haben die vorne stehenden Teilnehmer Zeit, diese Bewegung auszuführen. Die zuschauenden Teilnehmer erkennen hier sehr schnell, dass es qualitativ zum Teil große Unterschiede bei der Umsetzung der Aufgabe gibt. Das heißt, dass jeder das (Vor-)Gelesene anders interpretiert. Aufgrund dessen ist es unbedingt erforderlich, dass Beschreibungen möglichst präzise formuliert werden und zwar so, dass sich jeder Leser, der nicht Beobachter war, ein genaues Bild von der beobachteten Person machen kann.

Dieses **Übungsbeispiel** kann auch in weiterer Hinsicht genutzt werden, in dem zuvor noch drei Teilnehmer den Raum verlassen haben und sich erst anschließend das Video ohne Ton ansehen. Die Aufgabe besteht dann für sie darin, das was sie gesehen haben, zu beschreiben. Abhängig von der Phase des eigenen Ausbildungsprozesses werden hier Beschreibungen von anfangs allgemeiner bis später sehr spezifischer Art vorzufinden sein.
Anzumerken ist hier noch, dass Beobachter häufig das beschreiben, was sie nicht sehen, zum Beispiel: „er zeigt keinen sicheren Stand" oder „sie steht nicht auf einem Bein". Hier sollte darauf geachtet und hingewiesen werden, dass ausschließlich das beschrieben wird, was auch zu sehen ist, zum Beispiel: „er zeigt ruckartige Ausgleichsbewegungen mit den Armen" oder „sie steht auf dem rechten Fuß und ihr linker Fuß berührt mit den Zehen in kurzen Abständen (ca. 2 sec.) wiederholt den Fußboden".

6.3.9 Hypothesenbildung

Nach einer theoriegeleiteten Darstellung, was Hypothesen sind und was allgemein im Prozess einer Hypothesenbildung bedacht werden muss, kann die Notwendigkeit von Hypothesen und Alternativhypothesen anhand praktischer Beispiele verdeutlicht werden.

Ein mögliches praktisches Beispiel wäre die Auswahl von einer **Beobachtung**, z.B.: „J. weicht der Berührung eines Kindes körperlich aus." Anhand dieser Beobachtung sollen Teilnehmer Hypothesen bilden, das heißt, welche Vermutungen sie haben, warum J. der Berührung ausweicht. Hier gibt es eine Vielzahl von Möglichkeiten, die es festzuhalten gilt[29].

Ein weiteres Beispiel ist die schriftliche Konstruktion eines Fallbeispiels. Hierzu ist es erforderlich, dass die gesamte **Gruppe** in fünf bis acht Untergruppen unterteilt wird. Jede Gruppe bekommt eine schriftliche Information über ein Kind und soll anhand der Information Hypothesen und Alternativhypothesen aufstellen. Was die Teilnehmer nicht wissen ist, dass alle das gleiche Fallbeispiel vor sich haben, allein mit dem Unterschied, dass pro Gruppe die Informationen zunehmen, das heißt es werden immer ein bis zwei neue Informationen hinzugefügt.

Dieses Beispiel soll es den Teilnehmern ermöglichen, zu erkennen, dass neue Informationen zu einer veränderten Hypothesenbildung beitragen können, das heißt, dass alte Hypothesen verworfen, neue aufgestellt und einige erhalten bleiben. In der Regel reduziert sich die Anzahl der Hypothesen mit zunehmender Informationsgewinnung.

Die Hypothesen allein sagen ausschließlich, dass es verschiedene Möglichkeiten der Interpretation geben kann und, dass das Aufstellen von Hypothesen häufig stark von den Theorien des Hypothesenaufstellers ab-

---

[29] In den folgenden Abschnitten „Interpretation" und „Förderplanung" wird dieses Beispiel nochmals aufgegriffen.

hängt. Damit sich die Menge der Hypothesen allmählich reduziert, ist eine Überprüfung erforderlich. Welche Möglichkeiten der Überprüfung es beispielhaft gibt, kann in gemeinsamer Arbeit überlegt und zusammenfassend vorgestellt werden.

6.3.10 Interpretation von Bewegungsverhalten

Anhand verschiedener Hypothesen und deren Überprüfung werden erste Interpretationen in Bezug auf Bewegungen und das damit verbundene Bewegungsverhalten vorgenommen. Da die Erklärungen bewusst oder unbewusst auf theoretischen **Entwicklungsmodellen** beruhen, ist es wichtig, sich dieser theoretischen Annahmen bewusst zu sein bzw. zu werden. Das kann zum Beispiel dadurch praktisch veranschaulicht werden, in dem bestimmte Entwicklungsmodelle mit ihren Leitgedanken vorgegeben werden und die Aufgabe darin besteht, das **Verhalten** in Bezug auf die entsprechende Theorie zu **interpretieren** (vgl. Kap. 2). Ein körperliches Ausweichen würde beispielsweise unter medizinischer oder unter tiefenpsychologischer Sicht sehr unterschiedlich gedeutet werden.

Das bedeutet: Wenn ein Experte eine bestimmte Theorierichtung vertritt, sollten ihm andere theoretische Erklärungsansätze ebenso bekannt sein, so dass Erklärungsvielfalt gewahrt bleibt und eine Einseitigkeit vermieden wird.

6.3.11 Überlegungen zu einer Förderplanerstellung

Ein vorläufiger Förderplan wird aufgrund der Beobachtungen und der damit verbundenen Hypothesen und Interpretationen in Bezug auf das beobachtbare Verhalten erstellt. In praktischen Sequenzen kann zunächst allgemein das **Formulieren von Zielen** (Grob- und Feinziele) erprobt werden.

Im Speziellen ist es dann interessant, Förderziele in Abhängigkeit von den bereits erwähnten theoretischen Bezügen und damit verbundenen Förderkonzepten zu formulieren. Hier kann sehr gut herausgestellt werden, dass auch trotz gleicher Beobachtungen und vielfältiger Hypothesen eine Intervention vorgeschlagen wird, die dem Konzept des Beobachters entspricht. Aufgrund dessen wird es als sehr wichtig angesehen, dass die in einem Beispiel aufgestellten Hypothesen (z.B. körperliches Ausweichen nach einer Berührung) dahingehend betrachtet werden, was welche Hypothese für eine Intervention zur Folge hätte. An diesem Beispiel wird sehr gut klar, dass Förderziele in Abhängigkeit von zugrundeliegenden (impliziten oder expliziten) Hypothesen formuliert werden.

Weiterhin sollte in diesem Bereich theoriegeleitet thematisiert werden, wie ein gemeinsames Aufstellen von Förderzielen stattfinden kann. Es dürfte gut nachzuvollziehen sein, dass nur die Ziele optimal erreicht werden, die auch die Ziele der zu fördernden Person sind.

Die Erstellung eines Förderplanes ist ein Prozess der Informationsgewinnung und Verarbeitung im Rahmen des gesamten Förderprozesses. Das heißt, dass ein Förderplan stets offen sein muss für Neues und, dass er regelmäßig im Hinblick auf seine Ziele überarbeitet und/oder neu geordnet werden sollte.

6.3.12 Dokumentation von Förderprozessen

Zur Dokumentation von Förderprozessen können im Rahmen der Lehre verschiedene Verfahren vermittelt werden. Zu nennen sind hier als Beispiele:
- Individuelle Entwicklungs- und Förderpläne (Eggert 1994, 1995, 1997, 2001)
- Entwicklungstherapeutischer Lernziel-Diagnose-Bogen – ELDiB (Bergsson/Posse 1994)
- Strukturierungshilfen zur Erstellung von Falldokumentationen (Borg-Laufs 1997)
- Beurteilen, Beraten, Fördern (Heuer 1997)

Diese Art der Dokumentationen können vorgestellt werden, wobei es empfehlenswert scheint, sich mit einer Vorgehensweise konkreter auseinander zu setzen. Aufgrund eigener Erfahrungen würde ich die Arbeit mit dem IEP nach Eggert befürworten, welcher inhaltlich stets vom Autor aktualisiert wird (vgl. Eggert 1997, 2004).

Eine Vorstellung des Konzeptes der IEP's sowie der entsprechenden Inhalte sollte jeweils mit praxisnahen kleinen **Beispielen** erfolgen. Da jeder Teilnehmer in einem pädagogisch-therapeutischen Kontext tätig ist, ist die Dokumentation von Beobachtungen als bekannt vorauszusetzen. Neu können die **Art der Dokumentation** und die Fülle der möglichen Informationserhebungen sein.

Anhand von ausgefüllten Praxis-Exemplaren eines IEP's kann den Teilnehmern gezeigt werden, dass nicht alle Bereiche bearbeitet werden müssen, sondern sich jeder selbst sein IEP-Formular zusammenstellen kann, um damit optimal arbeiten zu können. In diesem Zusammenhang ist es auch möglich innerhalb von Kleingruppen an einem Laptop gemeinsam ein **IEP-Formular** auf der Grundlage von Eggert zu **erstellen**.

Ein wichtiges Anliegen von IEP's stellt das Ausgehen von den Stärken dar. Das heißt, dass der Beobachter nicht ausschließlich Förderbedürfnisse dokumentieren soll, sondern in gleicher Form die Stärken und das Können einer Person. Die Beschreibungen sollten generell nicht wertend sein. Eine Ausnahme hierbei bilden Beschreibungen von Äußerungen anderer Personen. Hier wird es kenntlich gemacht (z.B. durch ein Zitat), dass es sich um eine spezielle individuell wertende Einschätzung von einer Bezugsperson handelt. Zuschreibungen und/oder anderweitig wertende eigene Äußerungen sollten vermieden werden. Hierzu lassen sich sehr gute Übungssequenzen durchführen, in dem zum Beispiel wertende und pauschalisierende Aussagen zunächst gesammelt und anschließend stärkenorientiert umgewandelt werden. Das bedeutet nicht, dass alles „schön geschrieben" werden soll, aber es ermöglicht einen behutsameren Umgang mit derartigen Zuschreibungen unter denen unterschiedliche Leser wiederum Unterschiedliches verstehen.

Ein weiteres praktisches Beispiel besteht darin, Ausschnitte aus bereits geschriebenen Gutachten unter den Gesichtspunkten zu betrachten, welche Informationen (weniger) aussagekräftig sind und welche Füllworte überflüssig erscheinen. In dieser Praxissequenz kann den Teilnehmern verdeutlicht werden, dass das eigene Schreiben einer stetigen Überprüfung bedarf.

Zur **Veranschaulichung** der einzelnen **Wege** von Diagnostik (siehe 6.3.7 bis 6.3.12) folgt nun ein Beispiel, der diese sechs Schritte umfasst:

- Beobachtung
- Beschreibung
- Hypothesenbildung
- Interpretation
- Förderplan
- Dokumentation

1. **Beobachtung** – Das Bild wird angeschaut. Die Bildvorlage wird visuell wahrgenommen und betrachtet.

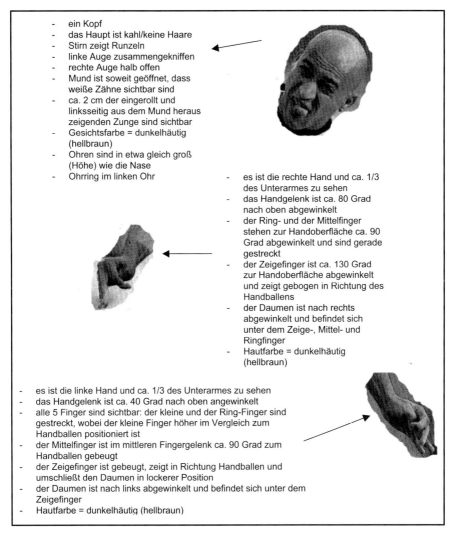

- ein Kopf
- das Haupt ist kahl/keine Haare
- Stirn zeigt Runzeln
- linke Auge zusammengekniffen
- rechte Auge halb offen
- Mund ist soweit geöffnet, dass weiße Zähne sichtbar sind
- ca. 2 cm der eingerollt und linksseitig aus dem Mund heraus zeigenden Zunge sind sichtbar
- Gesichtsfarbe = dunkelhäutig (hellbraun)
- Ohren sind in etwa gleich groß (Höhe) wie die Nase
- Ohrring im linken Ohr

- es ist die rechte Hand und ca. 1/3 des Unterarmes zu sehen
- das Handgelenk ist ca. 80 Grad nach oben abgewinkelt
- der Ring- und der Mittelfinger stehen zur Handoberfläche ca. 90 Grad abgewinkelt und sind gerade gestreckt
- der Zeigefinger ist ca. 130 Grad zur Handoberfläche abgewinkelt und zeigt gebogen in Richtung des Handballens
- der Daumen ist nach rechts abgewinkelt und befindet sich unter dem Zeige-, Mittel- und Ringfinger
- Hautfarbe = dunkelhäutig (hellbraun)

- es ist die linke Hand und ca. 1/3 des Unterarmes zu sehen
- das Handgelenk ist ca. 40 Grad nach oben angewinkelt
- alle 5 Finger sind sichtbar: der kleine und der Ring-Finger sind gestreckt, wobei der kleine Finger höher im Vergleich zum Handballen positioniert ist
- der Mittelfinger ist im mittleren Fingergelenk ca. 90 Grad zum Handballen gebeugt
- der Zeigefinger ist gebeugt, zeigt in Richtung Handballen und umschließt den Daumen in lockerer Position
- der Daumen ist nach links abgewinkelt und befindet sich unter dem Zeigefinger
- Hautfarbe = dunkelhäutig (hellbraun)

Abb. 51: Ausschnitt Beobachtung – © Agentur Firo

2. **Beschreibung** – Es wird das beschrieben, was auf den Bildausschnitten zu sehen ist.

Anhand der Beschreibungen kann sich eine außen stehende Person ein Bild von dem beschriebenen Ausschnitt des Menschen machen. Es wird auch deutlich, dass nicht alle Beschreibungen zu einem diagnostischen Prozess beitragen bzw. für diesen relevant sind.

3. **Hypothesenbildung** – Anhand eines oder mehrerer beobachtbarer Merkmale werden Vermutungen hinsichtlich des Bedeutungszusammenhangs getroffen.

Günstig wäre es hier, jetzt nochmals alle Beschreibungen der Beobachtungen aufzuschreiben und daneben die Hypothesen und Interpretationen zu stellen. Da dies jedoch allein ein Beispiel darstellt, wird sich auf die oben angeführte Gesamtbeschreibung bezogen und es werden dahingehend in sehr kurzer Form und globalisierend mögliche Hypothesen aufgestellt und Interpretationen getroffen.

Mögliche Hypothesen	Mögliche Intervention
die Person möchte jemanden ärgern	Gespräch suchen; vermitteln
die Person hat Angst	Unterstützung geben; ggf. behandeln
die Person ist angespannt	Unterstützung geben; ggf. beraten
die Person hat eine Behinderung	behandeln (Physiotherapie)
die Person ist angestrengt	motivieren sie zu Ende arbeiten lassen
die Person grimassiert	ignorieren; kommentieren; mitmachen
die Person ist ein Komödiant	Zuschauen, abwarten, lachen;

4. **Förderplanerstellung** – In Abhängigkeit von den aufgestellten Hypothesen und der vorläufigen Interpretation entscheidet sich, welche Maßnahme eingeleitet wird bzw. welche Förderziele formuliert werden.

5. **Dokumentation** – Hier besteht, neben dem Festhalten der ermittelten Daten, die Aufgabe darin, kontinuierlich neue Informationen zu erhalten, so dass sich der Blickwinkel ändern und mit der Fokuserweiterung auch ein Zuwachs des Wissens stattfinden kann. Mit neuem Wissen und neuen Beobachtungen beginnt der Kreislauf wiederum von vorne, so dass neue Beschreibungen erstellt, neue Hypothesen formuliert, alte Hypothesen verworfen, neue Interpretationen überlegt und veränderte Interventionsmaßnahmen eingeleitet werden können.

Im Folgenden wird wiederum der Ausschnitt in diesem Beispiel erweitert, so dass erkennbar wird, in welcher Form das ausschließliche Nutzen einzelner Bruchstücke zu einer Person Begrenzungen in sich birgt und wie schnell (Fehl-)Interpretationen zustande kommen können. Die Betrachtung des Kontextes und das Ziel, so umfangreich wie möglich Informationen zu erhalten, sind unabdinglich.

Abb. 52:
Dede – einer der besten
Fußballspieler von Borussia Dortmund
(© Agentur Firo; erschienen in: Westfälische
Rundschau unter „So hat Dortmund Dede schätzen
gelernt: technisch erstklassig und zweikampfstark.
Nun erfüllt sich sein Traum, Dede spielt in
Brasiliens Nationalmannschaft".)

6.3.13 Entwurf eines individuellen Handlungs-Konzeptes zur Bewegungsdiagnostik

Eine übergeordnete Fragestellung könnte hier lauten: „Wie kann ein eigenes Praxiskonzept in Bezug auf Diagnostik konkret aussehen?" Dazu kann sich jeder Teilnehmer individuell in **Einzelarbeit** Gedanken machen, es kann im **Plenum** diskutiert oder in einer **Kleingruppe** erarbeitet werden. Die Erarbeitung in Kleingruppen wird als sinnvoll angesehen, da zum einen die Auseinandersetzung intensiver ist als in einer Großgruppe und zum anderen gehen in der Regel unterschiedliche Konzepte aus den Überlegungen hervor. Um den Prozess der Auseinandersetzung etwas zu strukturieren, können folgende Fragestellungen diskussionsleitend sein:

- Für welches **Arbeitsfeld** wird das Konzept entworfen?
- Welches ist mein **Verständnis** von Diagnostik?
- Welche diagnostischen **Methoden** sollen genutzt werden und in welcher Gewichtung?
- Welche konkreten diagnostischen **Verfahren** kann ich anwenden?
- Welche Position vertrete ich in **entwicklungspsychologischer** Hinsicht? An welche **Modelle** lehne ich mich an?
- Welche **Bedeutung** haben die einzelnen **Befunde** für meine weitere Arbeit?
- Welche Form und welchen Umfang der **Dokumentation** wähle ich?
- Welche organisatorischen und strukturellen **Voraussetzungen** sollten gegeben sein, um diagnostisch gut arbeiten zu können (Zeit, Kooperation/Team, Reflexion/Supervision)?
- Was kann ich als Pädagoge dazu beitragen, damit ich einen für mich **optimalen** diagnostischen **Weg** finde?

Was im Rahmen dieser Arbeit vernachlässigt wird, aber unbedingt zu beachten ist, ist die individuelle Beziehungsgestaltung. Dies kann auch mit in konzeptionelle Überlegungen einfließen und/oder thematisiert werden.

Ausbildungskonzept Bewegungsdiagnostik

Übersicht über Inhalte der Ausbildungsstruktur

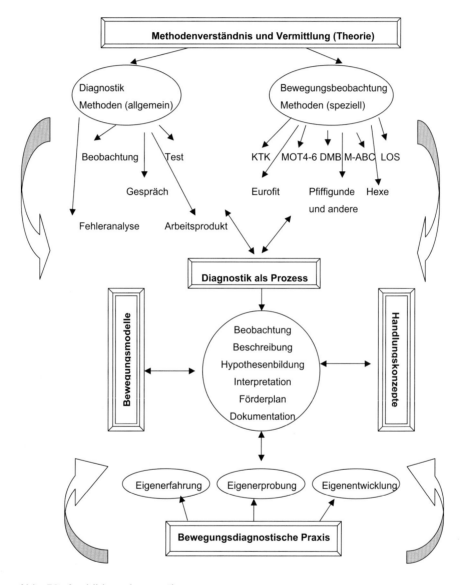

Abb. 53: Ausbildungskonzeption

6.4 Curriculare Überlegungen eines allgemeinen Ausbildungskonzeptes zur Bewegungsdiagnostik

Die vorhergehenden Überlegungen werden nun zum Schluss in ein Curriculum/Ausbildungskonzept überführt. Dabei wurde bei den Überlegungen zum Ausbildungskonzept „Bewegungsdiagnostik" berücksichtigt, dass ein gewisses Stundenbudget nicht überschritten werden sollte. Hier wurde sich an dem Stundenbudget der Ausbildung zum staatlich anerkannten Motopäden orientiert, welches ca. 200 Stunden für den fachbezogenen Lernbereich Motodiagnostik umfasst. Diese Stunden können entweder im Rahmen einer Vollzeitausbildung über ein Jahr oder im Rahmen einer berufsbegleitenden (Teilzeit-)Ausbildung über zwei Jahre absolviert werden. Da die Autorin selbst seit dem Jahr 2001 am Ernst-Kiphard-Berufskolleg/Fachschule für Motopädie in Dortmund tätig ist, sind persönliche Erfahrungen als Lehrkraft sowie Kenntnisse der Ausbildungsstruktur in die Überlegungen mit eingeflossen.

6.4.1 Intention und Ziele der Zusatzqualifikation

Die „Zusatzqualifikation Bewegungsdiagnostik" soll es pädagogisch-therapeutisch ausgebildeten Fachkräften ermöglichen, ihre **Kompetenzen** im Bereich Diagnostik zu erweitern.

Mit dieser Zusatzausbildung kann eine inhaltsspezifische Qualifikation im Bereich der Bewegungsdiagnostik erworben werden. Diese Qualifikation ermöglicht es in der eigenen pädagogisch-therapeutischen Praxis gezielter theoriegeleitet und inhaltlich begründet vorgehen zu können, so dass die berufliche Fachkompetenz erhöht wird.

Inhaltlich werden dabei konkret folgende fünf Lernbereiche angesprochen:

- Methodenverständnis und Vermittlung
- Bewegungsdiagnostische Praxis
- Entwicklung von Bewegungsmodellen
- Diagnostik als Prozess von:
  - Beobachtung
  - Beschreibung
  - Hypothesenbildung
  - Interpretation
  - Förderplanerstellung
  - Dokumentation
- Erstellung eines diagnostischen Handlungskonzeptes

6.4.2 Organisation der Zusatzqualifikation

Insgesamt wird von einem Umfang von 200 Stunden ausgegangen. Die Ausbildungsinhalte werden in Form von Lernbereichen zusammengestellt.

Lernbereich	Stundenumfang
Methodenverständnis und -vermittlung	25
Bewegungsdiagnostische Praxis	70
Bewegungsmodelle	15
Diagnostik als Prozess	85
Erstellung eines diagnostischen Handlungskonzeptes	5

Tab. 24: Lernbereiche Ausbildungskonzeption

Überlegungen zu einer möglichen Verteilung des Stundenumfangs finden sich im nächsten Abschnitt.

Der **Erwerb** der Zusatzqualifikation kann auf zwei verschiedenen Wegen erfolgen:

1. Die erste Möglichkeit besteht darin, die Inhalte im Rahmen einer organisierten Fortbildung komplett zu durchlaufen, wobei eine bereits abgeschlossene pädagogische Ausbildung (z.B. Erzieher, Heilpädagoge) eine Grundvoraussetzung darstellt.

2. Eine weitere Möglichkeit besteht darin, dass ein Teil der Inhalte in bereits abgeschlossenen Ausbildungsgängen (z.B.: Pädagogik, Motopädie) erworben werden konnte. Dies müsste dann von der jeweiligen Ausbildungsinstitution inhaltlich und zeitlich bestätigt werden und durch ein Aufnahmegespräch inhaltlich geprüft werden. Der noch nicht absolvierte Teil der Inhalte, der nicht zuvor im Rahmen der jeweiligen Ausbildung angeboten wurde, kann im Rahmen der angebotenen Zusatzqualifikation durchlaufen werden.

6.4.3 Stundenverteilung

Im Folgenden werden Überlegungen bezüglich der Stundenverteilung der Inhalte des konzipierten Ausbildungsganges Bewegungsdiagnostik getroffen.

Inhalte	Stunden
Methodenverständnis und -vermittlung	
Begriffsverständnis Diagnostik	1,00
Methodenvermittlung Theorie	7,00
Bewegungsbeobachtung als spezielle Methode der Beobachtung	2,00
Vermittlung spezieller bewegungsdiagnostischer Verfahren	15,00
Bewegungsdiagnostische Praxis	
Erprobung bewegungsdiagnostischer Verfahren	45,00
Eigenentwicklung bewegungsdiagnostischer Sequenzen	25,00
Bewegungsmodelle	
Entwicklung von Bewegungsmodellen	15,00
Diagnostik als Prozess	
Schulung Beobachtungskompetenz	15,00
Schulung Beschreibungskompetenz	20,00
Schulung Hypothesenbildung	15,00
Interpretation von Bewegungsverhalten	10,00
Überlegungen zu einer Förderplanerstellung	15,00
Dokumentation von Förderprozessen	10,00
Erstellung eines diagnostischen Handlungskonzeptes	
Entwurf eines eigenen Handlungs-Konzeptes zur Bewegungsdiagnostik	5,00
Gesamtstundenzahl	**200,00**

Tab. 25: Stundenbudget Ausbildungskonzeption

Die Verteilung des Stundenbudgets ist dabei nicht minutiös zu betrachten, sondern soll eine grobe Orientierung darstellen. Eine punktuelle Zuordnung ist auch aufgrund der fortlaufenden Konzipierung und der aufeinander aufbauenden Inhalte nicht real möglich.

6.4.4 Methodisch-didaktische Überlegungen

Die **Vermittlung** der Inhalte erfolgt theoriegeleitet und handlungspraktisch-orientiert. Es wird Wissen mit Hilfe unterschiedlicher Methoden und Arbeitsformen vermittelt und für die Praxis angeregt.

Folgende **Unterrichtsprinzipien** sollen anlehnend an Witzenbacher (1994, 13) berücksichtigt werden:
- Sachgerechtheit
- Anwenderbezogenheit
- Anschaulichkeit
- Wirklichkeit- und Lebensnähe
- Spontaneität und Aktivität der Studierenden (handlungsorientiertes Lernen)

Die **Arbeitsformen** im Rahmen der Ausbildung sollten dementsprechend facettenreich sein. So können zum Beispiel Diskussionen, (Rollen-)Spiele, Experimente, Kleingruppenarbeiten, Einzelarbeiten, Frontalunterricht, Kreisgespräche, Referate initiiert und angeleitet werden.

In den methodischen Überlegungen (s. Kap. 6.3) wird deutlich, dass konzeptionell sowohl ein **induktives** als auch ein **deduktives Vorgehen** bei der Vermittlung spezieller Inhalte möglich ist. Dabei eignet sich ein induktives Vorgehen eher, wenn auf das Wissen und den Erfahrungen der Auszubildenden angeknüpft werden kann. Ein deduktives Vorgehen hingegen ist besser geeignet, wenn es um komplett neue Inhalte geht, deren theoretische Herleitung die Grundlage darstellt. Der Wechsel von deduktivem und induktivem Vorgehen wird hier als vorteilhaft angesehen. Es eignet sich besonders gut, um handlungsorientiert zu arbeiten und das Interesse der Studierenden zu wecken.

Die **Praxisdurchführung** soll stets an das eigene Arbeitsfeld angelehnt sein. Die Pädagogen/Therapeuten übernehmen in diesem Rahmen zunehmend Verantwortung im Hinblick auf die Praxisanwendung und -auswahl und somit für ihre Kompetenzerweiterung. Die Lernprozesse selbst werden durch einen konstanten Austausch in der Gruppe sowie mit dem Leiter der Zusatzqualifikation begleitet.

Weiterhin bildet das **selbständige Lernen** einen Anteil, das heißt, dass unabhängig von den Ausbildungsstunden vor Ort Stunden zum Selbststudium unerlässlich sind. Dazu zählt neben dem Lesen von Literatur vor allem eine Durchführung/Anwendung des bisher Gelernten in der Praxis.

6.4.5 Abschluss

> Die Aushändigung eines Zertifikats bzw. den Nachweis über eine „**Zusatzqualifikation Bewegungsdiagnostik**" erfordert im Rahmen dieser Überlegungen die Erfüllung folgender Aspekte:
>
> - Absolvierung von **200 Stunden** zur Bewegungsdiagnostik mit einer maximalen Fehlzeit von 5%
> - die konzeptionell erarbeiteten **Inhalte** (s. Kap. 6) wurden insgesamt absolviert

- Nachweis über **praktische Erprobung** zur Bewegungsdiagnostik; Vorbereitung/Planung, Videodokumentation der Durchführung sowie Nachbereitung/Reflexion
- Erstellung einer **schriftlichen Hausarbeit** (z.B.: zu einem Thema aus dem Bereich Bewegungsdiagnostik oder die Erstellung eines begründeten Diagnostischen Menüs)
- Teilnahme und Bestehen einer mündlichen oder schriftlichen **Abschlussprüfung** (mündlich = 30 Minuten; schriftlich = 180 Minuten).

6.5 Möglichkeiten und Grenzen eines allgemeinen Ausbildungskonzeptes zur Bewegungsdiagnostik

Inwiefern das entwickelte Ausbildungskonzept den vorher genannten Ansprüchen gerecht wird, soll im Folgenden hinsichtlich seiner Möglichkeiten und Grenzen reflektiert werden.

Möglichkeiten

Die **Vermittlung** von bewegungsdiagnostischen Verfahren auf theoretischer und praktischer Ebene kann im Rahmen des entworfenen Ausbildungskonzeptes gewährleistet werden. Dabei stehen insbesondere Fragen hinsichtlich der Durchführung, Anwendung, Zielgruppe sowie des Menschenbildes und der theoretischen Bezüge im Vordergrund. Die verfahrensgetreue Durchführung und Analyse der Bedingungen beinhaltet die Möglichkeit eines kritischen Umgangs mit bewegungsdiagnostischen Verfahren. Das Erfahren von unterschiedlichen Untersuchungssituationen in Abhängigkeit vom Leiter und/oder anderen Konstruktionsbedingungen ermöglicht somit den Erwerb theoretischer und praktische **Methodenkompetenz**. Mit zunehmender Dauer, eigener Erfahrung und Reflexion in Bezug auf die angewendeten Methoden entwickelt sich eine praktische **Handlungskompetenz** hinsichtlich des Methodenrepertoirs.

Des Weiteren wird es im Rahmen der Ausbildung ermöglicht, Verfahren zur **Dokumentation** von Beobachtungen bzw. Befunden auszuprobieren. Die **Strukturierung** von Beobachtungen ist auch ein Teil praktischer Handlungskompetenz. Die Erfassung von Befunden kann sich dabei auf einzelne Daten, aber auch auf umfangreiche Kind-Umfeld-Analysen beziehen, wie dies unter anderem von Hildeschmidt (1988) oder auch von Eggert (1997) vorgeschlagen wird.

Die **Deutung** der Befunde als diagnostischer Prozess kann innerhalb der Ausbildung angebahnt werden. Hier ist die Kenntnis von Bezugstheorien aus der Entwicklungspsychologie und zur Bewegungsentwicklung erforderlich. Dies kann innerhalb der Ausbildung nicht allein anhand der Literaturquellen stattfinden, da diese ihre Bezugspunkte nicht immer darlegen. Aufgrund dessen erfolgt dieser Teil in Form einer Verknüpfung von vorhandenen Informationen mit hypothesengeleiteten Überlegungen zum Menschenbild und den Verfahren innewohnendem Verständnis von (Bewegungs-)Entwicklung. Es besteht somit die Möglichkeit Kenntnisse zu vermitteln, individuelle Vorstellungen gemeinsam zu erarbeiten und exemplarisch praktisch anzuwenden.

Der **Transfer** der vermittelten Kenntnisse in die Praxis erfolgt auf verschiedenen Ebenen:
- **Eigenerfahrung** von bewegungsdiagnostischen Verfahren (Rollenspiel) – Dies kann sehr gut innerhalb des angegebenen Stundenbudgets eingehalten werden.
- **Eigenerprobung** von bewegungsdiagnostischen Verfahren (direkter Praxisbezug mittels Probanden) – Die Eigenerprobung liegt in der Hand der Studierenden. Die Reflexion der Praxisdurchführungen kann innerhalb der Qualifikation unter verschiedenen Fragestellungen erfolgen.
- **Eigenentwicklung** von bewegungsdiagnostischen Verfahren und/oder Bewegungsmodellen (Übertragung, Verknüpfung von Wissen mit eigenen Ansprüchen) – Ein Teil der Eigenentwicklung kann während der Ausbildung geleistet werden. Die Verknüpfung von Wissen mit eigenen Ansprüchen hingegen ist ein fortwährender Prozess, der mit der Ausbildung eingeleitet, jedoch noch nicht abgeschlossen sein kann.

Durch eine kontinuierliche **Reflexion** der vermittelten Inhalte ist es sehr gut möglich, dass sich die Studierenden im Verlauf der Ausbildung eine eigene **Sichtweise** bezüglich der Ausbildungsinhalte erarbeiten und sich individuell begründet positionieren können. Hierzu gehört auch die Selbstreflexion in Bezug auf Werte, Normen und Menschenbild.

Nach Durchsicht der **Curricula** zum staatlich anerkannten Motopäden sowie durch eigene Lehrtätigkeit am Ernst-Kiphard-Berufskolleg/Fachschule für Motopädie in Dortmund wird es so eingeschätzt, dass das entworfene Ausbildungskonzept gut auf Vorhandenem aufbauen kann und im Detail in der berufsbegleitenden Ausbildung über zwei Jahre realisierbar ist.

Eine andere Möglichkeit, ein derartiges Ausbildungskonzept durchzuführen, könnte darin bestehen, dass es als Fortbildungsmaßnahme durch ein **Fortbildungsinstitut** angeboten wird. Ähnliche Gedanken finden sich bei Meister (1983, 216), der einen Ausbildungsgang „Förderdiagnostik" vorschlägt. Im Rahmen einer derartigen Fortbildungsmaßnahme könnte das Konzept in so genannte Bausteine unterteilt werden. Diese Bausteine sollten dann in einer vorgegebenen Reihenfolge durchlaufen werden. Empfehlenswert ist es hierbei, eine feste Gruppe zu initialisieren, welche sich im Verlauf der Zusatzqualifikation kennen und schätzen lernt. Gegebenenfalls könnten anfangs einzelne Bausteine (z.B. aus dem Bereich Methodenverständnis und -vermittlung), die die Teilnehmer bereits anderweitig nachweislich erbracht haben, anerkannt werden; dabei sollte der anerkannte Beitrag 20 Stunden nicht überschreiten.

Grenzen

Als schwierig kann sich die spezifische **Auswahl** der zu vermittelnden **Inhalte** gestalten. So können beispielsweise nicht alle in diesem Buch vorgestellten bewegungsdiagnostischen Verfahren im Detail vorgestellt und praktisch ausgeführt werden. Hier muss jeweils eine individuelle Entscheidung getroffen werden, die sich an den Vorstellungen der Lehrkraft oder an Absprachen mit den Studierenden orientieren kann.

Neben dem Bekanntmachen mit speziellen bewegungsdiagnostischen Verfahren stellt das **Erfahrbarmachen** und die Kenntnis um den diagnostischen Prozess eine Hauptaufgabe der Qualifizierung dar. Überlegungen zur Umsetzung dieser Aufgabe wurden dargelegt. Inwiefern das tatsächliche Ziel erreicht werden kann, hängt von der **individuellen Beschäftigung** des Studierenden ab. Die Möglichkeiten sind hier sehr vielfältig und dauerhaft gegeben. Grenzen stellen häufig organisatorische Faktoren wie **Zeit** dar. Auch im Rahmen der Ausbildungskonzeption ist der direkte Zeitfaktor sehr eng bemessen, wobei auf die wiederholte Thematisierung der Inhalte im Verlauf der Ausbildung Wert gelegt werden sollte.

Das vorgegebene **Stundenbudget** von 200 Stunden ist sehr knapp bemessen und lässt wenig Spielraum für zusätzliche Inhalte. Eine Optimierung des Ausbildungskonzeptes wäre möglich, wenn fächerübergreifend miteinander gearbeitet wird. So können beispielsweise die anfangs angeführten Kenntnisse in Bewegungsentwicklung, Anatomie, Physiologie und spezieller Bewegungsbeeinträchtigungen nicht im Detail innerhalb dieses Stundenbudgets bearbeitet werden. Hier könnten die Fächer, die medizinische, sonderpädagogische und/oder entwicklungspsychologische Inhalte thematisieren, unterstützend wirken.

Die anfangs angedachte Einbettung des Ausbildungskonzeptes in einen **universitären Rahmen** erscheint nach heutiger Sicht sehr schwer umsetzbar. Bei einem Stundenbudget von 200 Stunden würde dies ca. sieben bis acht Lehrveranstaltungen umfassen, die ausschließlich für diesen Studienschwerpunkt absolviert werden müssten. Abgesehen von der Motivations- und Leistungsbereitschaft der Studierenden bedürfte es einer Unterstützung hinsichtlich des Stundendeputats der Lehrkraft oder aber eine Bereitschaft verschiedener Lehrkräfte an einem gemeinsamen Konzept einer Zusatzqualifikation mitzuarbeiten und dafür eigene Forschungs- und Lehrinteressen zurückzustecken.

Das bedeutet, dass nicht die universitäre Ausbildung an sich problematisch wäre, sondern die Strukturen, die für eine Umsetzung des Konzeptes geschaffen werden müssen.

Insgesamt zeigt sich, dass Bewegungsbeobachtung gelernt werden muss. Das bedeutet, dass es einer fortwährenden umfangreichen Ausbildung und einer „Übung" von Anwendern bewegungsdiagnostischer Verfahren sowie einer dauerhaften Reflexion und des Austausches mit anderen Experten bedarf. Eggert fordert zudem eine „gute handwerkliche Qualifikation im Sinne eines hohen professionellen Standards" (Eggert 1997, 95).

Zusammenfassend kann festgehalten werden, dass mittels des entworfenen Ausbildungskonzeptes eine gute handwerkliche Qualifikation in Form von spezifischen Kenntnissen in Theorie und Praxis erworben werden kann. Aufgrund der umfangreichen Inhalte kann eine **Sensibilität** für den Entwicklungsbereich Bewegung und dessen spezielle Diagnostik angeregt und ermöglicht werden.

7. Schlussbetrachtung

Mein Interesse bestand darin, **bewegungsdiagnostische Konzeptionen** hinsichtlich ihrer allgemeinen theoretischen Bezugspunkte und Zielsetzungen näher zu betrachten. Das zugrunde liegende Verständnis von Entwicklung und von Diagnostik sowie die Zielverfolgung der jeweiligen Verfahren sollten herausgestellt werden.

Da in den letzten 2-3 Jahrzehnten Veränderungen bezüglich der Sichtweise von menschlicher Entwicklung stattgefunden haben, konnte angenommen werden, dass auch hinsichtlich diagnostischer Vorstellungen ein **Paradigmenwandel** stattgefunden hat.

Es stellte sich unter anderem heraus, dass die recherchierten bewegungsdiagnostischen Verfahren in mehr als der Hälfte der Fälle über 20 Jahre alt sind. Damit genügen die dort enthaltenen Normierungen und/oder Wertvorstellungen keineswegs mehr den Anliegen einer modernen Psychologie. Auch wenn es einige wenige Autoren gibt, die neuere entwicklungspsychologische Erkenntnisse einbeziehen, so basiert die Mehrheit der vorliegenden bewegungsdiagnostischen Konzeptionen auf veralteten Annahmen bezüglich Entwicklung, auch wenn sie heute nach wie vor Verwendung finden.

Die Frage, inwiefern sich im Rahmen von **Förderungsprozessen** (hier speziell im Bereich der Psychomotorik) noch überholter Verfahren bedient wird, konnte allein ansatzweise geklärt werden. Da jedes diagnostische Verfahren explizit oder implizit ein Verständnis von Entwicklung beinhaltet, bleibt die Frage offen, wie heutzutage mit alten bewegungsdiagnostischen Verfahren Aussagen über eine sich verändernde Entwicklung getroffen werden können bzw. sollen. Verfahren die von einer Konstanzannahme ausgehen, haben weniger bis gar nicht die individuelle Förderung und Veränderung zum Ziel.

Durch die intensive Beschäftigung mit dem Thema Bewegungsdiagnostik wurde deutlich, dass es fast ausschließlich:
- individuelle Modelle von Bewegungsbeobachtung,
- individuelle Bewegungsmodelle,
- individuelle Definitionen von Bewegungsdimensionen

gibt.

Die Suche nach möglichen Ursachen für dieses Phänomen erbrachte folgende Resultate:
- in der Literatur existiert eine Vielfalt bewegungsdiagnostischer Verfahren und Modelle; die Auswahl von Verfahren könnte schwer zu treffen sein
- es gibt zahlreiche Definitionen von Bewegungsdimensionen; diese weisen jeweils eine große Bandbreite des Verständnisses auf

- es gibt in der Wissenschaft keine einheitlichen Erklärungen hinsichtlich der Entwicklung einzelner Bewegungsdimensionen
- ein Großteil bewegungsdiagnostischer Verfahren beinhaltet kein Bewegungsmodell; somit sind Anwender aufgefordert, eigene Interpretationen vorzunehmen und zu konstruieren
- ein Großteil bewegungsdiagnostischer Verfahren verbirgt seine theoretischen Bezüge; somit wird Anwendern nicht offen gelegt, welches Menschenbild hinter dem Verfahren steht
- in der Ausbildung werden theoretische Bezüge und Hintergründe bewegungsdiagnostischer Verfahren nicht in jedem Fall explizit thematisiert; somit bleibt das dahinter stehende Menschenbild verborgen

Für **Praktiker** kann diese „Undurchsichtigkeit" der Modellvorstellungen zwei mögliche Folgen haben: Entweder sie arbeiten mit einem bewegungsdiagnostischen Verfahren, ohne dessen theoretischen Annahmen zu kennen; oder sie stehen vor der Aufgabe bewegungsdiagnostische Modelle, deren Zusammenhänge sowie Definitionen eigenständig konstruieren zu müssen.

Aufgrund dieser Tatsachen entstand eine **Ausbildungskonzeption** für den Bereich **Bewegungsdiagnostik**. Da ein Großteil der Verfahren die theoretischen Bezüge nicht transparent macht, ist es erforderlich, sich im Rahmen einer Ausbildung mit diagnostischen Verfahren konkret auseinander zu setzen und zu analysieren, welche Modelle zugrunde liegen könnten.
Bevor ein Praktiker sagen kann, WAS er sieht, geht es um das WIE. Das WIE heißt unter anderem, welche theoretischen Modelle, Bewegungsdimensionen und Bewegungsdefinitionen seiner Beobachtung zugrunde liegen.

Innerhalb dieses Konzeptes finden die **Inhalte** Berücksichtigung, die für eine umfangreiche Ausbildung in Bewegungsdiagnostik notwendig sind. Dazu gehören vor allem Kompetenzen hinsichtlich Methoden, Verfahren, Bewegungsmodellen, Bewegungsdimensionen und deren Definitionen sowie eine begleitende Reflexion. Die praxisgerechten Überlegungen lehnen sich dabei an die Rahmenbedingungen zur Motopädenausbildung an. Neben theoretischen Überlegungen, wurden praktische Ideen der Umsetzung aufgezeigt.

Durch den Entwurf eines inhaltlich sehr umfangreichen Ausbildungskonzeptes können Anregungen und Unterstützungen für eine präzise Bewegungsbeobachtung gegeben werden.

Bewegungsbeobachtung setzt ein grundlegendes Verständnis von Bewegungsmodellen, Bewegungsdimensionen und deren Definitionen voraus. Erst wenn eine Auseinandersetzung in Theorie und Praxis mit dem Bereich Bewegungsdiagnostik erfolgt ist, kann eine Strukturierungshilfe für die Beobachtung sinnvoll sein.

Für mich ist es eine notwendige Voraussetzung geworden, theoretische Bezüge von genutzten Verfahren zu kennen. Nur, wenn der Anwender weiß, welches Ziel der Konstrukteur mit dem Verfahren verfolgt hat, wird es entsprechend im Sinne des Konstrukteurs angewendet werden können. Zudem ist zu beachten, in welcher zeitlichen Epoche ein bewegungsdiagnostisches Verfahren entstanden ist. Sichtweisen von Menschen und hinsichtlich menschlicher Entwicklung verändern sich und können aus meiner Sicht nicht auf jede Epoche oder neue Generation übertragen werden. So weist auch Jackson (1999, 29, 47) darauf hin, **dass sich Theorien ständig weiterentwickeln** und, dass bei einer revidierten Fassung eines Verfahrens auch dieses angewandt und nicht aus „Bequemlichkeit" das alte Verfahren weiter genutzt werden soll.

Die Vielfalt (bewegungs-)diagnostischer Ansätze und Vorstellungen macht deutlich, dass in der Praxis und auch in der Lehre/Ausbildung abhängig vom Experten/Praktiker oder/und dem Ausbilder unterschiedliche Schwerpunkte bei der Diagnostik und der Förderung gesetzt und dementsprechend unterschiedliche Bedeutsamkeiten und Methoden vermittelt werden können.

Erste persönliche **Erfahrungen und Erprobungen** der konzipierten Inhalte zeigen, dass das Interesse und der Bedarf an einer derartigen Spezialisierung bei den Studierenden groß sind.

Abschließend kann gesagt werden, dass es generell zahlreiche Möglichkeiten von Bewegungsbeobachtung gibt. Eine zukünftige **Aufgabe** kann darin bestehen, die Kompetenzen im Bereich Bewegungsdiagnostik bei Praktikern/Experten zu entfalten, so dass individuelle und verfahrenstechnische Möglichkeiten und Grenzen erkannt werden können.

Ich wünsche jedem Leser und jeder Leserin dieses Buches Anregungen für die eigene praktische Arbeit, sei es als Praktiker oder als Lehrender. Auch kleine Veränderungen im eigenen Denken können Auswirkungen auf das alltägliche Handeln haben und so wiederum die Menschen, mit denen Sie arbeiten neu positiv anregen.

8. Verzeichnis der Abbildungen

Nr.	Name	Quelle	Seite
1.	Bewegungsdiagnostische Verfahren	Eigenerstellung	38
2.	Bestimmung der Form der Hand	Oseretzky 1931, 13	40
3.	Beschreibung von Körperhaltung, Gang	Postcard, Holger Danske „Silly Walks" III	40
4.	Dynamograph	Oseretzky 1931, 124	42
5.	Tremograph	Oseretzky 1931, 84	42
6.	ergometrisches Rad	Oseretzky 1931, 130	42
7.	Methode der Abdrucke (Fußabdrucke)	Fußabdruck Original Caroline Schulz, Steinfeld	43
8.	Analyse der Sprache	Oseretzky 1931, 144	43
9.	Kymograph zur Aufzeichnung	Oseretzky 1931, 144	43
10.	Hypothetisches Entwicklungsmodell psychomotorischer Basisfaktoren	Eggert/Ratschinski 1993, 37	64
11.	Revalidiertes theoretisches Modell zur Entwicklung der Motorik	Eggert/Ratschinski 1993, 71	65
12.	Übersicht Entwicklungskonzeptionen	Eigenerstellung	96
13.	Modell der Motorik	Eggert/Kiphard 1980, 203	106
14.	Struktur der allgemeinen und speziellen koordinativen Fähigkeiten	Meinel/Schnabel 1976, 215	107
15.	Hypothetisches Entwicklungsmodell psychomotorischer Basisfaktoren	Eggert/Ratschinski 1993, 37	110
16.	Revalidiertes theoretisches Modell zur Entwicklung der Motorik	Eggert/Ratschinski 1993, 71	111
17.	Motorische Fähigkeiten	Bös 1994, 239	111
18.	Bewegungsdimensionen	Eigenerstellung	112
19.	Bewegungsmodell Interviewperson 1	Eigenerstellung	142
20.	Bewegungsmodell Interviewperson 2	Eigenerstellung	143
21.	Bewegungsmodell Interviewperson 3	Eigenerstellung	144

Abbildungsverzeichnis

Nr.	Name	Quelle	Seite
22.	Bewegungsmodell Interviewperson 3	Eigenerstellung	145
23.	Bewegungsmodell Interviewperson 4	Eigenerstellung	146
24.	Bewegungsmodell Interviewperson 5	Eigenerstellung	147
25.	Bewegungsmodell Interviewperson 6	Eigenerstellung	148
26.	Bewegungsmodell Interviewperson 6	Eigenerstellung	149
27.	Bewegungsmodell Interviewperson 7	Eigenerstellung	150
28.	Bewegungsmodell Interviewperson 8	Eigenerstellung	151
29.	Bewegungsmodell Interviewperson 9	Eigenerstellung	152
30.	Bewegungsmodell Interviewperson 10	Eigenerstellung	153
31.	Bewegungsmodell Interviewperson 10	Eigenerstellung	154
32.	Bewegungsmodell Interviewperson 11	Eigenerstellung	155
33.	Bewegungsmodell Interviewperson 12	Eigenerstellung	156
34.	Bewegungsmodell Interviewperson 13	Eigenerstellung	157
35.	Bewegungsmodell Interviewperson 14	Eigenerstellung	158
36.	Bewegungsmodell Interviewperson 15	Eigenerstellung	159
37.	Bewegungsmodell Interviewperson 16	Eigenerstellung	160
38.	Bewegungsmodell Interviewperson 17	Eigenerstellung	161
39.	Experiment kostümierter Gorilla	fotografiierter Ausschnitt aus BBC-Film/arte (18.02.2004)	163
40.	Beobachten	Fotografie, Motopädieausbildung Dortmund, Tanja Stahl, Gummersbach	183
41.	Im Gesprächskreis austauschen	Fotografie, Motopädieausbildung Dortmund, v.l.n.r.: Claudia Rohleder, Björn Rozumek, Tanja Stahl, Daniela	183

Abbildungsverzeichnis

Nr.	Name	Quelle	Seite
42.	Maße ermitteln	Gronau, Yvonne Bruns, Nadine Lissy Steirer, Heike Schleicher, Miriam Weichbrodt, Sonja Drosdowski Fotografie, Motopädieausbildung Dortmund, Miriam Weichbrodt, Remscheid	183
43.	Zeichnungen erstellen	Zeichnung von Daniel Möller, Dortmund	183
44.	Fehler suchen	Fotografie, Motopädieausbildung Dortmund, Daniela Gronau, Hagen	183
45.	„biegsame Heike"	Fotografie, Motopädieausbildung Dortmund, Heike Schleicher, Holzwickede	188
46.	Pyramide	Fotografie, Motopädieausbildung Dortmund: Tanja Stahl, Yvonne Bruns, Sonja Drosdowski; Nadine Lissy Steirer, Björn Rozumek, Claudia Rohleider	188
47.	Wettrennen	Fotografie, Motopädieausbildung Dortmund: Daniela Gronau, Yvonne Bruns, Marina Teuber	188
48.	Waage	Fotografie, Motopädieausbildung Dortmund, Heike Schleicher, Holzwickede	188
49.	Bildausschnitt Geschichte W. Busch	Zeichnung von W. Busch, In: Will 1913, 54f.	190
50.	Geschichte W. Busch	Zeichnung von W. Busch, In: Will 1913, 55	190
51.	Ausschnitt Beobachtung	Fotomontage von Christina Reichenbach, aus: © Agentur Firo, In: Westfälische Rundschau (Dortmunder Ausgabe 15.04.2004)	197
52.	Dede – Fußballspieler von Borussia Dortmund	© Agentur Firo von L. Dede, In: Westfälische Rundschau (Dortmunder Ausg. 15.04.2004)	199
53.	Ausbildungskonzeption	Eigenerstellung	200

9. Literaturverzeichnis

ADAM, C./KLISSOURAS, V./RAVAZZOLO, M./RENSON, R./TUXWORTH, W. (1988): Eurofit. Handbook für EUROFIT Tests of Physical Fitness. Rome: Edigraf editoriale grafica.

AMFT, H./GERSPACH, D./MATTNER, D. (2002): Kinder mit gestörter Aufmerksamkeit. Stuttgart: Kohlhammer.

ANRICH, C. (2001): Koordination. Grundlagen für Schule und Verein. Leipzig: Klett.

AYRES, J.A. (1984): Bausteine der kindlichen Entwicklung: die Bedeutung der Integration der Sinne für die Entwicklung des Kindes. Berlin, Heidelberg: Springer Verlag. (amerik. 1979)

BALGO, R. (1998a): Bewegung und Wahrnehmung als System. Systemisch-konstruktivistische Positionen in der Psychomotorik. Schorndorf: Hofmann.

BALGO, R. (1998b): Systemisch-konstruktivistische Positionen in der Psychomotorik. In: Motorik. Schorndorf: Hofmann. 21, 1, 2-12.

BAUR, J./BÖS, K./SINGER, R. (Hrsg.) (1994): Motorische Entwicklung. Ein Handbuch. Schorndorf: Hofmann.

BAUR, J. (1994): Motorische Entwicklung: Konzeptionen und Trends. In: BAUR, J./BÖS, K./SINGER, R. (Hrsg.): Motorische Entwicklung. Ein Handbuch. Schorndorf: Hofmann, 27-47

BBC/Arte (2003): Sinnesfreuden (3). Sehen & Tastsinn. [Film] Ausstrahlung am 18.02.2004. (frühere Ausstrahlungen erfolgten von VOX unter „Die Macht der Sinne")

BECKERS, D./DECKERS, J. (1997): Ganganalyse und Gangschulung. Therapeutische Strategien für die Praxis. Berlin: Springer.

BERGSSON, M./POSSE, N. (1994): ELDiB. Entwicklungstherapeutischer Lernziel-Diagnose-Bogen. Manual. Essen: Förderverein der Jakob Muth-Schule e.V..

BONDY, C./COHEN, R./EGGERT, D./LÜER, G. (1969): Testbatterie für geistig behinderte Kinder TBGB. Weinheim: Beltz.

BORG-LAUFS, M. (1997): Strukturierungshilfen zur Erstellung von Falldokumentationen. Tübingen: dgvt.

BÖS, K. (1994): Differentielle Aspekte der Entwicklung motorischer Fähigkeiten. In: BAUR, J./BÖS, K./SINGER, R. (Hrsg.): Motorische Entwicklung. Ein Handbuch. Schorndorf: Hofmann, 238-253.

BRATFISCH, O. (1985): Frostigs Test der motorischen Entwicklung. Handanweisung. Stockholm: AOB Studium AB.

BROCKHAUS (1989): Die Enzyklopädie. 24 Bände. Mannheim: F.A. Brockhaus GmbH.

BRONFENBRENNER, U. (1989): Ecological systems theory. Annal of child Development, 6, 187-249.

BRUININKS, R.H. (1978):The Bruininks-Oseretzky Test of Motor Proficiency Cicle Pines, MN: American Guidance Service.

CÁRDENAS, B. (1992): DIagnostik mit Pfiffigunde. Dortmund: borgmann.

CÁRDENAS, B. (1999): Mit Pfiffigunde arbeiten. Dortmund: borgmann.

CÁRDENAS, B. (2000): Diagnostik mit Pfiffigunde. 7. Aufl. Dortmund: borgmann.

CLAUS, A. (Hrsg.) (1981): Förderung entwicklungsgefährdeter und behinderter Heranwachsender. Erlangen: Primed.

CONZELMANN, A. (1994): Entwicklung der Ausdauer. In: BAUR, J./BÖS, K./SINGER, R. (Hrsg.): Motorische Entwicklung. Ein Handbuch. Schorndorf: Hofmann, 151-180.

DAVISON, G. C./NEALE, J. M./HAUTZINGER, M. (2002): Klinische Psychologie. 6. Auflage. Weinheim: Beltz.

Deutsches Institut für Medizinische Dokumentation und Information (Hrsg.) (2001): ICD – Internationale statistische Klassifikation der Krankheiten und verwandter Gesundheitsprobleme. Bern: Huber.

EBERWEIN, H. (1988): Zur dialektischen Aufhebung der Sonderpädagogik. In: Eberwein, H. (Hrsg.): Behinderte und Nichtbehinderte lernen gemeinsam. Handbuch der Integrationspädagogik. Weinheim: Beltz, 343-345.

EBERWEIN, H. (Hrsg.) (1988): Behinderte und Nichtbehinderte lernen gemeinsam. Handbuch der Integrationspädagogik. Weinheim: Beltz.

EBERWEIN, H. (2001): Zur Kritik des Behinderungsbegriffs und des sonderpädagogischen Paradigmas. Integration als Aufgabe der allgemeinen Pädagogik und Schule. In: EBERWEIN, H. (Hrsg.): Einführung in die Integrationspädagogik. Weinheim: Beltz UTB, 9-37.

EBERWEIN, H. (Hrsg.) (2001): Einführung in die Integrationspädagogik. Weinheim: Beltz UTB.

ECKERT, A./HAMMER, R. (2004): Der Mensch im Zentrum. Lemgo: Verlag Aktionskreis Literatur und Medien.

EGGERT, D. (1971): Lincoln-Oseretzky-Skala. LOS KF 18. Manual. Weinheim: Beltz.

EGGERT, D. (1990): Die Messung motorischer Fertigkeiten: Entwicklungen, Probleme, Alternativen. Unveröff. Manuskript. Universität Hannover.

EGGERT, D. (1994): Individuelle Entwicklungspläne (IEP) als Informationssammlungen für (sonderpädagogische) Beratungsgutachten. In: Tagungsbericht über den Sonderschultag der Fortbildungsregion Celle/Soltau-Fallingborstel, 21-28.

EGGERT, D. (1995): Von der Kritik an den motometrischen Tests zu den individuellen Entwicklungsplänen in der qualitativen Motodiagnostik. In: Motorik, Schorndorf: Hofmann. 18, 4, 136f

EGGERT, D. (1997): Von den Stärken ausgehen ... Dortmund: borgmann.

EGGERT, D. (2000): Übergänge: von der klassischen über die themenzentrierte bis hin zur systemischen Psychomotorik. Unveröffentlicht, vom Autor zur Verfügung gestellt.

EGGERT, D. (2001): Von den Stärken ausgehen – Individuelle Entwicklungs- und Förderpläne in der sonderpädagogischen Diagnostik. In: Schulverwaltungsblatt 12/2001, 513-519

EGGERT, D./BERTRAND, L. (2002): RZI – Raum-Zeit-Inventar. Dortmund: borgmann.

EGGERT, D./KIPHARD, E. J. (1972): Die Bedeutung der Motorik für die Entwicklung normaler und behinderter Kinder. Schorndorf: Hofmann.

EGGERT, D./KIPHARD, E. J. (1980): Die Bedeutung der Motorik für die Entwicklung normaler und behinderter Kinder. Schorndorf: Hofmann. 4. unveränd. Aufl.

EGGERT, D./LÜTJE-KLOSE, B. (1994): Theorie und Praxis der psychomotorischen Förderung. Textband. Dortmund: borgmann.

EGGERT, D./PETER, T. (1992): DIAS – Diagnostisches Inventar auditiver Alltagshandlungen. Dortmund: borgmann

EGGERT, D./RATSCHINSKI, G. (1984): Interventionsorientierte Diagnostik psychomotorischer Basisfaktoren bei lern- und entwicklungsgestörten Kindern. In: Motorik, Schorndorf, 7, 1, 3-13.

EGGERT, D./RATSCHINSKI, G. (1993): DMB – Diagnostisches Inventar motorischer Basiskompetenzen. Dortmund: borgmann.

EGGERT, D./REICHENBACH, C./BODE, S. (2003): Das Selbstkonzept Inventar (SKI) für Kinder im Vorschul- und Grundschulalter. Theorie und Möglichkeiten der Diagnostik. Dortmund: borgmann.

EGGERT, D./REICHENBACH, C. (2005): DIAS – Diagnostisches Inventar auditiver Alltagshandlungen. Neubearbeitung. Dortmund: borgmann.

EGGERT, D./WEGNER-BLESIN, N. (2000): DITKA. Diagnostisches Inventar taktil-kinästhetischer Alltagshandlungen. Dortmund: borgmann.

EGGERT, D./WEGNER-BLESIN, N. (2003): Individueller Förder- und Entwicklungsplan. Version 10. Hannover: Universität Hannover.

FETZ, F. (1982): Sportmotorische Entwicklung. Wien: Österreichischer Bundesverlag.

FISCHER, K. (2000): Etablierung der Psychomotorik als Wissenschaftsdisziplin". In: WENDLER, M./IRMISCHER, T./HAMMER, R.: Psychomotorik im Wandel. Lemgo: Verlag Aktionskreis Literatur und Medien, 27-36.

FISCHER, K. (2001): Einführung in die Psychomotorik. München: Reinhardt.

FROSTIG, M. (1980): Bewegungserziehung – Neue Wege der Heilpädagogik. München: Reinhardt.

GASCHLER, P. (1994): Entwicklung der Beweglichkeit. In: BAUR, J./BÖS, K./SINGER, R. (Hrsg.): Motorische Entwicklung. Ein Handbuch. Schorndorf: Hofmann, 181-190.

GÖBEL, H./PANTEN, D. (2002): HamMotScreen für Vorschulkinder. In: Praxis der Psychomotorik 27, 1, 14-21.

GÖLLNITZ, G. (1952): Ergebnis einer Überprüfung der motometrischen Skala von Oseretzky. In: Psychiatrie, Neurologie und medizinische Psychologie, 4, 119-127.

HAEBERLIN, U. (1998): Das Menschenbild für die Heilpädagogik. 4. Aufl. Bern, Stuttgart, Wien: Haupt.

HENDERSON, S. E./SUGDEN, D. A. (1992): Movement Assessment Battery for Children. London: The Psychological Corporation.

HENSLE, U./VERNOOIJ, M.A. (2000): Einführung in die Arbeit mit behinderten Menschen I. Wiebelsheim: Quelle & Meyer Verlag.

HEUER, G. U. (1997): Beurteilen Beraten Fördern. Materialien zur Diagnose, Therapie und Bericht-/Gutachtenerstellung bei Lern-, Sprach- und Verhaltensauffälligkeiten in Vor-, Grund- und Sonderschule. Dortmund: verlag modernes lernen.

HILDESCHMIDT, A. (1988): Kind-Umfeld-Diagnose. Weiterentwicklung des Konzepts und Anwendung in der Praxis. In: Sander, A. u. a.: Behinderte Kinder und Jugendliche in Regelschulen, Jahresbericht 1987 über schulische Integration im Saarland. St. Ingbert.

HILLENBRAND, C. (1999): Paradigmenwechsel in der Sonderpädagogik? Eine wissenschaftstheoretische Kritik. In: Zeitschrift für Heilpädagogik 5, 240-246.

HUBER, G./RIEDER, H./NEUHÄUSER, G. (Hrsg.) (1990): Psychomotorik in Therapie und Pädagogik. Dortmund: verlag modernes lernen.

HÜNNEKENS, H./KIPHARD, E. J./KESSELMANN, G. (1967): Untersuchungen zur Motodiagnostik im Kindesalter. In: Acta paedopsychiat., 34, 17-27.

HÜNNEKENS, H./KIPHARD, E. J. (1960): Bewegung heilt. Gütersloh: Flöttmann.

INGENKAMP, K. (Hrsg.) (1969): Testbatterie für geistig behinderte Kinder TBGB von Curt Bondy, Rudolf Cohen, Dietrich Eggert, Gerd Lüer. Weinheim: Beltz.

JACKSON, C. (1999): Testen und getestet werden. Göttingen: Huber.

KESPER, G./HOTTINGER, C. (1994): Mototherapie bei Sensorischen Integrationsstörungen. Eine Anleitung zur Praxis. München: Reinhardt.

KIPHARD, E.J. (1969): Untersuchungen über den bewegungsdiagnostischen Wert des Oseretzky-Tests bei der Erkennung frühkindlicher Hirnschäden. In: Heilpädagogische Forschung, II, 1. 44-83.

KIPHARD, E.J./SCHILLING, F. (1970): Der Hamm-Marburger Körperkoordinationstest für Kinder. In: Kinderheilkunde 118, 473-479.

KIPHARD, E. J. (1977): Bewegungs- und Koordinationsschwächen im Grundschulalter. Schorndorf: Hofmann.

KLAES, R./WALTHES, R. (1995): Über Sinn und Unsinn von Bewegungsstörungen. In: PROHL, R./SEEWALD, J. (Hrsg.): Bewegung verstehen. Facetten und Perspektiven einer qualitativen Bewegungslehre. Schorndorf: Hofmann, 237-262.

KORNMANN, R./MEISTER, H./SCHLEE, J. (1994): Förderdiagnostik. Konzept und Realisierungsmöglichkeiten. Heidelberg: Edition Schindele.

KUHLENKAMP, S. (2003): Schulintegrierte psychomotorische Entwicklungsförderung für Grundschulkinder in einer benachteiligten Region unter Berücksichtigung kommunikativer Kompetenzen. Dissertation. Dortmund: Universität Dortmund.

KURTH (1976): Die motometrische Rostock-Oseretzky-Skala (Vorläufige Mitteilung). In: Psychiat. Neurol. med. Psychol. 28, 129-139.

KURTH, E. (1978): Motometrische Entwicklungsdiagnostik. Ergebnisse klinisch-psychologischer Untersuchungen. Berlin: VEB Deutscher Verlag der Wissenschaften.

KURTH, E. (1985): Motomemtrische Rostock-Oseretzky-Skale (ROS). Berlin: Psychodiagnostisches Zentrum.

LEDL, V. (1994): Kinder beobachten und fördern. Wien: Schulbuchverlag Jugend & Volk.

LÜCKING, C. (2003): Diagnostik des Selbstkonzepts im Rahmen einer psychomotorischen Förderung. unveröff. Diplomarbeit. Dortmund: Universität Dortmund.

MAND, J. (2003): Nach dem Paradigmenwechsel. In: Behinderte 1, 58-65.

MATTNER, D. (2000): Der motodiagnostische Blick und das sinnerfassende Verstehen von bewegter Lebenswirklichkeit. Vortrag, Symposium IBP „Diagnostik" in München, Mai 2000, unveröffentlichtes Manuskript.

MATTNER, D. (2001): Paradigmenvielfalt in der Psychomotorik – Chance oder Sackgasse? Vortrag, Symposium IBP „Die Wahrheit in der Psychomotorik – gibt es nicht?!" in München, Mai 2001, unveröffentlichtes Manuskript.

MEINEL, K./SCHNABEL, G. (1976): Bewegungslehre. Abriß einer Theorie der sportlichen Motorik unter pädagogischem Aspekt. Berlin: Volk und Wissen.

MEISTER, H. (1983): Thesen zur Didaktik der Förderdiagnostik. In: Kornmann, Rainer/Meister, Hans/Schlee, Jörg: Förderdiagnostik. Konzept und Realisierungsmöglichkeiten. Heidelberg: Edition Schindele, 216-218.

MILLER, P. (1993): Theorien der Entwicklungspsychologie. Heidelberg, Berlin, Oxford: Spektrum Akademischer Verlag.

NEUHÄUSER, G. (1999): Psychomotorik und Mototherapie – Wirkfaktoren und Behandlungsergebnisse. In: Motorik. Schorndorf 22, 3, 106-112.

OSERETZKY, N. I. (1925): Eine metrische Stufenleiter zur Untersuchung der motorischen Begabung bei Kindern. In: Zeitschrift für Kinderforschung, 30, 300-314.

OSERETZKY, N. I. (1931): Psychomotorik. Methoden zur Untersuchung der Motorik. In: Stern, W./Lipmann, O. (Hrsg.): Beihefte zur Zeitschrift für angewandte Psychologie. Beiheft 57. Leipzig: Barth.

PALMOWSKI, W. (1995): Psychomotorik und systemisches Denken. In: Praxis der Psychomotorik 20, 4, 194-198.

PASSOLT, M./PINTER-THEISS, V. (2003): „Ich hab eine Idee..." Psychomotorische Praxis planen, gestalten, reflektieren. Dortmund: verlag modernes lernen.

PAWLIK, K. (Hrsg.) (1976): Diagnose der Diagnostik. Stuttgart: Klett-Cotta.

PROHL, R./SEEWALD, J. (Hrsg.) (1995): Bewegung verstehen. Facetten und Perspektiven einer qualitativen Bewegungslehre. Schorndorf: Hofmann.

PSCHYREMBEL, W. (1994)□: Pschyrembel. Klinisches Wörterbuch. Berlin: Walter de Gruyter.

Literaturverzeichnis

PÜTZ, G./SCHÖNRADE, S. (1998): „Die Abenteuer der kleinen Hexe" – ein Zugang zur Förderdiagnostik. In: PÜTZ, G./LENSING-CONRADY, R./SCHÖNRADE, S./BEINS, H.-J./BEUDELS, W. (1998): An Wunder glauben... . Dortmund: borgmann, 289-310.

RAPP, G./SCHODER, G. (1977): Motorische Testverfahren. Stuttgart: CDV.

RATSCHINSKI, G. (1987): Grunddimensionen motorischen Verhaltens im Grundschulalter – Multivariate statistische Analysen motorischer Basisfaktoren. Dissertation. Universität Hannover.

REICHENBACH, C. (1998): Qualitative Bewegungsdiagnostik mit Kindern als Ergänzung zu ausgewählten Aspekten motometrischer Verfahren. unveröff. Diplomarbeit. Dortmund: Universität Dortmund.

REICHENBACH, C. (2005a): (Moto-)Diagnostik zwischen Therapie und Pädagogik. Überlegungen zum diagnostischen Handeln in der Psychomotorik. In: Praxis der Psychomotorik 30, 1.

REICHENBACH, C. (2005b): Möglichkeiten und Grenzen von Bewegungsbeobachtung in alltäglichen Situationen. Genehmigte Dissertation. Universität Hannover.

REINERT, G. (1964): Entwicklungstests. In: Handbuch der Psychologie, Band 6. Göttingen: Hogrefe.

RENNEN-ALLHOFF, B./ALLHOFF, P. (1987): Entwicklungstests für das Säuglings-, Kleinkind- und Vorschulalter. Berlin: Springer.

SCHILLING, F. (1973): Motodiagnostik des Kindesalters. Empirische Untersuchungen an hirngeschädigten und normalen Kindern. Berlin: Marhold.

SCHILLING, F. (1981): Grundlagen der Motopädagogik, In: CLAUS, A. (Hrsg.): Förderung entwicklungsgefährdeter und behinderter Heranwachsender. Erlangen: Primed, 184-194.

SCHILLING, F. (1990): Das Konzept der Psychomotorik – Entwicklung, wissenschaftliche Analysen, Perspektiven, In: HUBER, G./RIEDER, H./NEUHÄUSER, G. (Hrsg.): Psychomotorik in Therapie und Pädagogik. Dortmund: verlag modernes lernen. 57-77.

SCHILLING, F./KIPHARD, E.J. (1974): Körperkoordinationstest für Kinder KTK. Weinheim: Beltz.

SCHILLING, F. (2002): Motodiagnostisches Konzept zur Planung von psychomotorischer Förderung und Behandlung. In: Motorik, Heft 2, S.50-58

SCHMIDTBLEICHER, D. (1994): Entwicklung der Kraft und der Schnelligkeit. In: BAUR, J./BÖS, K./SINGER, R. (Hrsg.): Motorische Entwicklung. Ein Handbuch. Schorndorf: Hofmann, 129-150.

SCHNABEL, G./THIEß, G. (1993): Lexikon der Sportwissenschaft. Berlin: Sportverlag.

SCHÖNRADE, S./PÜTZ, G. (2000): Die Abenteuer der kleinen Hexe. Dortmund: borgmann.

SEEWALD, J. (1992): Leib und Symbol. München: Fink Verlag.

SEEWALD, J. (1993): Entwicklungen in der Psychomotorik. In: Praxis der Psychomotorik 18, 4, 188-193.

SEEWALD, J. (1998): Bewegungsmodelle und ihre Menschenbilder in verschiedenen Ansätzen der Psychomotorik. In: Motorik. Schorndorf 21, 4, 151-158.

SEEWALD, J. (2004): Über die Genese des "Verstehenden Ansatzes" in der Motologie. In: Eckert, A./Hammer, R.: Der Mensch im Zentrum. Lemgo: Verlag Aktionskreis Literatur und Medien, 27-58.

SIMONS, J./VAN COPPENOLLE, H./PIERLOOT, R./WAUTERS, M. (1989): Zielgerichtete Beobachtung des Bewegungsverhaltens in der Psychiatrie. In: Motorik, 12, 2, 66-71.

SINGER, R./BÖS, K. (1994): Motorische Entwicklung: Gegenstandsbereich und Entwicklungseinflüsse. In: BAUR, J./BÖS, K./SINGER, R. (Hrsg.): Motorische Entwicklung. Ein Handbuch. Schorndorf: Hofmann, 15-26

SLOAN, W. (1955): The Lincoln-Oseretzky Motor Development Scale. In: Genetic Psychology Monographs, 51, 183-252.

SPORTJUGEND NW (ohne Jahr): Bewegungserziehung im Kleinkind- und Vorschulalter. Arbeitsmaterialien. Duisburg:

STOTT, D. H./MOYES, F. A./HENDERSON, S. E. (1972): The Test of Motor Impairment. San Antonio, TX: The Psychologica Corporation.

SUHRWEIER, H./HETZNER, R. (1993): Förderdiagnostik für Kinder mit Behinderungen. Berlin: Luchterhand.

TEIPEL, D. (1988): Diagnostik koordinativer Fähigkeiten. München: Profil Verlag.

TESTZENTRALE (2004): Testkatalog 2004/2005. Göttingen: Hogrefe.

VOLKAMER, M./ZIMMER, R. (1986): Kindzentrierte Mototherapie. In: Motorik 9, 2, 49-58.

WALTHES, R. (1993). Störung zwischen Dir und mir. Grenzen des Verstehens, Horizonte der Verständigung. In: Frühförderung interdisziplinär 4, 145-155.

WALTHES, R. (2003): Wahrnehmen, für wahr halten, sehen, blinden. In: WALTHES, R: Einführung in die Blinden- und Sehbehindertenpädagogik. Weinheim: Beltz UTB, 17-45.

WENDLER, M./IRMISCHER, T./HAMMER, R. (2000): Psychomotorik im Wandel. Lemgo: Verlag Aktionskreis Literatur und Medien.

WILL, R. (1913): Allerlei Humor. Eine Sammlung Humoresken und Bildergeschichten von Wilhelm Busch. Leipzig: Walther Fiedler.

WITZENBACHER, K. (1994): Praxis der Unterrichtsplanung. München: Oldenbourg.

ZIMMER, R./VOLKAMER, M. (1984): MOT 4-6. Motoriktest für vier- bis sechsjährige Kinder. Manual. Weinheim: Beltz.

ZIMMER, R./VOLKAMER, M. (1987): MOT 4-6. Motoriktest für vier- bis sechsjährige Kinder. Manual. Weinheim: Beltz.

Literaturverzeichnis

Internetquellen

http://www3.who.int/icf/onlinebrowser/icf.cfm?undefined&version=14 (30.06.04)
http://www.motopaedischule.de (2005)